グローバル化時代の資産運用

ハッピーリタイアメントを目指して

浅川夏樹

Pan Rolling

【おことわり】

※参考として掲載したチャート、データ、ファンド会社情報の多くは2008年１月12日現在のものです。最新の情報は各社サイトをご覧ください。

※本書内容に関するご質問は、下記サイトをご利用ください。
http://kaigaitoushi.com/

【免責事項】

※本書に基づく行為の結果発生した障害、損失などについて著者および出版社は一切の責任を負いません。

※本書に記載されているURLなどは予告なく変更される場合があります。

※本書に記載されている会社名、製品名は、それぞれ各社の商標および登録商標です。

はじめに

現在、世界各地の株式市場では、同時に株価が大きく下落する「世界同時株安」が年中行事のように繰り返し起きています。例えば、2007年にも、2月に上海発、8月にサブプライムローン問題で世界同時株安が起きました。

地球上の互いに遠く離れた株式市場が、こうして密接に連関しあうのはどうしてでしょうか？　それは株式に投資されるマネーが、金融工学を駆使して組まれたコンピュータプログラムによって、国境を越え、地球全体を瞬時に駆けめぐっているからです。その結果、世界各地の株式市場は、まるで一つの株式市場であるかのように、株価が同時に上がり同時に下がることを繰り返しています。

1990年代の前半まで、資本は国内で移動するケースがほとんどでした。ところが、1990年代の中ごろから、冷戦の終結や米投資銀行の台頭やIT革命によって、資本にとって国境の敷居は低くなり、今や資本は国境を越えて大きな利潤を得られるところに、瞬時に動いています。かつては経済学の論文や教科書のなかでの仮想的な条件としてだけ考えられていた「国際間の資本移動の完全性」が、先進諸国では現実にほぼ成立するようになったのです。

これこそ「グローバル化」または「グローバリゼーション」の最も重要なポイントです。グローバル化が進むと、人々の思考も行動も「地球」を単位とするようになり、国というものは相対化されてしまいます。

つまり、「海外に分散投資＝国を分散する」ではなく、**セクターにおいて最も競争力のある企業や将来性のある企業へ投資をした結果、地域が分散されているに過ぎません。**

例えば、資源に注目した場合、原油高を背景としたロシアの企業、ガスプロムが組み込まれているロシアファンドを購入してみるということです。あるいはエレクトロニクスに注目した場合、韓国のサムスンが組み込まれている韓国ファンドやアジアファンドを購入するように、国単位ではなく、企業単位で見た結果です。

グローバル化時代の個人投資家

国際化とグローバリゼーションは違います。サッカーを例にとると、「ワールドカップ」は国際的な大会で、「チャンピオンズリーグ」はグローバルな大会です。

ワールドカップは、各国の代表チームの対抗戦です。監督やコーチの国籍には制約がありませんが、選手は全員、その国の国籍を持っていなければなりません。

対して、チャンピオンズリーグは、各国のサッカーリーグで優勝したクラブチームの対抗戦です。選手の国籍に制限はまったくありませんし、クラブチームという企業が単位です。

ワールドカップもチャンピオンズリーグもサッカーの試合です。しかし、クラブチームは国籍に関わらず世界中から優れた選手を集めて構成されていますので、試合のレベルはチャンピオンズリーグのほうが、高いといえるでしょう。

金融投資においても、グローバル化の時代は、国単位の競争力ではなく、企業やセクターごとに最も競争力があるものに投資する、というように個人投資家も意識を変えていく必要があると思うのです。

すでにこうしたグローバル化に対応するため、米欧の証券・先物取引所は、積極的に合併や巨大化を進めています。２０００年9月にフランスのパリ取引所、オランダのアムステルダム取引所、ベルギーのブリュッセル取引所が合併して誕生した「ユーロネクスト」は、２００2年にポルトガルのリスボン取引所、英国のロンドン国際金融先物取引所（ＬＩＦＦＥ）を加え、ついには２００7年、米国のニューヨーク証券取引所（ＮＹＳＥ）と合併しました。同年には、英国のロンドン証券取引所（ＬＳＥ）がイタリアのミラノ証券取引所と合併しています。

また長きにわたってライバル関係にあった米国の2大先物取引所、シカゴ・マーカンタイル取引所（ＣＭＥ）とシカゴ・ボード・オブ・トレード（ＣＢＯＴ）が合併し、ＣＭＥグループを形成しました。これはドイツ＝スイスの先物取引所「ユーレックス」の躍進に代表されるように、欧州やアジアで先物取引所の台頭が目覚ましく、今後本格的なグローバル競争になることを見据えての動きです。一方、ユーレックスはインターナショナル証券取引所（ＩＳＥ）という個別株オプションでは米国最大級の電子取引所を買収しています。

株式や債券が取引される証券取引所そのものが否応なしにグローバル化に直面しているのです。個人投資家も今のうちから投資対象を日本だけでなく、海外の金融商品にも目を向けて比較する必要があるだろうと思います。

本書の目的は、海外の金融商品と比較することによって、グローバル化した時代に適した思考とは何かをお伝えすることです。

人間関係のしがらみや既得権益など、わたしたちの行動を束縛するものはたくさんあります。しかし、自分自身の思考こそが、実は、最大の束縛なのだと思います。

本書が、グローバル化時代に適した資産運用への転換にお役にたてれば幸いです。

浅川 夏樹

第2章　グローバル化時代の投資戦略

第3章　多種多様な海外の金融商品

第7章　ヘッジファンドへの投資

第8章 グローバル化時代の資産管理

第1章　グローバル化時代の投資思考

1. なぜ資産運用をしなければならなかったのか

なぜ銀座のクラブホステスが資産運用をしなければならなかったのか？　それは「花の命は短い」と気づいたからです。

どんなに「維持費」にお金をかけても、ホステスとして働ける年齢は35歳前後が限界です。その後は自分のお店をオープンさせるか「寿退社」をするか……。そうでなければ「老兵はただ消え去るのみ」で、人知れず夜の銀座の街から去っていきます。

ところが、30代前半までには銀座のクラブで総額1億円を超えるお給料の累計をもらっていたはずなのに、税金と経費と浪費で、資産と呼べるようなものは手元に残っていなかったのです。お金を稼ぐことができても、資産運用ができなければ何も残りません。

銀座のホステスは給料が高いといっても、サラリーマンの方が生涯もらう所得を35歳ぐらいまでにもらってしまうようなものなのです。個人事業主という立場なので、労災、年金、退職金などは一切ありません。

「これでは老後どころか40代の自分の暮らしもままならない……」

わたしにとって資産運用は「したほうがよいもの」ではなく、「しなければならないもの」だったのです。

思考を転換する

もっとも、資産運用が最初からうまくいったわけではありません。「働いて収入のあるうちになんとかしなければ……」という焦りと不安が判断を鈍らせ、「儲かるときもあるが、それ以上に損をしてしまうときがある」という失敗の繰り返しでした。銀座のお客様からは「君の場合、投資は趣味だな。趣味は儲からないことを好き好んでする行為だから」と、からかわれる始末です。

しかし、まずは経験してみないと分からないと思い、めげずに試行錯誤を繰り返し、失敗を逆転させようと努めました（詳細はこの章の第2節をご覧ください）。すると次第に自分なりの資産運用のスタイルが形成されていったのです。

人それぞれに個性があるように、自分にあった運用スタイルを継続することが大事だと思うまで時間がかかりました。他人の成功例を真似て失敗した場合、すぐに他人のせいにするので、自分の結果責任として受け入れられないからです。

では、どうすれば、自分の運用スタイルを見つけられるのか？　結局のところ、それは「自分がそのリスクを抱えられるか」の一言に尽きると思います。

日本ではリスクを「危険」や「損失」と同義で考えがちです。しかし「結果責任」と表現するのが一番ふさわしいのではないかと、わたしは思います。よく「リスクとリターンの関係」といわれるように、自分が結果に責任を負う（リスクを取る）ことで、報酬もしくは損失が返ってくる（リターンがある）わけです。

この試行錯誤の段階で挫折をしてしまい、資産運用をあきらめてしまう方もいらっしゃるのかもしれません。その大きな理由は、リスクは取りたくないけれど、金融の知識もなく、楽に儲かることだけを期待しているからではないでしょうか。まさに、わたしがそうでした。

わたしが試行錯誤の段階で挫折しなかった（というか、挫折できなかった）のは、先ほど述べた理由から「しなければならなかった」からです。生活のために働かなくてもいい経済的に自立した「ハッピーリタイアメント」を目指して自分の運用スタイルを確立しなければならなかったので、諦めた時点ですべてが終わってしまうからです。

また、たまたま周囲に素晴らしいアドバイスをしてくれる人がいても、自分の思考がそのままでは、耳学問的な知識が増えるだけで、新しい行動には結び付きません。思考を変えたつもりでも、行動が変わらないとしたら実は思考は変わっていないのだと思います。新しい行動を起こすためにも思考を転換する必要があり、実際に経験をしないと自分の認識が変わらないのです。

自分が必要だと思う金額に達するまで、リスクを取り、リターンを狙う行為を続けなければ、手にいれたい人生を手にいれることはできません。そして継続することで時代の変化に対応できるようになってきました。

ハッピーリタイアメントへの必要額

「ハッピーリタイアメント」という言葉に「定年後の豊かな余生」というイメージを持つ方は多いか

もしれません。しかし、実際は年齢と関係なく、経済的に自立可能な状態になれば、いつでもできます。

「経済的に自立」とは、たとえ生活のために収入を得る手段がなくなっても、悠々自適に暮らせるだけの資金と運用能力を身につけることです。「退職金と国の年金でまかなえる予定だ」といっても、国の政策や社会情勢、企業の財務状況に左右されるので不安との隣り合わせです。

「年金記録漏れ問題」に象徴されるように、社会保険は問題だらけです。年金制度を支えるための増税は、その是非ではなく、いつするかが問題となっています。

何かを与えてもらう受身の発想を捨て、目的をはっきりさせてアプローチしていかないと何もつかめない時代になりました。将来の悲観的なことをあれこれ考えているよりも、なりたい自分を創造し、行動し、経験したほうが不安は少なくなると思います。失敗しないように考えるよりも、失敗しても立ち上がれる知識とスキルを身に付けたほうが人生は安心です。

「資産運用はしたいと思っていても、日々の仕事に追われ、考える時間がない」

そうおっしゃる方もいるでしょう。しかし、一般的なサラリーマンの方が定年した場合、平均寿命で考えるとその後の余生は25～30年近くあります。この長い時間でハッピーリタイアメントを送るのに一体いくら必要でしょうか。もちろん、家族構成、居住する地域、求める生活水準によってその額は異なってきます。しかし、インフレも考慮すれば、1億円は必要でしょう。

単純計算ですが、生活費を月40万円とすれば、年間480万円が必要となります。60歳から平均寿命の85歳までの25年間、毎年480万円を必要とすれば、1億2000万円が必要になるというわけです。運用をしなければ、この金額を取り崩していくしかありませんが、持っている資産を取り崩していくと、年をとるごとに不安になります。そこで、配当生活を考えてみましょう。安定した金融商品の代表といえば「国債」です。しかし2007年現在、日本国債の適用利率（年率）では、10年債でも1％を超えるのがやっとで、お話になりません。米国債や国際優良企業の社債を考えると、年利4～5％ですから年間480万円を利子としてもらうためには、1億～1億2000万円は必要となります。

1億円は夢や憧れではありません。現実に必要なお金なのです。

事業や投資は頭を使って儲けること

銀座のクラブホステスは、売上の結果がすべての能力主義です。タイムカードが並ぶ順番も、ミーティングで名前を呼ばれる順番も、営業中の注文やお願いを聞き入れられる優先順位も、すべて売上成績の良いホステスからです。年齢も経験も関係ありません。自分が担当するお客様の飲食代金の未回収というリスクを取れば、誰でも上限なくリターンを得られる世界ですから、ある意味とても公平《フェア》な場所です（詳細は拙著『夜の銀座の資本論』を読んでくださいね）。

一生懸命に頑張っていてもお客様がこないという悲惨な日が続くこともあります。しかし、一生懸命に営業努力をしているのに結果が出せないからといって許してもらえるほど甘い世界ではありません。売上成績が悪く、若くもないホステスは「戦力外」となり、お店に在籍することさえ難しくなり、クビになってしまいます。

そもそも、仕事を一生懸命に頑張るのは最低条件《ミニマムリクワイアメント》です。かの有名なマイクロソフト社の創業者であるビル・ゲイツ氏も、こうおっしゃっております。

「仕事とは、頭の良い人間が死ぬほど働き、結果をだすことだ」

日本の教育では「一生懸命に頑張れば成功する」と教えられます。しかし、成功するかしないかは、そのときのタイミングや人脈などに左右されることもあります。一生懸命に頑張れば成功するのではなく「一生懸命に頑張らないと成功しない」のです。

クラブのお客さまに次のようなことをおっしゃった方がいました。

「一生懸命に頑張ることと儲かることは違うからね。事業とか投資は、身体と時間を使って一生懸命に頑張ることではない。〝頭を使って〟一生懸命に頑張ることだ。この違いをよく理解しないと儲けることは難しいよ」

グローバル時代の現在、こうした状況は、ほとんどの人にとって他人事ではなくなっています。

これまで企業が業績を回復すれば、そこで一生懸命に働く従業員の給料は上がるというのが「常識」でした。ところが、この常識は高度成長期にしかあてはまらない「大きな物語」なのです。給料が一向に上がらず、生活が豊かになるどころか、現状の生活水準を維持するのも大変です。

グローバル化は多くの恩恵をもたらしました。ところが、資本が簡単に国境を越えるようになると、所得格差が起きるようになります。なぜなら、グローバル化は製造業や資本から国境をとってしまい、賃金が世界中で一番安いところを基準にしてしまうからです。

日本にはスキルと教育を磨き上げようとする方が多くいらっしゃいます。このことは間違っておりませんが、社会全体の受け皿がなければ役に立ちません。

図表 1.1　グローバリゼーションランキング

	トップ 10	ワースト 10
1位	シンガポール	パキスタン
2位	香港	バングラディシュ
3位	オランダ	トルコ
4位	スイス	中国
5位	アイルランド	ブラジル
6位	デンマーク	ベネズエラ
7位	米国	インドネシア
8位	カナダ	アルジェリア
9位	ヨルダン	インド
10位	エストニア	イラン

Data: A.T. Kearny

松阪大輔氏は日本でもメジャーリーグでも技量は変わりません。しかし、お給料は何十倍も違います。

所得格差の行き着く先が資産格差になるのは、どの先進諸国を見ても明らかです。所得格差は毎年の所得の格差なので逆転可能です。しかし、資産格差は資産ストックの格差のため、なかなか急には変えられませんので深刻です。格差問題は、実のところ「認識の格差」こそが問題なのだと思います（**図表1.1**）。

リスクは収益のチャンス

リスクについて、ビル・ゲイツ氏は「リスクを取らないことがリスクだ」とおっしゃいました。「リターンはリスクを取ったご褒美」なのです。わたしたちは、不確実性というリスクを取ることでリターンを得ています。そしてリターンによって経済的な自由を手に入れることができるのです。

哲学者のプラトンからヘーゲル、そしてマルクスに至る思想は、根本的な前提として「宇宙や歴史は壮大な機械仕掛けであり、未来は予め決定されている」と考えています。こうした決定論的な宇宙観・世界観に基づいて、社会システムは、原始共産主義→封建制→資本主義→社会主義→共産主義と直線的に発展すると主張されました。

しかし、大著『開かれた社会とその敵』（未來社）で知られる哲学者カール・ポパーは「決定論に基づいて社会を運営しようとすると、人々を強制的に抑圧しなければならなくなる」と指摘しました。確かにソ連型社会主義は、大規模な強制収容所と強制労働を伴うものでした。中国や北朝鮮も同類です。

ポパーの哲学のエッセンスは「未来は本質的に非決定的である」にありました。だからこそ、常識や通念を離れ、大胆に未来を予測する（＝リスクを取る）ことで、人間は思考の自由を獲得するというわけです。この理論をわたしは「自分自身の予測に立ってリスクを取ることで人間は自由を実践できる」と勝手に解釈しています。

ポパーの唱えた「開かれた社会」の哲学に大きな影響を受けたと思われるのが、ヘッジファンド界の巨人、ジョージ・ソロス氏です。ソロス氏が自分のファンドに物理学の「量子」である「クウォンタム」の名称をつけたのも、ポパーが量子力学を哲学的に解釈した「未来は本質的に非決定である」という思想を自分の投資哲学にしているからだと思います。

１９９７～９８年にかけてのアジア通貨危機で、ソロス氏は香港ドルを大がかりな空売りで攻撃し、中国の共産党政権に打撃を与えることを狙ったといわれています。当時は華人・華僑資本が対中直接投資の主力でしたから、アジア通貨危機は中国経済に大きな影響を与えました。ソロス氏は幼少時に母国ハンガリーがナチスによる侵害を受けた体験から、抑圧的な支配体制を内部から崩し、自由への有効な手段として慈善事業や投資を行っているのかもしれません。

現在、ソロス財団は年間3億5000万ドルの慈善事業を行い、世界40カ国にネットワークがあります。このソロス財団の奨学金を受けた優秀な頭脳が各国の財務省や中央銀行に就職している状況から、これまでのソロス氏の前人未踏の成功が垣間みえます。ソロス氏の行動が示しているとおり、リスクを取りにいくことは収益機会を得るチャンスなのです。

これまで、自分自身が正しいと思っている価値判断は他人の体験や学校で教えられたことを受け入れていることのほうが多く、自分自身の直観や体験を否定しているのかもしれません。未来が本質的に非決定ならば、創造したことを体験できる投資は面白いと思います。

「リスクを取る」ということは、可能性を試すことです。自分の見る目が正しければ、成功するでしょうし、間違っていれば失敗や損をするだけなのです。

金融投資は誰にでも平等にリスクを取れるチャンスが与えられています。誰にも咎められず、リスクを取れる世界は珍しいかもしれません。

2. 失敗から学ぶ

自ら進んで失敗や苦労をしよう、という方は少ないでしょう。しかし、なぜ失敗したかを学ばなければ進歩はありません。同じ過ちを繰り返し、その処理に足を引っ張られ続ける可能性が高いからです。

言い換えれば、失敗した理由を十分に理解することで、同じ過ちを防ぎ、さらに高い位置から目標へ挑戦することができます。しかも、その反対のアプローチを考えることが、成功への手がかりとなることが多々あるのです。

これは投資にも当てはまります。収益を伸ばすためには、回避できる損失を減らすため、どうしたらよいか自覚しなければなりません。事実、わたしは投資で「損失」という名の洗礼を何度も受けてきましたが、その失敗を受け止め、糧としてきたおかげで、今ある程度のリターンを得ることができるようになったのだと思います。

ただ、せっかく、本書をご購入いただいた読者の方には、これから挙げるような「初歩的な」失敗で、大きな「授業料」を払ってほしいとは思いません。最初からもう少し高いところで投資に挑戦していただきたいと思うのです。本節でわたしの失敗を仮想的に体験していただき、グローバル投資への心構えについて考えるきっかけとしていただければと思います。

①投資環境を無視して失敗

投資も社会のなかでの営みの一つです。したがって、自分の置かれている環境によって「できる投資」と「できない投資」があります。

2000年のITバブル、わたしは現物株のデイトレードにのめりこんでいました。当時、東京証券取引所（東証）の株価は、米国のナスダック（NASDAQ）市場の株価に連動することが多く（これはあくまで当時の話で、東証株はその後、上海市場に連動するようになりました）、わたしはホステスの仕事を終えて帰宅した明け方に米国のニュースをテレビで観ることを日課としていたものです。そして届いたばかりの金融新聞を読み、朝9時からパソコンの前に座ってトレードして、マーケットが引けるとテレビの金融ニュースを観て、少し仮眠をして、夜の仕事に出かける……。そういう生活を送っていました。

その結果、仕事は遅刻が多くなり、本業がおろそかになりました。しかし、あのときは眠気も吹き飛ぶほど日本株市場は値上がりしておりました。そのため、疲れを感じるどころか楽しくてしかたがなかったのです。

この状態に終止符を打ったのは、お馬鹿な頭ではなく、身体のほうでした。メニシエール氏病という自律神経の病気にかかったのです。歩くことすらままならなくなり、投資どころではなくなりました。

ITバブルのときは、80年代のバブルでの教訓から、リターンがあるときに利益を確定しておかなければならないと思っていました。病気をきっかけに、高級日雇労働者のようなホステス稼業を続けることに不安になり、ショットバーをオープンすることを決めたのです。

ITバブルのときに投資した資金は、お店をオープンさせるのには十分な金額でしたので、借金なしにお店をオープンさせることが可能でした。しかし、これはわたしがバブル崩壊を予測したわけでもなく、偶然のタイミングで株式を売却して利益を確定しただけでした。

投資スキルを向上させるため、成功者から学ぶことは良いことです。その一番手っ取り早い方法は、そうした成功者の著した書籍を読むことでしょう。しかし、投資に関する本の多くを書いているのは金融のプロの方です。たとえ「個人投資家が書いた」といっても、一日中パソコンの前に座ってデイトレードに没頭できる環境、または1日5分のトレードでも投資のことだけに専念できる環境にいらっしゃるのです。

しかし、わたしは常にそのような環境にいるわけではありませんでした。仕事をしながら、空いている時間で資産運用のことを考え、投資先を決定しなければなりません。

通常、個別株はいつでも購入できます。しかし、売却はいつでもできるわけではないのです。例えば、2006年の「ライブドアショック」のように証券取引所のシステムがダウンすることもありますし、値が付かずストップ安となり、売りたくても売れないことも起こり得ます。値動きの激しい銘柄のほうが面白いとはいえ、得てしてそうした銘柄は、大きな価格変動を伴わずに多くの売買注文をこなすだけの取引量がある流動性に欠けています。そうした株に投資していたら、価格動向を気にしないわけにはまいりません。

この経験から、わたしは個別株に投資するときは、潰れる心配の少ない、安心して放っておける、時価総額の大きな国際優良企業（グローバル企業）を選ぶようになりました。そして月々の収入を増やすために本業の仕事を頑張るようにしたのです。それからというもの、大きな損失に遭うことが少なくなりました。

②資産の性質を理解しないで失敗

投資しようと調べてみると、実にたくさんの金融商品であふれかえっていることに気がつくでしょう。目移りして迷うばかりです。結局選んでしまうのは、過去の運用成績が良いものばかりとなります。

年初来から20％上昇している株式、過去の年リターンが15％の投資信託（ファンド）を目にすると、永遠にその状態が続くのではないかと期待してしまいがちです。しかし、過大評価されていて上がっていたものは、下がることがあります。実際、購入した後に下がってしまい、期待はずれの結果に終わることが多々ありました。

このような場合、その銘柄を塩漬けにして上がるのを待つという方法もあります。けれど、他の銘柄のほうが良さそうに見えてしまって、下がった銘柄を損切りして投資先の銘柄を替えると、今度はその銘柄が下がってしまう、というマイナスのスパイラルが続くこともあります。

運用成績しか調べず、期待だけで金融商品を購入するとこうした事態になりがちです。

古くからある投資格言に「過去の結果を見て投資先を決めるのは、バックミラーを見ながら車を運転するのと同じ」があります。これは過去の成績は将来の目標とする成績を推察するものでしかなく、それからは将来のリスクを測定できない、という意味です。リスクを無視してリターンばかりを見ていると、得てして高値掴みの結果となります。

「ノーリスク・ハイリターン」という金融商品は、現実の世界ではまずあり得ません。そのような商品があれば、世界中のだれも働かず、お金持ちだらけになってしまいます。そうした金融商品をつくりだしたと語り、資金を集めようとする人は断続的に現れますが、現実はまったく逆の「ハイリスク・ノーリターン」です。

資産には大きく、現金（為替）、株式、債券、不動産の4種類があります。

どの資産が良いというわけではなく、特定の種類のものが常に右肩上がりというわけではありません。なぜなら、お金には金利の低いところから高いところに流れる、過大評価されているところから過小評価されているところに流れる性質があるからです（もちろん、円高、株高、債券高のトリプル高になることもあれば、円安、株安、債券安のトリプル安という、あまりよろしくない現象に見舞われることもありますが……）。

この流れを的確につかむことができれば、一つの資産に集中投資をして、大きなリターンを得ることはできるでしょう。しかし、的確につかめなかったときのリスクも当然、大きくなります。

流れを的確につかめなかったときのリスクを回避（ヘッジ）する方法を考えるのです。将来のリスクは測定できませんので、リスクは分散するしかありません。

その解決策を「アセットアロケーション（資産配分）」といいます。四つの種類の資産にはそれぞれ異なる性質があり、それゆえそれぞれが異なる動きをします。それぞれの資産の性質を理解し、自分のリスク・リターン観から配分を考えようというわけです（詳細は47ページのポートフォリオを参照）。

資産の性質は、大きく分けて「収益性」「安定性」「分割可能性」「流動性」の四つがあります。この四つの性質すべてに優れたものがあり得ないからこそ、さまざまな金融商品があるのです。

収益性を求めれば安定性が低くなりますし、安定性を求めれば収益性は下がります。また、不動産のように簡単に分割できない資産は、流動性が他の商品に比べて劣ります。そのため他の資産よりも売却に時間がかかるか、希望した金額で売れないケースが多くなりがちです。

必ずしも、投資資金を4種類の資産それぞれ均等に配分すれば自分に合ったリスク・リターンを実現できる、とはいえません。自分のなかでどの資産の性質を優先順位にするか決める必要があります。そのうえで、リスクを回避するための手段を考えなければなりません。

ビジネスと同じで、自分の目標のために適材適所とリスクヘッジを考えるのは大切なことなのです。

③狼狽売りで失敗

「狼狽売り」は英語で「パニックセリング」と言います。

資産に価格の騰落はつきものとはいえ、投資をスタートしたころのわたしは、実際にマーケットが下げ始めるとパニックにおちいりました。そして先行きが不安になって売却してしまうのです。そして得てして、そこが底値です。さらには後悔して再び買い直すときには高値を更新しているもの……。

なぜこんな馬鹿げたことをしていたのか。それはひとえに投資している企業や商品の性質を理解していなかったからです。

銀座のクラブの仕事でも、お客様は皆、常に仕事が順調であるとはかぎりません。突然うまくいかなくなる方もいらっしゃいます。

そうなると担当のホステスはもうパニックです。これまでの売掛金を精算してもらいたくてもできないときがあります。確定申告のときに税務署に不良債権として扱ってもらうために、お客様に内容証明郵便を書いてサヨナラをするのか、そのお客様が復活されるのを待つのか。その判断は自分にかかっています。金融商品ならサヨナラをしてもまた再購入できます。しかし、人とのお付き合いは、そう簡単には回復できません。

このような状況で行動を起こす前に判断すべきことがあります。それはそのお客様に備わっている能力や含み資産です。ここで「含み資産」とは、取引先、同級生、親戚といった、その方の持つ「人脈」を意味します。

投資でも同様です。例えば、自分の保有する個別株の価格が下げたとしても、業績だけを見ていては分からないときがあります。その会社が持つ含み資産である土地、子会社、特許技術など、売却できるものがあるか、キャッシュフローを調べなければなりません。

また、企業の持つ人材という財産（人的資本）を考慮する必要があります。御曹司が「バカ息子」であれば親のつくった会社を傾けてしまうかもしれません。一時的に財務が悪いのか、投資している企業の経営陣が駄目なのかを見極めなければならないのです。

さらには市場全体の状況を見極める必要もあります。投資した企業の株価の下げが市場に足をひっぱられたためなのか、それとも企業自体に問題があって売られているのかを相対的に見極めるのです。

投資は「安いときに購入して、高いときに売る」ことができれば、誰でも収益を得ることができます。普段、お買い物で「これはバーゲンセールだ」と即決するように、株式投資でも、市場が下がったときに優良企業のバーゲンととらえて投資できなければ、運用資金が限られている個人投資家は、なかなか収益を得ることが難しいでしょう。

④未練をもって失敗

投資と恋愛に共通するのは「執着すると悪化する」ことです。恋愛ですと、嫌われた相手に付きまとうとストーカー呼ばわりされ、さらに嫌われます。投資の場合は、損失がさらに膨らみます。どちらも明るい未来を期待しているのに、さらに状況は悪くなり、涙、涙……です。

そもそも、男性の浮気や心変わりなど、日常茶飯事の光景を目にしている銀座ホステスは、ある程度の浮気には目をつぶって、相手に期待や依存ばかりするのではなく、自分を大事にしてくれるよう女を磨きます。しかし、そんな努力をしても、自分を大事にしてくれない場合は、その男性の浮気は治療できない「病気」だと判断します。

恋愛の場合、愛の冷めた男女が再び燃え上がるのは稀なことです。まだしも、投資のほうが再び上昇してくれる可能性を残しております。いずれにせよ、執着しているときは、他のことが見えません。自分に都合の良いことばかりを考えて、相対的に物事を考えたり、捉えることができなくなったりします。

結果、視野が狭くなり、必然的にチャンスを逃してしまいがちになるわけです。

駄目だと判断したら、恋人も銘柄もすぱっと別れて、他へ目を向けたほうが、その後の時間は楽しいものになります。この点は、男性よりも女性のほうが、別れた相手に執着しない人が多いかもしれませんので、「損切り」に向いているかもしれません。女性は常に現実と将来のことしか興味がなく、過去に付き合っていた男性を思い出す人は少ないと思います。男性のほうが、別れた後もその後を気にしてくれていたりして本質的に優しいと思いますが、金融投資は執着していると損失が大きくなることがあります。

たとえ、お別れした銘柄が再び上がってしまったとしても現在の資産は増えません。保有していない銘柄の「たら・れば」を考えるよりも、損は損として受け入れる潔さを持つ人が、次のチャンスも手にできるのです。

⑤情報欠如による認識不足で失敗

「日本人は水と情報とサービスは無料という考えをする人が多い」とは、内外のコンサルタントからよく聞く耳の痛い言葉です。

日本のファイナンシャル・アドバイザー（ＦＡ）と呼ばれる方は、自社の金融商品や保険には詳しくても、グローバルな投資商品については豊富な知識を持ち合せている方は多くありません。また、提携企業のコンプライアンス（法令順守）の問題から、他社との比較優位をして契約業務をとるのはいけないこととされています。

結局、収益を増やす運用のアドバイスというよりも、投資資金を確保するための節約・倹約のアドバイスのほうに長けてしまうわけです。節約・倹約で増える額は限界がありますので、不安のない将来のためのお金にはなりません。

国内金融機関に勤めた後、独立して資産運用のコンサルタント会社を設立されたお客様は、こうおっしゃいました。

「日本の金融機関は、顧客にどれだけのリターンを提供できるかではなく、顧客に夢を見させ、販売手数料をどれだけ稼げるかしか考えていない。そうしないと勤務先で生き残っていけないからだ。実際、金融機関に勤めていたときの自分がそうだった」

もっとも、アドバイザーだけが問題というわけではありません。

わたしもかつては安易に人に頼り、夢を見てばかりいました。投資の基礎知識もなく、専門用語もほとんど分からない状態で、安易に有益な情報を無料で分かりやすく説明してくれることだけを求め、横着をして一獲千金ばかり夢を見ていたのです。そのうえ、期待どおりの結果でないと、文句ばかり言っていました。

このような態度では、優秀な専門家からすれば、ただの「面倒な人」という印象を持たれ、好意的に接してもらえません。人はコンピュータではありません。感情があります。プロでも予測が外れることはあるのです。それを認めて良好な人間関係を築こうとしなければ、将来、手に入れられるかもしれない貴重な情報も手放してしまうことになります。

また、自分からリスク説明を求める行為をしていませんでした。確かに「聞いていなかった」「知らされていなかった」という悔しい気持ちがあります。しかし、実は「質問しなかった」や「納得していなかった」という自分の知識や情報不足のほうが大きかったのです。

的確な質問ができなければ、明確な回答も得られません。情報の質を見分けるには、投資家側も知識が必要だということが認識不足でした。簡単に手に入れられる無料の情報だけを集め、多数説に従い、自分の思い込みで判断をしていた怠け者の態度は、思い返すと恥ずべきことばかりです。

銀座のクラブにはコンサルタント業のお客様も多くいらっしゃいます。優秀なコンサルタントの方ほど忙しく、時給も高いので、顧客に費用の負担をかけないよう、回答も短く、分かりやすく説明してくれます。

親切丁寧な説明は相談者にとって有難いことですが、時間をかければ誰でもできます。しかし優秀な専門家は暇でもありませんし、時給も高いので、親切丁寧に説明をしてもらいたい場合、その分の費用はかかるのです。そのことへの認識がありませんでした。

コンサルタントは情報や知識が商品です。有益な情報を親切、丁寧に無料で教えてくださいというのは、高級車をタダで下さいと言っているようなものです。

知識が不足していることを自覚したわたしは、優秀な運用アドバイザーと付き合うようにしました。もちろん、費用はかかります。しかし、結果的に自分で試行錯誤する時間を短縮し、損失を減らせたのです。

成功している銀座のクラブのお客様を見ていると、リサーチコスト（調査費用）をかけることは当然の前提として、リサーチコストを捨てられるかが成功する人と成功しない人との違いであることが分かります。投下したリサーチコストに執着するあまり、ハイリスクで、場合によっては非合法な案件に投資してしまうことになりかねません。

　執着は悪い結果をもたらすことが多いので注意が必要です。世の中はお金や人に執着しないほうが人生は開かれることが多いと思います。

⑥偏ったポートフォリオで失敗

　わたしが投資で安定したリターンを得られなかった理由の一つに、日本株だけに投資していたことが挙げられます。

　日本株が上昇基調になると、わたしも投資で儲かり、下落基調になると、わたしも損をするのです。つまり、東証に外国から資金が集れば、わたしが購入している株も連動して上がり、東証から資金が流失すれば下がるわけです。

　したがって、どの銘柄をどのタイミングで購入するかというよりも、もっと世界全体のお金の流れを見る必要がありました。しかし、当時のわたしは、東証以外の外国のマーケットの相場など、ほとんど気にしたこともなかったのです。

　投資に没頭できる環境であれば、特定の企業の値動きだけを追うことも可能でしょう。しかし、わたしには仕事があり、そのような環境は無理でした。また、日本株のなかで優良な国際企業に分散したとしても、日本の株式市場全体が悪いときは足を引っ張られがちです。お金は世界を駆け巡っており、安定性を求めるのであれば、「分散投資」をしておく必要があると実感しました。

銀座のホステスの仕事でも分散投資は必要です。

例えば、毎月300万円の売上を100人のお客様による応援で成し遂げていたとします。これなら仮に一人のお客様が病気や事故あるいは会社のご事情でお店にいらしていただくのが困難になったとしても、そのマイナスは1%です。また、その分を挽回するのもそれほど大変ではありません。

しかし、たった一人のお客様で毎月300万円の売上を達成しているホステスの場合はどうでしょう。100人のお客様のお誕生日を覚えなくても、たった一人のお客様だけを大事にすればいいわけですから、一見うらやましいかぎりです。

しかし、万が一、このたった一人のお客様が何らかの事情でお店にいらっしゃるのが困難になってしまった場合はどうでしょう。このホステスは売上がゼロになってしまい、戦力外になって、クラブをクビになってしまいます。

「ポートフォリオ」とは、さまざまな金融商品を組み合わせたものです。そもそもの意味は「書類挟み」で、多種多様な資産を保有し、その組み合せを適当に変更するためには書類挟みが必要だったことから、この言葉が使われるようになりました。

現在、わたしは日本国内だけでなく、海外にも（先進諸国も発展途上国も）投資しています。そのおかげで日本株が下げ基調でも、他の市場の金融商品でプラスになっていることが多々あります。常に何かが下がれば何かが上がるという状況です。

もちろん、何かが上がっても何かが下がるときはあります。しかし安定性を求めるのであれば、分散投資は最も有効な手段です。

為替、株式、債券、不動産への「資産の分散」、先進諸国と発展途上国（以下、エマージング諸国）の株式市場は値動きに差があることに基づく「地域の分散」、さらには購入タイミングも考えて、先進諸国は余剰資金で一括投資をし、エマージング諸国はカントリーリスクを分散するために積立投資にするなどといった「時間の分散」を組み合せることで、安定性を求めながら収益性を追求することが可能になりました。

⑦手持ちの現金がなくて失敗

わたしの失敗のなかで一番大きかったのが、いつでも投資できるキャッシュポジション（現金）を常に用意していなかったことです。

相場が下がっているとき、優良企業の株式が「バーゲンセール」になっていることがあります。ところが、すべての資金を投資してしまっているので、購入する資金がありません。そのようなときは、他の銘柄を損切りして、優良銘柄を購入していました。つまり、優良企業の株式を安く購入できて、その後にその株が上昇しても、損切りによる損失はあるわけです。

キャッシュポジションがあれば、無理に損切りをしなくても優良企業の株式を購入することができ、無駄な損失は免れたことでしょう。

そんなとき、あるお客様から「君は、お金持ちと貧乏人の違いが分かる?」と質問されました。回答に困っているとそのお客様はこうおっしゃったのです。

「お金を殖やすことができない人って、何をするにも『せっかち』で待てないいんだよね……」

この言葉はショックでした。わたしの投資の行動パターンは、現金も用意していないだけでなく、安くなるのも、高くなるのも待てない『せっかち』なものだったのです。

投資の基本はとてもシンプルで「安いときに購入して、高いときに売却する」です。ところが下落相場でいくら優良企業が安くなってバーゲンセールになっていても、現金を持っていないと購入はできないのです。ところが、市場が上がっているときは、投資しないで現金のままにしておくのはもったいないと思う誘惑に負け、余剰資金のほとんどを投資してしまい、市場が下がった滅多にない投資機会を、指をくわえて見逃す結果になったわけです。

銀座のクラブのお仕事でも、売上(自分のお客様の飲食代に回収責任を持つ)のホステスはお客様のご飲食代金を立替えできないと、多くのお客様の支払いニーズに応えられません。ですから、常に運転資金と立替資金として現金を用意しておかなければなりません。

現金は、資産のなかでも最も便利なものです。現金さえあれば何でも欲しいものが買えます。現金通貨のこの性質のことを青年時代のカール・マルクスは「貨幣は売春婦である。何にでもひっつく」と書いたくらいです。

同じことをケインズは「流動性(英語でliquidity)」という言葉で上品に説明しました。お水やお酒やビールのような液体(英語でliquid)は、どんな形の容器にいれても、その形にぴったりと収まります。

液体が容器と同じ形になるように、現金通貨は自分が欲しいものになってくれるというわけです。その意味で、現金通貨は１００％の流動性を持つ資産です。

お金持ちが投資で成功するのは、常に投資できる現金を持っているからだと思います。プロの機関投資家も常に投資できる資金の確保が可能です。銀座のお客様でもビジネスで成功されている方の企業は、現金を豊富に持っています。

成功者の方は、常に何をするのにも「機会費用」が現在の利益を上回るように考えています。機会費用とは、選択しなかったことで得られなかった最大利益です。投資においては、キャッシュポジションの存在は不可欠です。

生涯に二度ノーベル賞を受賞したキュリー夫人の有名な格言に「チャンスはそれを備えていたものだけに訪れる」とあります。現在は、チャンスに対応できるように国内だけでなく、海外の金融機関でも常に投資できる資金のキャッシュポジションを用意するようにしています。

第2章　グローバル化時代の投資戦略

1．リターンは資産配分で決まる

わたしが失敗から学んだ最大の教訓は「ポートフォリオから継続したリターンを手にするには、具体的にどのような企業やファンドに投資するかよりも、アセットアロケーション（資産配分）のほうが重要である」ということです。

資産は通貨・株式・債券・不動産の四つに大別され、近年は商品（コモディティ）やオルタナティブ（ヘッジファンドなどの代替投資）が人気を集めておりますが、それぞれが異なる値動きをする傾向があります。例えば、インフレ傾向になれば株式市場や商品市場にお金が流れますし、株式市場が軟調なときには債券市場にお金が流れます。金利が低ければ不動産市場にお金が流れます（例えば、低金利の日本円を借りて高い利回りの資産に投資する「円キャリートレード」が世界的な不動産バブルを招いたといっても過言ではありません）。

リターンは分散しなくても得ることはできます。しかし、リスクは分散しないとヘッジ（回避）できないことが多いのです。裏を返せば、リスクを分散することでポートフォリオ全体の価値下落を緩和できる可能性があります。サブプライムローン問題に代表されるように、統計学や金融工学にも測定できないお金の流れが、グローバル化時代には生じているのです。

許容リスクから目標リターンを決める

では、どの資産をどれくらい保有したらよいか、つまりポートフォリオの比率をどうしたらよいのか悩む方も多いのではないでしょうか。まず、その前に決めておかなければならないことがあります。それは目標とする年リターンをどれくらいにするかです。将来必要な資金のために、現在の資金をどのくらいで運用しなければならないかという簡単な計算です。これが、定まらないとどのくらいリスクを取らなくていけないのかが漠然としてしまいます。

例えば、年リターン15％を目標とするならば、ポートフォリオのボラティリティ（変動性）が常に10～20％ぐらいになることを覚悟しておかなければなりません。つまり20％ぐらい下落することがあることを前提にしなければならないのです。エマージング諸国に投資しているのであれば、もっと値動きが激しいので急落する可能性もあります。目標リターンが15％なのに下げ幅は5％といった都合の良い金融商品は、まずあり得ません。

自分がどのお酒をどれだけ飲めるか知っておくことが社会人としての「常識」であるように、自分にどれだけのリスクを許容できるか知っておくことは投資家としての「常識」です。

リスクの許容範囲は、投資対象の金融商品がどれだけ値を下げたら（損をしたら）自分が眠れなくなるかで、測ることができます。人によっては5％下げても眠れなくなるかもしれません。あるいは20％下げても気にせず、ぐっすり眠れるかもしれません。

損失を取り戻すには、損失が大きいほど難しく、時間がかかります。したがって、ご年配の方ほど、変動性の高い金融商品の比率を大きくしないほうがよいでしょう。逆に若いうちはアグレッシブ（積極的）な運用を目指しやすいといえます。ところが、不思議なことに証券会社のセミナーなどに参加しますと、中国やインド、はたまたベトナムなどエマージング諸国の株式ファンドに興味をもたれるのは、ご年配の方のほうが多いのです。

そうしたファンドは価格の上昇率が高く、結果がすぐにでるのが、ご年配の方に人気がある理由のようです。しかし上がるスピードと同じくらい、頻繁に急激な下落もよくあります。

海外の金融機関で購入できる外国籍の株式ファンドはパフォーマンスが良いので、10％ぐらいのリターンはたいしたことがないと思われる方も多々いらっしゃいます。しかし、資産保全に優れている老舗のプライベートバンクで一任勘定の運用を任せた場合でも、大体５～７％の年リターンがあればよいほうです。

プライベートバンクは資産保全を目的としているので、ポートフォリオの大半は通貨と債券に配分しています。しかし、預金だけではインフレに対応できません。そこで残りをＡＡＡの国債や社債のほか、株式ファンドや債券ファンドを組み合わせているのが一般的なパターンです。

長期的に高めのリターンを狙うなら株式を組み入れた資産配分を

米国の代表的な株価指数Ｓ＆Ｐ５００の過去10年の成績を考えてみれば、年15％以上のリターンを目標とする場合、先進国の株や株式ファンドだけで目標リターンを得るのは難しいと分かるでしょう。それ以上のリターンを目指す方は、目覚ましい経済成長を遂げているエマージング諸国の株や株式ファンドの比率を大きくしないと達成できないと思います。

例えば、2007年のS&P指数は3・56%、ダウ平均は6・42%、ナスダック総合指数は9・8%、リーマン総合債券指数は6・96%です。一方、同年のMSCIエマージング市場指数は32%でした。

バーンズ・アドバイザリー・グループ社のファイナンシャル・アドバイザー、トム・マグイガン氏によると「業界の常識である60対40（株式を60%、債券を40%）運用は、退職者の多くに適さない。リスクは低いが、リターンも低く、運用益は退職者にとって少ないからだ」そうです。

同社が26のケースで30年間の運用成績を検証したところ、ポートフォリオをすべて債券で運用して継続可能だったのは26ケースのうち三つのみでした。また株式と債券の割合を60対40にしても、成功と呼べる運用益を確保したのは26のうち11ケースと指摘しています。

一方、すべて大型株で運用するスタイルでも成功割合は69%にとどまるとのことでした。バーンズ社の検証で最も成功を収めた運用は、大型株、小型株、成長株、バリュー株に投資する株式分散型運用だったのです。短期間でみれば、50%以上のリターンを望める金融商品は多数存在します。しかし、継続したリターンとなると難しいのです。

銀座クラブのアロケーション

銀座のクラブ経営者にとっても最も重要なのは、ホステスのアロケーション（配分）です。美人ばかりを揃えておけばよい、というわけではありません。例えば、大企業で役員をしているお客様の場合、ご自分の秘書さんが美人で頭の良い女性であることがほとんどです。こうしたお客様にとって、美人は特に珍しくも有難くもないでしょう。

ですので、クラブの経営者は、さまざまな年齢の個性が違うホステスを集める必要があります。例えば、自分のお客様の飲食代に回収責任を持つ「売上」と呼ばれるホステスは、先進諸国の株式や債券のような存在です。お客様にとってもクラブ側にとっても安心感があります。

若さと愛嬌がウリの「ヘルプ」の女性は、エマージング諸国の株式や債券のようなものです。将来を期待できますが、想定すらしないことがときどき起こります。代議士の先生に「○△党のほかに、野党とか与党とかいう党もありますよね～」などと言ってお客様や先輩ホステスを絶句させたりします。

セクシーな悩殺衣装をまとい、資産家のお客様をターゲットにして高価なワインかシャンパンしか飲まないホステスもおります。こちらはチャンスを逃さないヘッジファンドのようなタイプの女性でしょう。もっとも、銀座のクラブで売上のホステスは誰しも自らの資金も投じてビジネスをしておりますので、ヘッジファンドのマネジャーのようなものですが……。

通常、経営が安定している銀座のクラブは、個性豊かな売上のホステスをたくさん揃えております。もし、若くて可愛い女性だけを働かせている太っ腹なクラブオーナーがおりましたら、それはビジネスではなく、道楽だと思います。

エマージング諸国の株式や債券よりも、先進諸国の株式や債券のほうが安定はしています。しかし、残念ながら、多くの売上のホステスは、年々「若さ」という商品価値を失っていきます。お店を繁盛させるためには多少のハプニングが起きるのを覚悟しても、若いヘルプのホステスを育てなければなりません。つまり、現状維持は衰退しかもたらさないのです。お金を殖やすというのは、常に資本を効率良く、現状維持だけでなく将来の収益が期待できるものに投資していく作業なのです。

銀座のクラブホステスは、稼げる期間が短いので、少しでもお給料の条件の良いお店に移籍しようとします。こうして銀座のクラブでは売上のホステスもヘルプのホステスも店を移籍して入れ替わるのです。投資でいえば、ポートフォリオの「リバランス」です。新しいタイプの金融商品は毎年たくさん登場します。また、２００７年のように中国の株式市場が3倍近くになることもあります。特定の地域やセクターの比重が偏らないように、ポートフォリオに組み込まれる個々の金融商品を見直すことが必要です。

ポートフォリオの成長に合わせて資産配分の調整を

ただし、銀座のクラブは営業が続くかぎり、ホステスのリバランスが必要で、積極運用をしなければなりません。しかし、投資の場合は、これ以上増やさなくてもいいと思う金額になれば、安定した債券や預金に切り替えて、お金を減らさないように配当や利息を重視するポートフォリオにすることが可能です。せっかくリスクを取って目標金額まで増やしても、ボラティリティの高い金融商品に投資したままでは、また下落してしまう可能性があります。

お金を殖やすには、リスクを取ることも大事です。ただし、殖やしたお金を減らさないようにするこ

図表2.1　筆者のポートフォリオ（2008年1月現在）

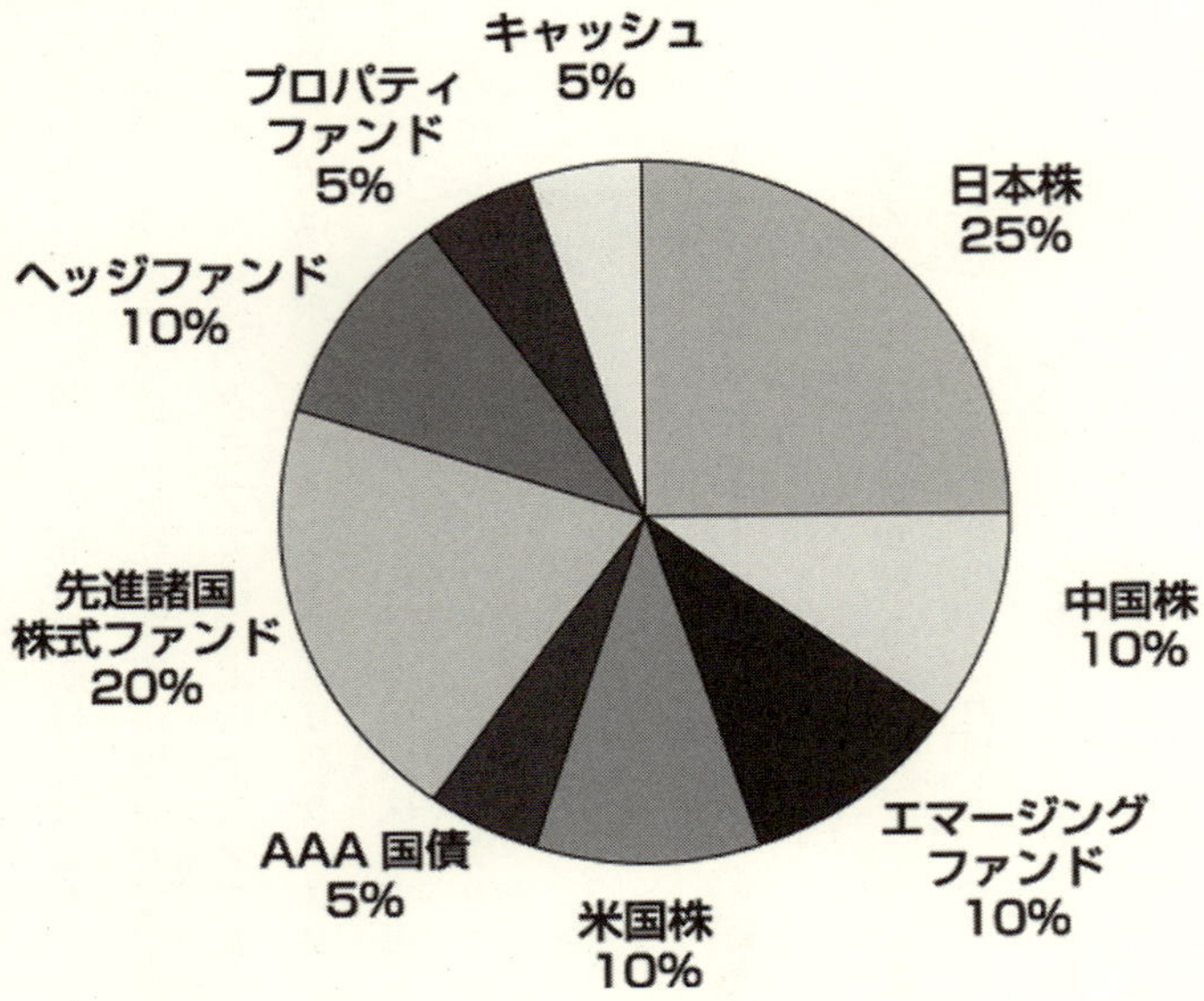

とも大事です。

わたしの場合は、エマージング諸国の株式や株式ファンド、そしてヘッジファンドへ投資をしています。ある程度殖えたところで、収益の一部を先進国の債券に資金をシフトとしています。債券もある程度の金額になれば、その配当をまた、エマージング諸国の株式ファンドの積立資金にするなど、投資方法も資金の増額によって変化させています（**図表2・1**）。

限界まで試してみたい方もいらっしゃるかもしれません。人生は、世間的な成功や財産に興味がなくなると、はじめてそれらが訪れてくるというパラドクスに満ちています。執着は悪化することが多いのです。

図表 2.2　ポートフォリオの資産配分例（1）

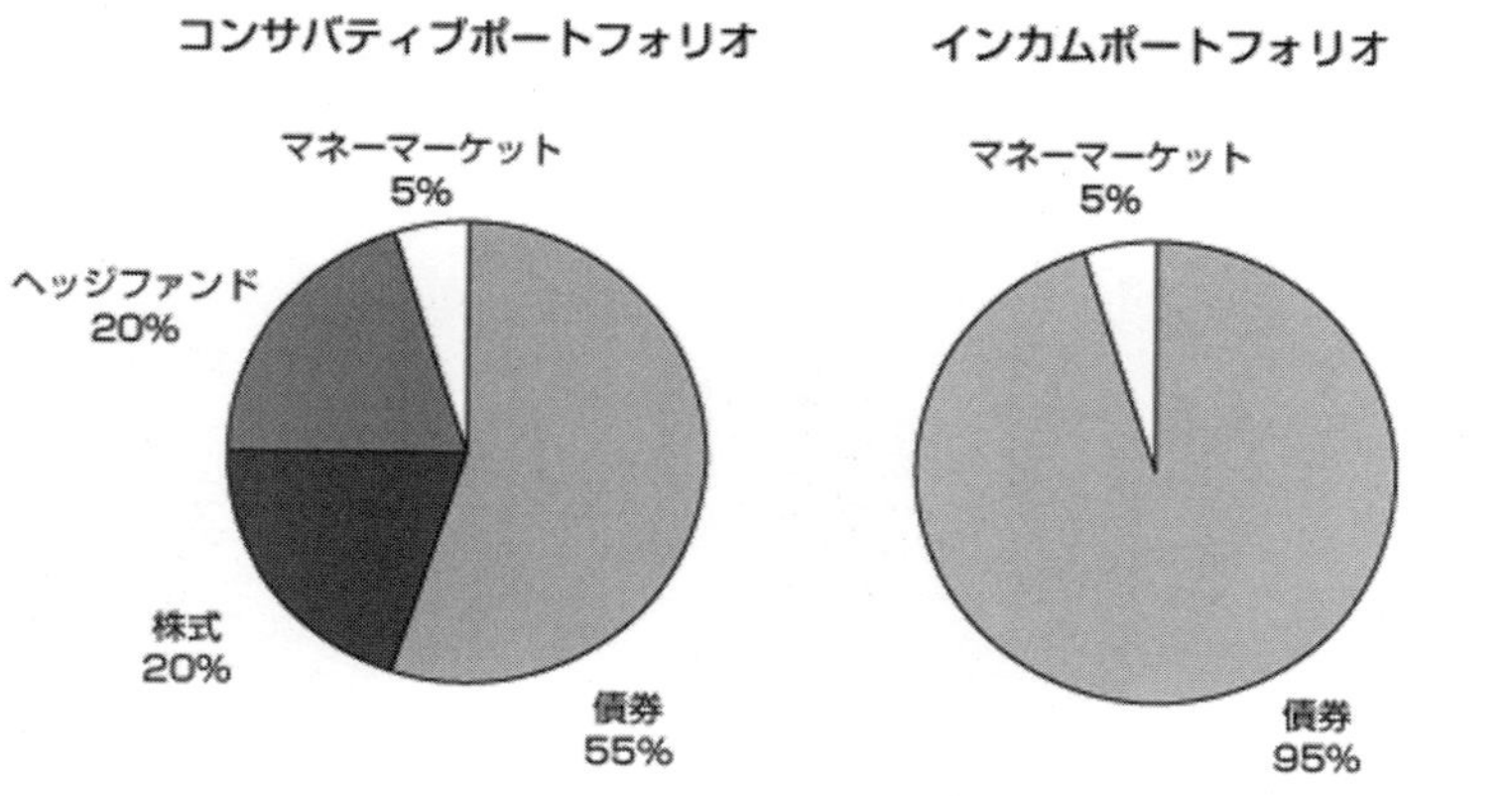

資産配分の例

資産配分は個性、リスク許容度、目標リターン、資産規模によって異なってきます。それをふまえたうえで、マネーマーケット（短期金利商品）、債券、株式、オルタナティブ（ヘッジファンドなどの代替投資＝債券や株式以外の投資手法）による欧州のプライベートバンクが提案している5種類のポートフォリオ例を紹介しましょう。

①インカムポートフォリオ

ボラティリティを抑えるため、ポートフォリオのほとんどは債券とマネーマーケットで構成されています。株式やオルタナティブの比率はありません。元本を確保したい慎重な投資戦略です（**図表2・2**）。

②コンサバティブポートフォリオ

リスク許容度を平均よりも低く設定した保守的ポー

図表 2.3　ポートフォリオの資産配分例 (2)

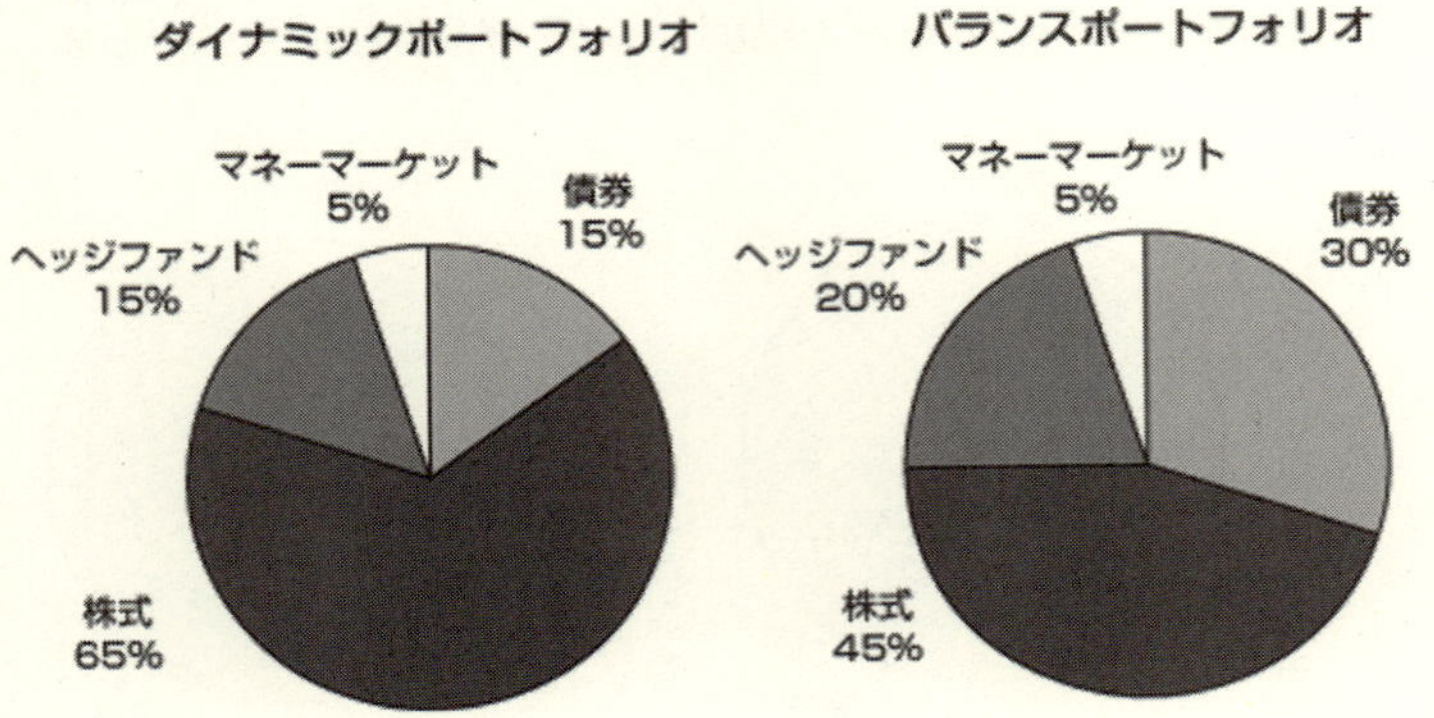

トフォリオです。運用の主体は債券で、ある程度を株式に割り当てます。そして、オルタナティブを組み込むことで、ポートフォリオ全体のボラティリティを抑えます。株式は時価総額に重点をおいたものが多いです。低めのリスクを取る慎重な投資戦略です。

③バランスポートフォリオ

慎重派から中間派の向けのポートフォリオです。短期的な変動への許容度に応じて、コンサバティブよりも株式への割り当てを増やします（**図表2・3**）。

④ダイナミックポートフォリオ

中間派から積極派向けのポートフォリオです。さらに株式への比率を高め、中長期での資産成長を狙います。株式は世界株が中心で、株価そのもの上昇だけでなく、為替変動からの収益も狙います。債券やオルタナティブにも、ある程度の投資をしてポートフォリオ全体のボラティリティを抑えると同時に、株式市場の

図表 2.4　ポートフォリオの資産配分例（3）

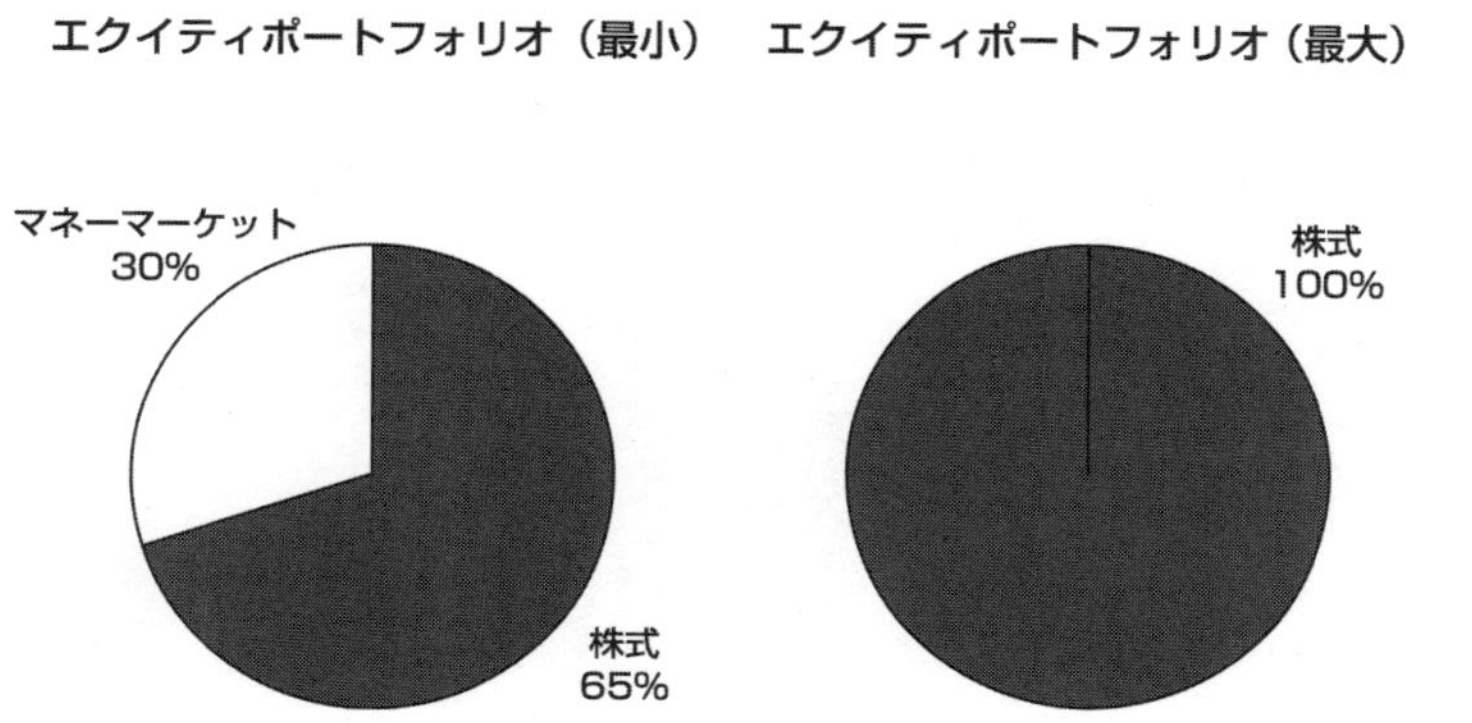

トレンドと強い相関関係がない市場でのリターンを狙う運用です。

⑤エクイティポートフォリオ

リスク許容度が高い積極派向けのポートフォリオです。株式、ETF、ミューチュアルファンドなどを通じて、価格そのものの上昇だけでなく、為替変動からの収益も狙います。株式市場のトレンドが好ましくない状況でも資産の保護を可能とするだけに、運用は長期にわたって行います（**図表2・4**）。

2．資産運用の基本は為替変動のない通貨のもの

どんなに海外に投資するファンド（以下「外国籍のファンド」と呼びます）の運用成績に魅力があっても、自分の資産すべてを外貨で運用するべきではないと思っています。なぜなら為替変動のリスクがあるからです。

海外投資には二つのリターンがあります。一つは運用成績による売却益、もう一つは為替レートの変動による「為替差益」です。外貨で投資する外国籍の資産価値は、この為替変動があるために、不安定になる傾向があります（**図表2・5**）。

確かにパフォーマンスが良く、購入時より円安になりますと、二重でリターンが生じます。ところが、得てして世の中は、そうそうまいことばかりではありません。パフォーマンスが良くても為替差損が生じて売却益が帳消しになったり、円安になったのにパフォーマンスが悪くて為替差益が帳消しになったり、ひどいときには、パフォーマンスが悪いうえに円高になって損失が二重に生じたりするものなのです。

それでは為替変動を受けないで安定させるためには、どうしたらよいのでしょうか。実は簡単です。自分が居住する国の通貨で運用されている金融商品に投資すればよいのです。日本で暮らしている以

図表 2.5　各国の代表的株価指数の現地通貨建てと円通貨調整

指数	株価指数騰落率（直近１年間現地通貨建て）	株価指数騰落率（直近１年間円建て）
東証 TOPIX	-29.5%	-29.5%
米 S&P500	-6.9%	-18.1%
ダウ・ユーロ	-13.9%	-15.5%
イギリス FT100	-10.7%	-23.0%
ドイツ DAX	-0.7%	-2.5%
中国上海総合	55.5%	46.0%
深セン総合	91.0%	79.3%
香港ハンセン	6.8%	-6.8%
ロシア RTS $	7.8%	-5.8%
韓国総合	18.0%	2.0%
ブラジル・ボベスパ	25.0%	28.7%
インド SENSEX	-8.1%	15.1%
JSE アフリカ	17.7%	-13.1%
メキシコ・ボルサ	-4.3%	-17.1%
タイ SET	4.3%	4.5%
ベトナム VN	-21.4%	-30.9%

※　ベトナムの時価総額は推計値であり、「１年前」の水準は 2007 年４月時点のもの。

出所：各証券取引所のデータから作成

上、日本の通貨である円での資産運用が中核になります。もし、わたしが米国に居住することになれば、ポートフォリオは米ドルで投資できる米国株の比率を高くします。

確かに、２００７年は東証株全体の指数であるＴＯＰＩＸに投資するよりも、中国の上海Ａ株市場の指数に投資しているほうが、はるかに値上がりをしたので、面白かったかもしれません。しかし「守り」があってこそ、はじめて「攻め」ができるのです。

わたしにとって日本株への投資は、１年で資産を2～3倍に大きく殖やすためのものではありません。現状維持と換金性を求めた「守

図表 2.6　日本企業時価総額ランキング

順位	コード	会社名	時価総額（百万円）
1	7203	トヨタ自動車	19,638,386
2	8306	三菱ＵＦＪフィナンシャル・グループ	10,590,102
3	9432	日本電信電話	8,059,499
4	9437	ＮＴＴドコモ	7,937,240
5	7974	任天堂	7,834,296
6	2914	ＪＴ	6,220,000
7	8316	三井住友フィナンシャルグループ	6,194,656
8	7751	キヤノン	6,014,699
9	7267	ホンダ	5,926,496
10	4502	武田薬品工業	5,798,056
11	6758	ソニー	5,632,020
12	8411	みずほフィナンシャルグループ	5,561,372
13	6752	松下電器産業	5,237,269
14	7201	日産自動車	4,593,047
15	5401	新日本製鐵	4,513,028
16	8058	三菱商事	4,428,092
17	9501	東京電力	3,788,029
18	9020	東日本旅客鉄道	3,652,000
19	8031	三井物産	3,561,979
20	9433	ＫＤＤＩ	3,556,461
21	8802	三菱地所	3,518,509
22	6902	デンソー	3,439,027
23	5411	ジェイ エフ イー ホールディングス	3,268,812
24	8766	ミレアホールディングス	3,091,966
25	8604	野村ホールディングス	3,007,857
26	3382	セブン＆アイ・ホールディングス	2,806,536
27	4063	信越化学工業	2,657,456
28	4689	ヤフー	2,652,426
29	9503	関西電力	2,618,541
30	4568	第一三共	2,528,439

Data: Yahoo! ファイナンス 2008 年 1 月 18 日

り」なのです。したがって、投資対象は常に売買が可能な流動性がある時価総額の大きいグローバル企業が中心です(**図表2・6**参照)。ただし「国際競争力がある」が前提なので金融業には投資していません。

配当がなく、変動性(ボラティリティ)が大きいベンチャー企業への投資は、大化けが期待できそうなので面白そうですが、安定性が望めません。

では、なぜ株に投資するのかといえば、現在の超低金利では、預金や国債ではインフレで資産価値が目減りするリスクがあるからです。しかもグローバル企業の株式では、日本経済が成長すると日本国債の利回りよりも高い配当率を期待できます。

銀座のクラブでお客様の歌舞伎役者さんがおっしゃった次の言葉は投資にもそのままあてはまります。

「基本があって新しいことをするのは『型やぶり』といって称賛される。しかし基本がなくて新しいことだけをするのは『型なし』といって大成することはない」

海外には魅力ある投資先はたくさんあります。しかし、自分のなかで基本は何かと聞かれれば、為替変動がない通貨である円で投資できる流動性に優れた金融商品の比率を確保しておくことだと思っています。

【ケーススタディ】さわかみファンド

技術大国、日本の企業に目を向けるといっても、正直なところわたしには、すべての企業を自分で調べている時間はありませんでした。しかも東証の単位株の平均価格は50万円近いので、分散投資をするには、かなりまとまった資金が必要になります。

そこで、わたしはプロに銘柄の選別を任せることができ、小額の資金でも分散投資が可能な「投資信託（ファンド）」に目を向けたのです。そして日本株ファンドをいくつか購入してみました。結果的に購入を継続しているのは「さわかみファンド」だけです。

「さわかみファンド」は、１９９９年に澤上篤人（さわかみ・あつと）氏が長期投資をモットーに個人投資家向けに設定したファンドです。投資スタイルは「バリュー投資」で、価値が割安だと判断した株を購入し、割高になったら売ります。

同社は特別な販売活動や宣伝広告をしているわけではありません。しかし、スタート時16億円だった純資産額は、約２３３４億円（２００８年1月現在）にまで成長しています。同ファンドがここまで伸びたのは、成績はもちろんのこと、一貫した投資スタイルに共感した個人投資家が多いからでしょう（**図表2・7**）。

最初に、わたしがこのファンドに注目した理由は、澤上氏の経歴でした。氏はスイスの老舗プライベートバンク「ピクテ」の日本法人代表を務められた方です。ピクテといえば、スイスのプライベートバンクのなかでもトップクラスの老舗で、海外の金融機関のプライベートバンキング部門とは一線を画しています。

そのことを象徴するのが同ファンドの保有する銘柄です。大半が経営の手堅い日本の製造業です。時価総額が大きくても、銀行などの金融機関やネット企業には全く投資をしていません。これは海外の

図表 2.7　さわかみファンド

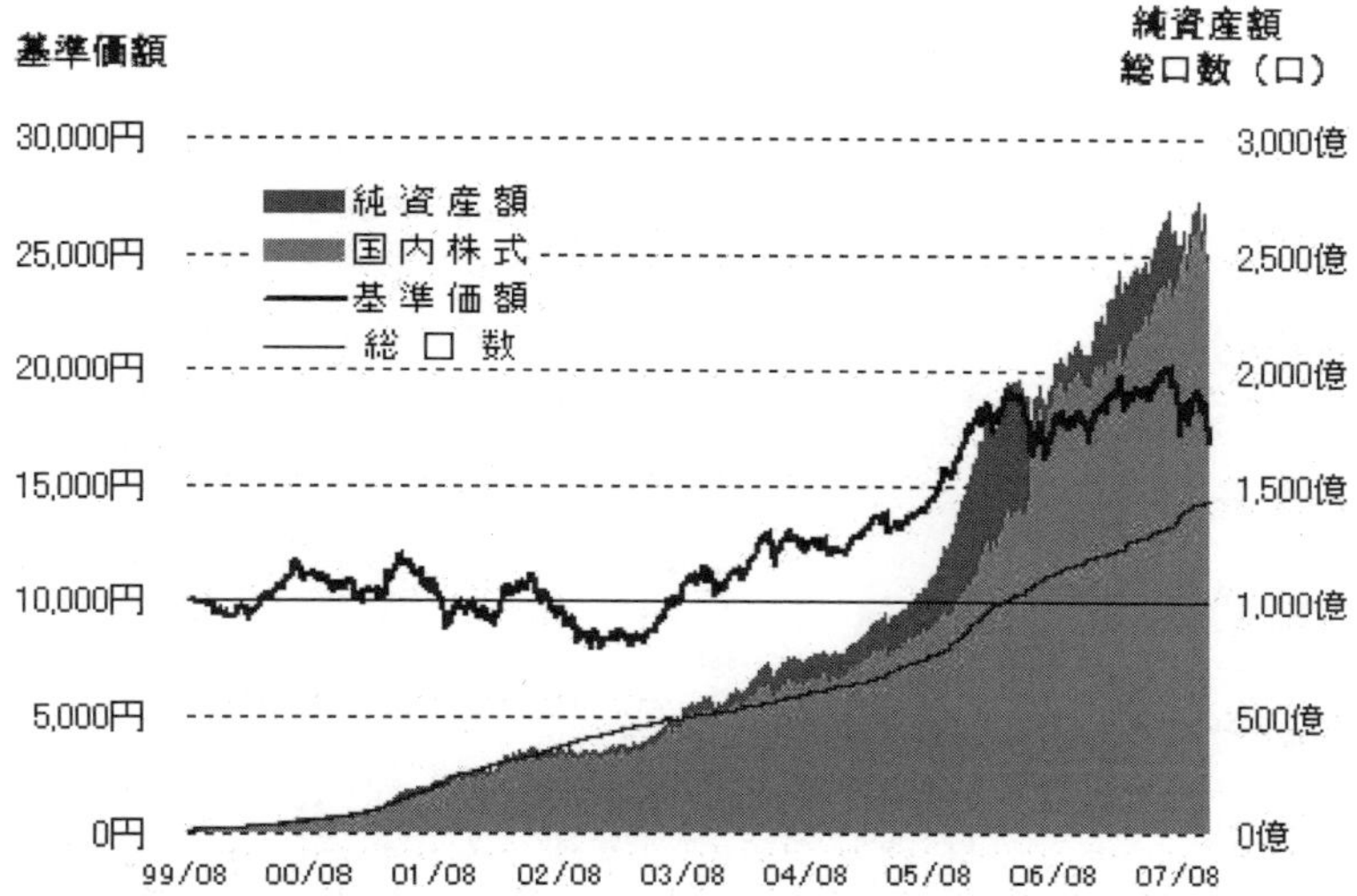

Data: さわかみ投信株式会社（http://www.sawakami.co.jp/）

「ジャパンファンド」と大きく異なる点です。

また、同ファンドは消費者金融に投資をしていません。わたしが同ファンドに「投資の美学」を感じるのは、こうした点なのです。

真のバンカー（銀行家）とは、投資先企業の経営者の素質や能力の評価に重点をおき、社会のために成長してもらいたい企業に資金を提供する職業だと思っています。担保をとり、自らの保身のみを考えて融資する商業銀行員にそうした思考があると感じたことはありません。

何より評価したい点は、投資先のすべての銘柄とその比率、保有株式数、取得コスト、評価損益……と、手の内を一目瞭然で分かるように公開していることです。これらを記した運用報告書が澤上社長のメッセージとともに投資家に毎月2回届けられます。

投資家に対してここまで情報開示をしている金融機関は日本ではとても珍しいといえます。しかし、これこそが金融機関の本来あるべき姿だと、わたしは思うのです。

しかも、同ファンドには購入手数料がかかりません。長期で資産形成に取り組むとき、高い購入手数料は大きなマイナス要因です。通常ファンドは1～5％の購入手数料がありますが、長期で積立てをした場合は、毎月95％で預かって運用するのと、100％で預かって運用するのでは差がでてきます。また信託報酬は、純資産総額に対して年1・05％と低めに設定されています。

分配金は再投資されますので複利効果を生かせます。複利の利点は、元金だけでなく、生み出された利子も新たに利子を生み出すところになります。

このように資産形成の基礎となる仕組みが同ファンドには集約されております。広告や宣伝などの無駄な経費もかけず、長期投資家を大事にしている同社の運用スタイルは、米国を代表する投資信託であり「アメリカンファンズ」の名称で親しまれているキャピタル社と共通する部分が多々あります。キャピタル社のファンドの解約率は業界平均の半分以下であることから「投資家が求めているものを提供している」ことを証明しています。


「サービスは有効なコミュニケーションから始まる。聞き慣れない用語が混じって専門的な話でも、相手が十分に理解できるように、簡潔で分かりやすさを第一に心がけることだ」（チャールズ・エリス著『キャピタル』日本経済新聞社より）。

澤上社長が個人投資家に伝えるメッセージは、分かりやすい言葉で簡潔に説明されています。銀座のお客様は、事業のことを語り、澤上社長は投資のことを語られます。しかし、わたしには、どちらもお金を殖やすことについては本質的に同じことを語っていると思います。

それは「割安だと思えば購入する」「分からないものに資金を投資するな」ということです。さわかみファンドは「お金持ちの思考」で運用されているので毎月積立を継続しております。

バイ・アンド・ホールド

「バイ・アンド・ホールド」とは、購入した株をずっと保有し続ける投資手法のことです。この手法で大きな成功を収めている投資家として最も有名なのが、米バークシャー・ハザウェイ社のウォーレン・バフェット氏とサウジアラビアの大富豪、アルワリード王子の二人です。二人とも米フォーブス誌「世界長者番付」の常連さんです。

両者の投資手法には、グローバルに展開する「ブランド」を持つ企業が何らかの危機に陥ったときに手を差し伸べている、という共通点があります。バフェット氏がこれまで投資されてきた企業では、コカ・コーラ社、ジレット社、アメリカン・エキスプレス社、ブラウン社などが有名です。現在もプロクター・アンド・ギャンブル社（P&G）などがあります。

アルワリード王子は、シティグループ、ヒューレット・パッカード社、タイム・ワーナー社、アマゾン・ドット・コム社、フォーシーズンズホテル社、そしてアップルコンピュータ社などが有名です。王子の

図表 2.8　アラビアのバフェット

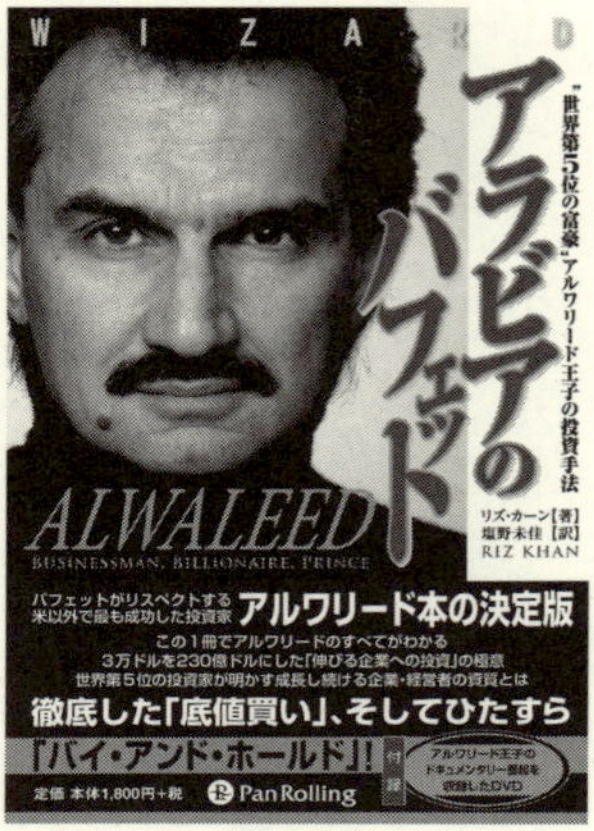

アルワリード・ビン・タラール王子（HRH Prince Alwaleed bin Talal）……アブドルアジーズ元サウジアラビア国王の21番目の息子、タラールの長男として1955年3月7日に生まれる。父親から借りた3万ドルを元手に1979年、外国企業向けにコンサルティングビジネスを始めるが、開業当初は順調とはいえず、シティバンクから融資を受けた。その後、建設・不動産投資で財を築き、銀行業へのディストレスド投資で大成功を収める。1986年には、経営危機に陥ったシティコープに6億ドルを融資して救済。世界に名をとどろかせた。フォーブス誌の2005年世界長者番付では、推定資産237億ドルで第5位に輝いた。

具体的な投資手法についてはリズ・カーン著『アラビアのバフェット』（パンローリング）をご覧ください（**図表2・8**）。

バイ・アンド・ホールドの手法は、長期保有を前提としています。わたしがこの著名な投資家から学んだのは「この手法が通じるのは世界的なブランド力を持ち、配当があるグローバル企業」ということです。将来が有望だといっても、日本のベンチャー企業は世界で知られるほどブランド力はありませんし、配当もありません。

では、エマージング諸国の企業の株式はバイ・アンド・ホールドの対象になるか、といえば難しいと思えます。中国がよい例です。

中国の優良企業の株式の大部分は、国家が保有しています。しかも銀行や証券会社の大部分も国有企業という株式市場で、企業の情報開示は概して不十分です。何より、最大のボトルネックは国有株の放出です。証券市場自体が自由競争とは呼べないので、安心して

図表 2.9　賢明なる投資家

ベンジャミン・グレアム (Benjamin Graham)
……1894年5月8日、ロンドン生まれ。1914年米コロンビア大学卒。ニューバーガー・ローブ社（ニューヨークの証券会社）に入社、1923にグレアム・ノーマン・コーポレーションを設立、以来1956年に引退するまで第一線で活躍を続ける。バリュー投資理論の考案者であり、おそらく過去最大の影響力を誇る投資家である。『賢明なる投資家』（1949年初版）や『証券分析』（1934年）をはじめとした彼の著書は、投資理論書のバイブルとして多くの大実業家にインスピレーションを与えている。ウォーレン・バフェットもそのひとりである。1976年9月21日 没。

保有できるとは言い難いのです。

中国企業の株式の配当は高いかもしれません。しかし、それも裏を返せば、内部留保されていないことがほとんどです。エマージング諸国の企業には、自国ではシェアがあってもグローバル展開をしている企業はまだ一握りしかありません。

バリュー投資

価値ある企業の株式が値下がりしたときに割安なものを購入する手法をバリュー投資といいます。バリュー投資家を多数輩出していることで有名なのは「バリュー投資の父」ベンジャミン・グレアム（**図表2.9**）がビジネススクールで教鞭をとったことで有名な米国のコロンビア大学です。バフェット氏も同大学の卒業生です。

現在、同大学の教壇に立つマイケル・ヴァンビーマ教授は、バロンズ誌のインタビューで優秀なバリュー戦略マネジャーの特徴を次のように三つ挙げています。

●証券に対する逆張りこそが正しいという確信を持っていること
●確信を持って採用できる情報とできない情報を見極められる能力
●証券が投資対象の価格にくるまで投資せず待つという忍耐力

ビジネスも同じ商品なら安いときに購入するのと同じで、市場が下落したときに投資できる金銭的余裕と精神的余裕がないと投資のセンスがあるとはいえないのかもしれません。

3. 通貨を分散する

為替変動リスクのない通貨「円」の投資比率を確保したうえで、円資産だけで保有することのリスクについて考えてみましょう。

世界から見た円の実力は年々下げております。国際通貨基金（IMF）が発表している各国の外貨準備高の比率によると、円は2005年第4四半期に、米ドルとユーロに次ぐ「第3の通貨」の地位から転落、ポンドにその地位を譲りました。ワールドカップならばベスト4でも健闘をたたえられます。しかし通貨の地位で、3位と4位では大きく違うと思います。

ちなみに2007年末現在、日本ではスターバックスのコーヒーが1杯300円くらいで飲めますが、英国では5ポンドくらいします。同年のポンド円の為替レートは、1ポンド＝220～250円で推移しましたから、英国でスターバックのコーヒーを飲もうとすれば、1000円以上するわけです！

しかし、英国では地下鉄の初乗り運賃が4ポンドですから、けっしてイギリス人にとってコーヒーが高いわけではありません。それだけポンドが円に対して強くなったのです。

円が第3の通貨から転落した理由として、日本の低金利を挙げる人がいます。しかし、金利だけを考えると、エマージング諸国の通貨は、どれも先進国の通貨よりも高金利なのに、信認は高くありません。株式市場の時価総額で比べると日本は米国に次ぐ金融大国です。わたしは超低金利よりも、相次ぐ金融不祥事や巨額の公的資金を投入して金融機関を支えたことのツケが、円に対する信認を低下させてしまっているのだと思います。これはサブプライム問題に揺れる米国、すなわち米ドルにも当てはまることです。

また円安傾向の長期的要因として「少子高齢化」が考えられます。人口が増えなければ、GDP（国内総生産）が上向いていくことは困難です。これを解消するには、オーストラリアのように移民を受け入れるしかありません。しかし、そのような政策が今の日本で受け入れられるとは、あまり思えません。

実質実効為替レート

円の国際競争力を測る指標の一つに「実質実効為替レート」があります（**図表2・10**）。

通常、わたしたちがテレビや新聞で報じられて知っている為替レートは、二つの通貨の間の交換比率である「名目」為替レートです。これにそれぞれの通貨での物価変動を調整した指数を「実質」為替レートといいます。

例えば、名目為替レートが1ドル＝110円でも、日本がデフレで物価が下がっており、米国がインフレで物価が上がっていると、日本で1ドルをだして買えるものが増え、米国で110円をだして買えるものが減ることになります。では、実際のところ日本で1ドルをだして買えるものが米国では何円で買えるのか、そうした通貨本来の実力を考慮したものが実質為替レートというわけです。

図表 2.10　円の実質実効為替レート（1985 年 9 月＝1）

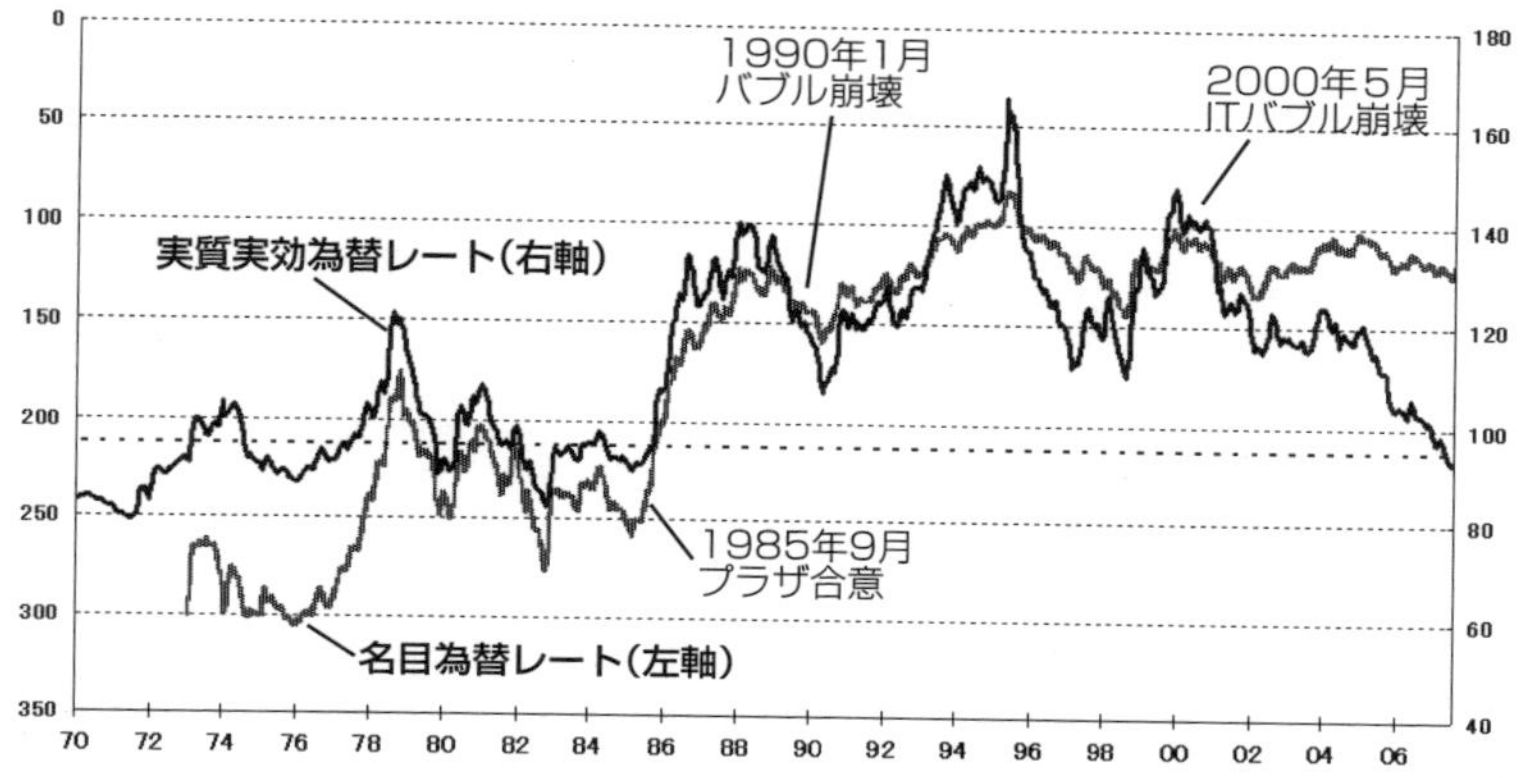

Data: Bridge Asset Management 作成　Souce: 日本銀行

また、すべての貿易国の通貨との名目為替レートを貿易額に応じて組み入れ、指数化したものを「名目実効為替レート」といいます。ご存知のように、日本はいろいろな国・地域と貿易をしています。貿易額の大きな国・地域の通貨に大きく、そうでない通貨に小さく重みをつけて、その平均をとろうというわけです。詳しくは、日本銀行のサイトをご覧ください。

そして「名目」ではなく「実質」為替レートから実効為替レートを計算したものを「実質実効為替レート」といいます。わたしはこの指標を通貨の信認の度合いを判断するうえで重視しています。

２００７年、円の実質実効為替レートは、１９８５年のプラザ合意の水準を下回ってしまいました。日本の輸出企業にとっては円が明らかに安くなっているのですから歓迎すべき傾向でしょう。しかし、90年代中ごろの円高で日本人が海外資産を買いまくったように、円安は日本の資産を買う機会ともいえるのです。

エマージング諸国の証券市場の時価総額は、中国を筆頭に年々急拡大しています。優秀な技術を持つ日本企業は、欧米の企業だけでなく、こうしたエマージング諸国の企業からも買収の標的にされる可能性があるわけです。

円は発行量が多いハードカレンシー（他通貨と自由な交換が可能な通貨）です。そのため、一度価値が下がりだすと、資産が海外に流出する「キャピタル・フライト」が加速しやすいという性格がありま す。しかも、日本の金融業は、欧米のように強力ではなく、魅力的な金融商品の開発能力に欠けているため、海外へ出た円がまた日本に戻ってくる見込みも薄いといえます。実際、わたしが知るかぎり、すでに海外で運用をしている資産家の方たちは、よほど必要にならないかぎり、日本に資金を戻す気はないと語っています。資金だけが海外へ流失しているのならまだしも、資産家や優秀な技術者や知識人が海外へ居住地を移してしまうほうが心配です。

円以外の通貨

円以外の通貨を保有する場合、預金だけなら通貨のアロケーション（配分）を考えるだけで済みます。しかし、投資の場合、投資先がどの通貨で運用されているのか考えなければなりません。例えば、商品（コモディティ）先物は米ドル建てです。金や原油など主なコモディティは、現物も米ドル建てで取引されるのが一般的ですので、コモディティ関連のファンドはドル建てで投資しています。

ユーロで投資するのは、欧州が投資対象の場合です。例えば、環境技術に優れた企業が欧州にはたくさんありますので「環境ファンド」にはユーロ建てで投資しています。同様に、欧州の金融機関へ投資するファンドであればユーロ建てです。英国の不動産ファンドであればポンド建てです。このように、わたしは投資先のセクターを分散することによって地域と通貨も自動的に分散しています。

ただし、国際市場で他通貨と自由に交換できるハードカレンシーが基本です。例えば、エマージング諸国に投資する「エマージング・ファンド」はドル建てにしています。これは、エマージング諸国の通貨は、信認がなく、必然的にドルに連動しているからです。

ハードカレンシーは、米ドル、ユーロ、英ポンド、円、スイスフラン、カナダドル、デンマーククローネ、スウェーデンクローナです。例外が米ドルとペッグしている香港ドル、米ドル、ユーロ、円などのハードカレンシーと複合的にペッグしているシンガポールドルです。

強いドルは復活するか?

円意外の資産として、外貨を保有するときに米ドルでの資産を持つ方が多いと思われます。しかし米国には「強いドル宣言」以降の強さは現在ありません。

図表2・11をご覧になるとお分かりのように、固定為替相場制から変動為替相場制に移行してからのドルの「決済通貨としての真の実力」とも言うべき実質実効為替レートは、世界的な政治的あるいは軍事的イベントによって上昇あるいは下降に転じる傾向が強くあります。

例えば、ベトナム戦争に敗戦したことを契機にドルの実質実効為替レートは低落傾向を続けました。しかし、そのベトナムに対して中国が侵略した中越戦争を契機に、ドルの実質実効為替レートは反転して上昇を開始し、最初の「強いドル」が到来しています。

最初の「強いドル」が低落に転じたのは、レーガン大統領（当時）が西ドイツ（当時）のビットブルクの軍人墓地を参拝したことでした。レーガン大統領はこの墓地を参拝することで、西ドイツが米国の真の同盟国であることをソ連（当時）に誇示しようとしたのです。ただし、その墓地にはナチスの親衛隊員も葬られており、レーガン大統領が参拝することを米国のユダヤ人社会は厳しく反発しました。

二度目の「強いドル」は、1995年に、ゴールドマン・サックス出身のルービン財務長官（当時）が「強いドルは米国の国益につながる」と宣言したことが契機でした。ドルの為替レートが上昇することを政治的に宣言することで、外国の投資家に対して「米国の有価証券に投資すれば、少なくとも為替レートの上昇による為替差益が生じる」ことを公約し、世界中のだぶついた資金を米国に投資させるインセンティヴを与えたわけです。

事実、ルービン長官の「強いドル宣言」に魅かれて米国に対する投資が増えると、ドル需要が高まり、ドルの実質実効為替レートが上昇し、「強いドル」の予言は自己成就しました。その結果、ますます米国に対する投資は増え、集まった資金を米国の金融機関が世界中に再投資することで、米国は「世界の投資銀行」となることができたのです。

この二度目の「強いドル」は、1997年7月に勃発したアジア通貨危機によって一段と強化されました。アジア通貨危機によってアジア諸国の通貨が、中国の人民幣を除いて、つぎつぎと為替レートを暴落させ、ロシアのルーブルやブラジルのリアルまで危機を呈することで、ドル資産への需要は一段と高まりました。

図表 2.11　ドルの実質実効為替レート

実線：主要通貨に対するドルの為替レート指数（価格調整済）
網線：その他の重要な貿易相手国に対するドルの為替レート指数（価格調整済）

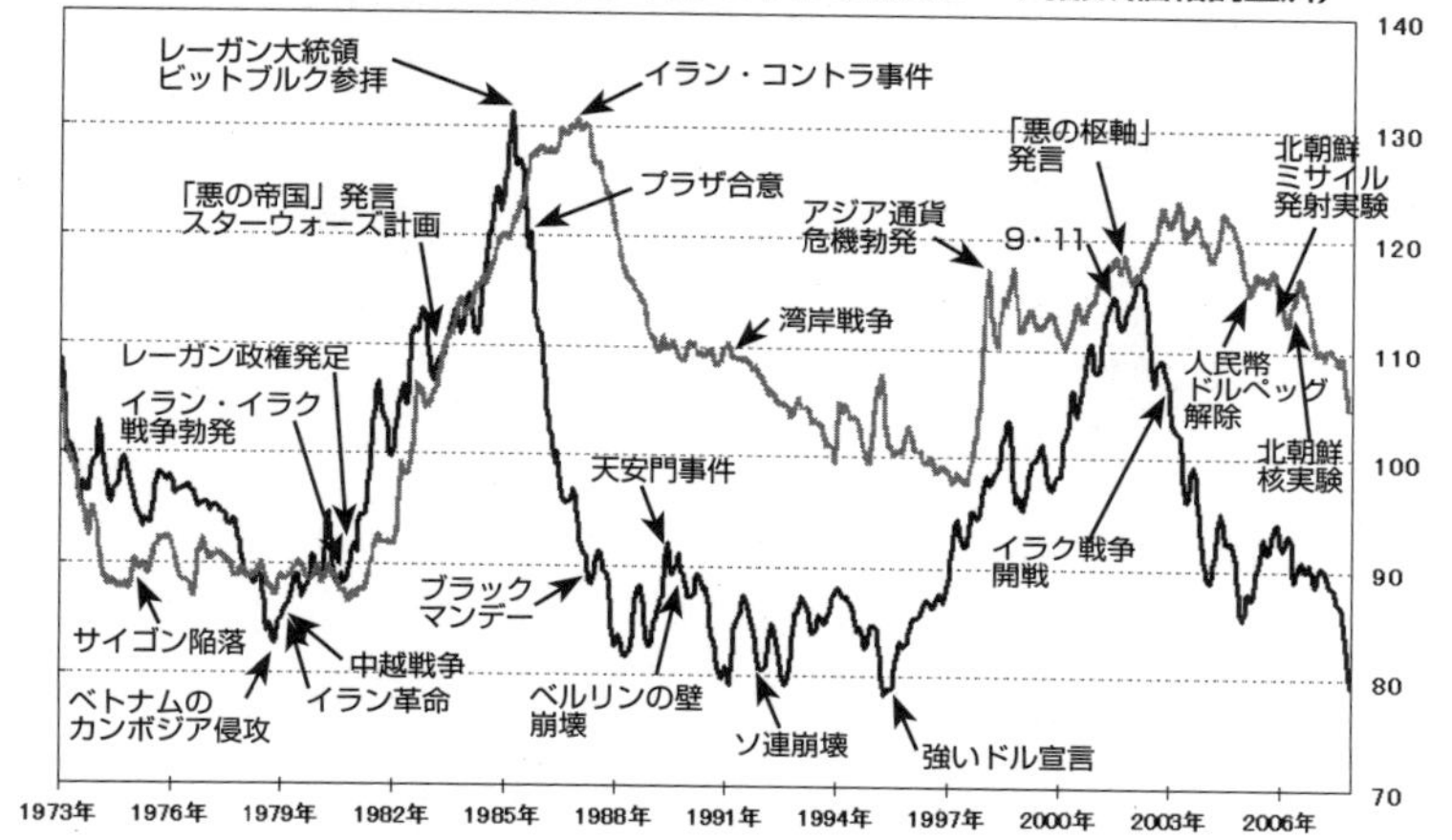

Source: Summary Measures of the Foreign Exchange Value of the Dollar, Federal Reserve Statistical Release

しかし、2001年9月11日に、米国の首都であるワシントンDCとグローバル資本主義の拠点であるニューヨークとが当時多発テロに襲われ、ブッシュ大統領が、アフガニスタン攻撃を開始し、イラク、イランそして北朝鮮を「悪の枢軸」と名指しで非難すると、「強いドル」は低落に転じました。イラク戦争の勝利によっても低落傾向を脱することはできず、イラク情勢が泥沼化することでドルの実質実効為替レートは低落を加速しました。

この間、米国の中央銀行である連邦準備理事会（FRB）は何度も利上げを行いました。しかし、ドルの実質実効為替レートの低落は止まらず、2007年夏から続くサブプライムショックによって、1995年にルービン長官（当時）が「強いドル」を宣言した時点とほぼ同じ水準にまで、ドルの実質実効為替レートは低落しました。

ドルの実質実効為替レートの低落と歩調を合わせるようにして円の実質実効為替レートも急落したので、円対ドルの為替レートで見る限り円の「決済通貨としての真の実力」の凋落ぶりには気づき難いのですが、ドル資産と同様に円資産も為替差損を相当に発生しています。

それでは、ドルそして円の実質実効為替レートの低落はどこまで続くのでしょうか？　１９７０年代前半からの長期の推移を見るかぎりは、２００７年11月時点での実質実効為替レートは底値圏に入っており、今後は反転が見込めます。しかし、２００１年の９・１１同時多発テロ以来の短期の推移を見るかぎりは、底値はまだ深く、低落はまださらに続く恐れがあります。１９９５年ごろを転機にグローバリゼーションが本格化して世界経済は一変したと考えると、１９９５年以前の経験を将来に延長することは危険です。

ドルと円とだけを資産保有の通貨とすることのリスクは、今後、大きくなることはあっても小さくなることはないように思えます。資産を保有するための通貨をドルと円と以外にも分散させることは、今後一層必要になるのではないでしょうか。

投資で大事なのは流動性

現金は、それで大概のものを買えるので、最も流動性の高い資産といえます。そのため貨幣そのもののことを流動性と呼ぶほどです。例えば、近年の世界的カネ余り現象を「過剰流動性」と表現します。また人々が貨幣を手元に保有したがる傾向のことを「流動性選好」といいます（「通貨」は現金通貨＝

図表 2.12　外貨準備比率

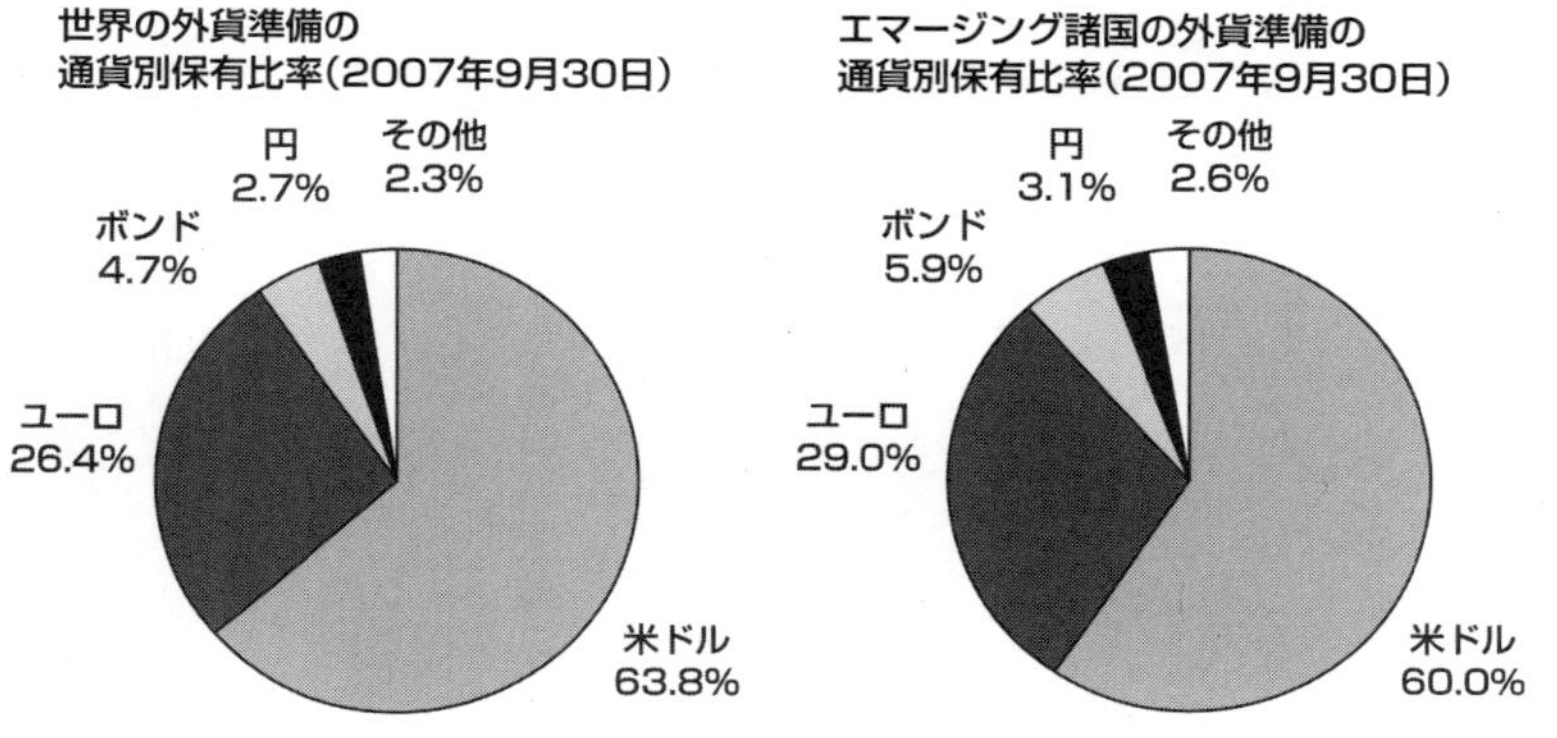

（注）各国の外貨準備のうち通貨の種類が特定されているものだけを対象。

（出所）国際通貨基金（IMF）のデータから作成。

キャッシュですが、「貨幣」はもっと大きな為替取引や小切手なども含まれます）。

世界で最も流動性が高く、何でも欲しいものが買いやすい通貨といえば米ドルです。米ドルは国際取引で決済通貨として最も多く利用されております。

国際通貨基金（ＩＭＦ）のデータ（Currency Composition of Official Foreign Exchange Reserves ＝COFER）によると、２００７年７−９月期の各中央銀行の外貨準備比率は、米ドルが63・8％、ユーロが26・4％、ポンドが4・7％、円が2・7％、そのほかの通貨が2・3％でした（**図表2・12**）。

中国の人民弊、インドのルピー、ロシアのルーブル、南アフリカのランド、ベトナムのドンといったエマージング諸国の通貨は、他国の通貨にいつでも自由に交換できるハードカレンシーではありません。一般的に流動性に劣る通貨は、それを補うためのプレミアムとして比較的高い金利がつきます。しかし、南アフリカのランドや人民幣などは金利が高いのが魅力的だとはいえ、円やドルに戻すことは難しいので、資産運用では流動性に優れているハードカレンシーで金融商品を運用や保有するほうが安心です。

金融の世界でよく聞かれる言葉に「質への投資（Flight to Quality）」があります。市場が混乱して先行き不透明な場合、リスクを避けるため、安全な商品や換金性がある流動性の高い資産へお金が流れる現象です。その代表が米財務省証券（米国債）です。発行先の米国政府が圧倒的な情報力と軍事力を背景に高い信任を保っているからです。米国債は、債券として世界最大の売買量と発行残高があります。

通貨だけでなく、金融商品を選ぶときも、流動性が高く、売買が容易な商品を選ぶことは大事です。「投資は余剰資金で」といわれます。借金をして投資をされる方は珍しく、投資をするときはほとんどの方は余剰資金でします。しかし、お金が必要なときは急にやって来ることが多いものなのです。

プライベートエクイティ（未公開株）は大化けする可能性があります。しかし、その会社が上場するか、あるいは、技術を大企業に売却でもしてくれなければ現金化できません。

実物不動産に投資するファンド「ランドバンク」も同様です。多くのエマージング諸国では、土地を簡単に外国人名義にはできません。お金が必要になった場合、得てして自分で次の買い手を見つけて名義変更しなければならなくなります。

お金が余っている方はよいでしょう。しかし、好き好んで大切な資金の大半を流動性の優れていない金融商品に投資して塩漬けにしたり、カントリーリスクの高い国の金融機関で運用して資金を凍結されるかもしれない心配をしたりするのは賢明ではありません。流動性に優れた魅力ある金融商品は世界中にたくさんあるのです。

4．購入タイミングは比較から

自分の目標リターン、下落率のリスク許容度に合わせて、アセットアロケーション（資産配分）を考え、それに併せて通貨も分散するところまで計画を立てたら、次は購入となります。最善のタイミングで購入ができるようにするのには、期待や思い込みによる絶対的な考えよりも、相対的にデータを見ることも一つの方法です。

先進諸国の場合、その国を代表する株価指数を比較することで割高感があるか、割安感があるか判断できます。米国株なら「S&P500」、日本株なら「TOPIX」、英国株なら「FT100」、ドイツ株なら「DAX」です。またユーロ圏で見る場合、ダウ・ジョーンズが発表する「ユーロストックス50」という時価総額上位50銘柄から計算される株価指数もデータとして用いることがあります。さらには欧州株全体で見る場合、ブルームバーグが発表する「BBGヨーロッパ500」という時価総額上位500銘柄から計算される指数もデータとして用いることがあります。

先進国の代表的な株価指数による比較は、日本株だけに投資されている方にとっても有効でしょう。なぜなら現在、東証に投資されている資金の大半は外国の機関投資家によるものだからです。つまり、外国人投資家が日本株を割安だと思えば、投資をしてくるでしょうし、割高だと思えば資金を割安な市

図表 2.13　先進諸国の株価推移（3 年間：2004 年 10 月 -1.0）

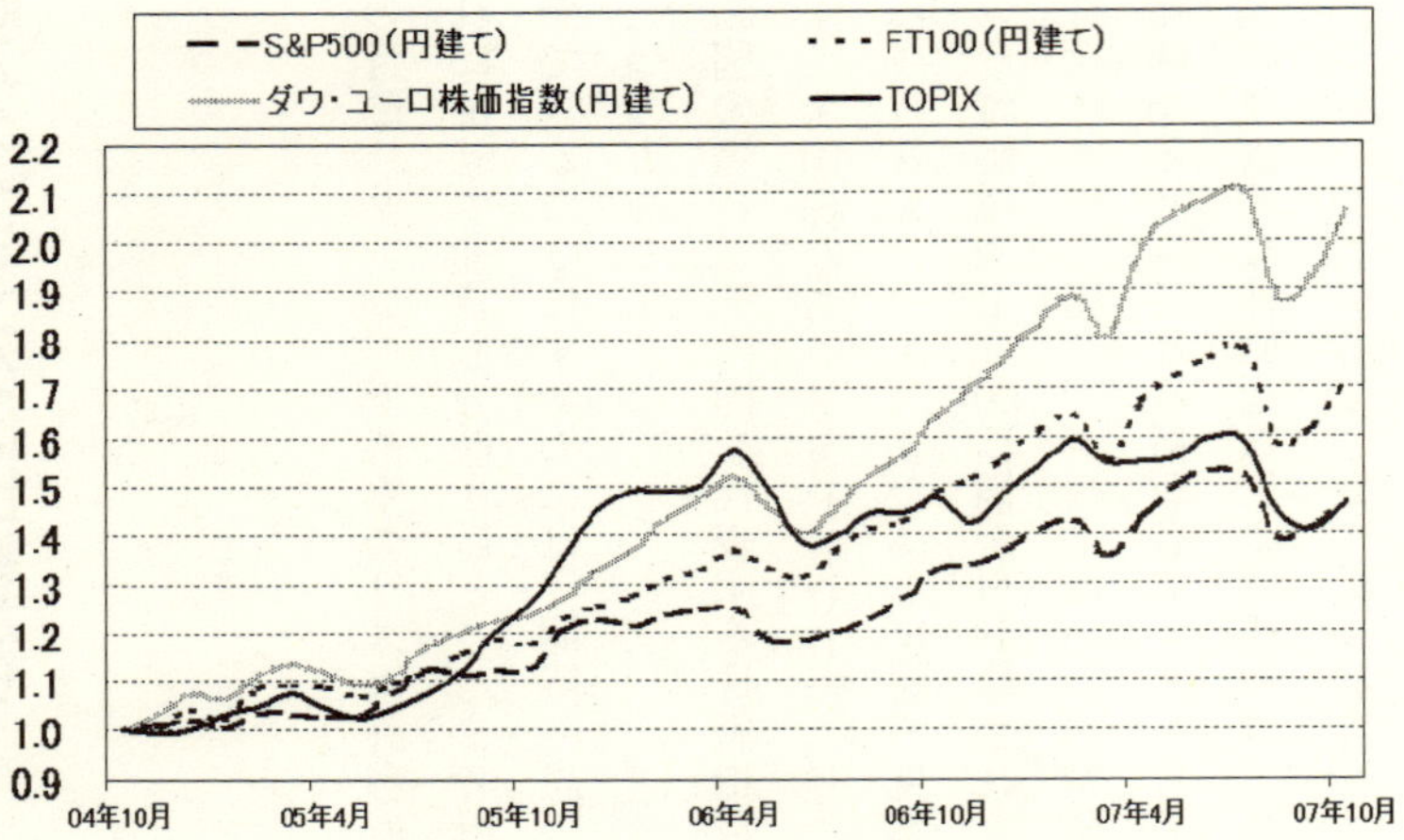

出所：各証券取引所のデータから Bridge Aseet Management 社作成。

場へ資金を振り替えるからです。

２００６年１月からの日本株の下落がよい例です。日本では単に「ライブドアショック」で片付けられています。しかし、海外の株価指数と比較してみると、ＴＯＰＩＸには割高感がありました。ライブドアショックは、単なる引き金にすぎなかったと思います（**図表２・13**）。

先進諸国の場合、株式の取引は自由競争で行われておりますので、データも充実しています。しかし、今は国（カントリー）だけを比較するのではなく、グローバルに企業（カンパニー）を比較して投資先を選ぶ時代です。米国株に割安感があると判断すれば、グローバル化の恩恵を受けそうな（そして自分が欲しいと思った）多国籍企業の株価を同業他社のものと比較し、割安だと思ったときに購入するようにしています。

比較の注意点

ただしエマージング国の場合、必ずしも経済成長と証券市場の相場とが連動しているわけではありません。例えば、中国は毎年平均して10％ぐらいの経済成長を遂げている一方、２００５年の上海市場は年8・3％のマイナスでした。その理由の一つとして考えられるのが国有株の存在です。株式の大半を国家が保有しており、国有株の放出、あるいはその逆の国家による資本注入が株価に与える影響があるのです。したがって、先進国と同じようなチャートやデータの比較が難しくなります。

また**図表2・14**からも分かるように、どの期間を基準に選ぶかで全く違うものが出来上がります。期間だけではありません。何と比較するかによっても全く印象が違います。

金融機関の用意する商品パンフレットがよい例です。パンフレットでは、その商品がいかに素晴らしいか効果的に演出されています。データが嘘というわけではないのです。例えば、コモディティ（商品）は、長期チャートで見ると確かに従来の株式や債券などの資産と異なる動きをしており、相関性が低いように思えます。ところが、この1～2年で比較してみると、米国株との相関性が高いのです（**図表2・15**）。

金融機関は、商品を販売するのがビジネスですので、嘘を伝えることができません。しかし、自社の営業上都合の悪いデータはあえて見せないことがあります。したがって、どの情報を信頼するか、しないかは投資家側の判断であり責任なのです。

期待して購入したのに、パッとしない成績になることなど金融投資ではよくあることです。コツさえ

図表 2.14　先進諸国の株価推移

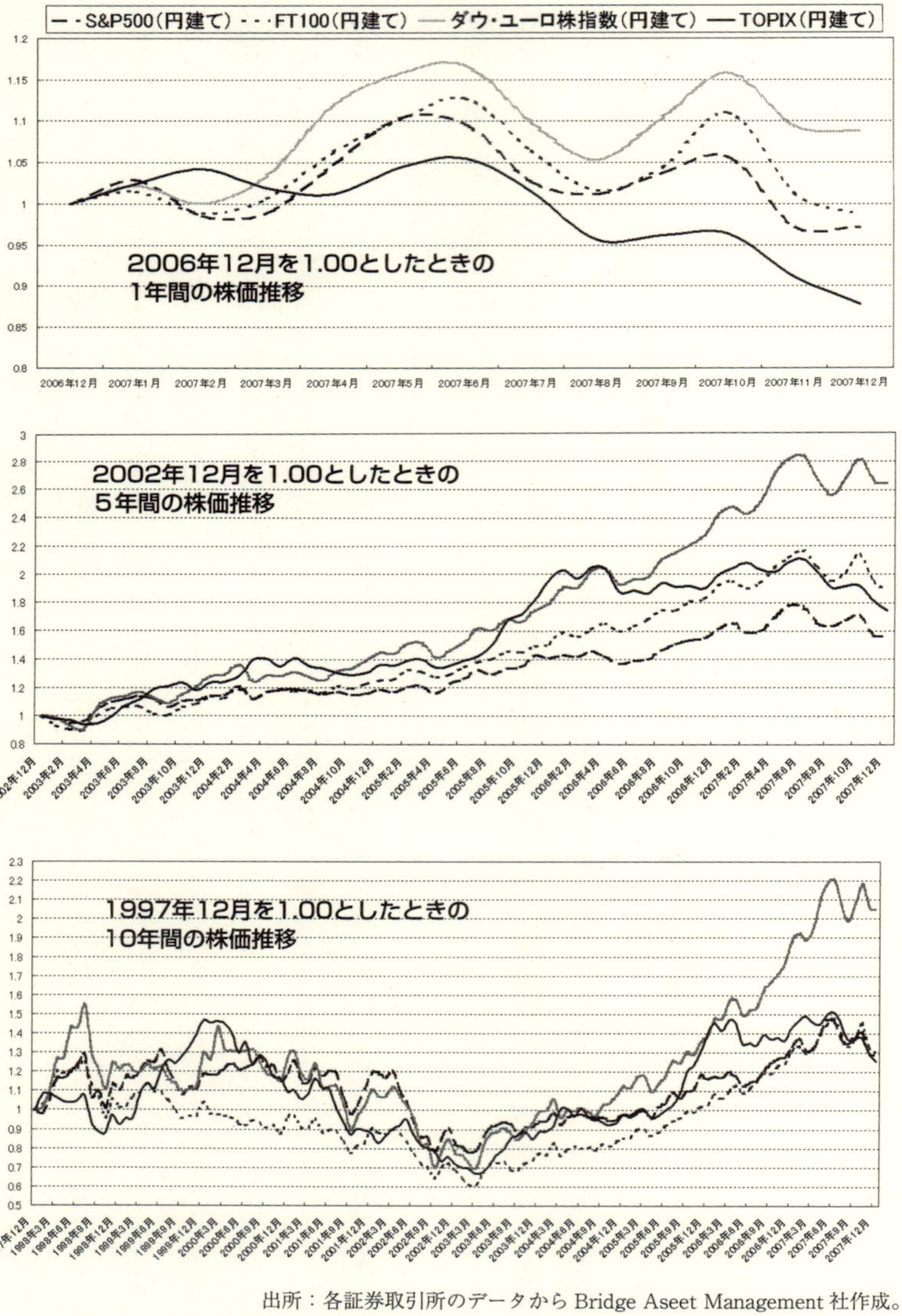

出所：各証券取引所のデータから Bridge Aseet Management 社作成。

図表 2.15　株価とコモディティ（商品）の動き

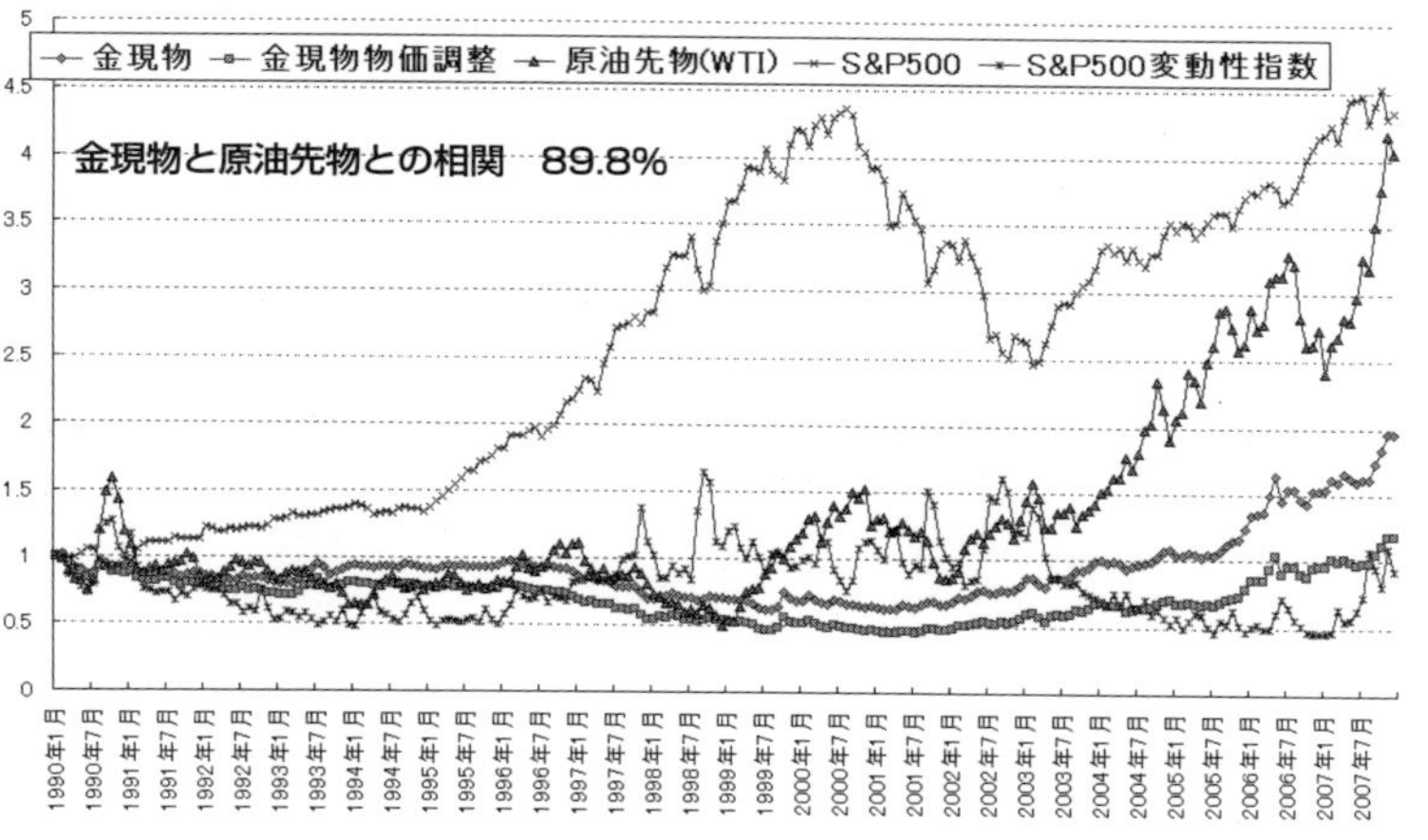

出所：各証券取引所のデータから Bridge Aseet Management 社作成。

掴めば、自分でデータをダウンロードして、エクセルなどでチャートを作ることができます。ビジネスや投資は、他人に依存して横着ばかりをしていると、失敗や損失が多くなります。

日経225とTOPIX

よく株式投資の判断をするうえで参考にされるのが株価指数です。日本の代表的な株価指数には、日経平均株価（日経２２５）と東証株価指数（ＴＯＰＩＸ）があります。日経２２５は構成銘柄の取引価格から単純に計算される平均値であるのに対し、ＴＯＰＩＸは東証上場銘柄の時価総額（株価に発行済株式数を掛けたもの）から計算される平均値です。

株価の動きを一番よく知っているのは市場ですから、わたしはどの国が割高で、どの国が割安になっているのかを判断するため、「市場の解」である指数を最初に比べています。

日本の場合、わたしは日経225よりもTOPIXで判断しています。また米国については、ダウ・ジョーンズ平均株価指数（ダウ平均）よりもS&P500を用いています。その理由は指数の計算方法にあります。

日本経済新聞社が算出・公表している日経225は、市場のトレンドを反映するため、原則として毎年、構成銘柄が見直されています。2000年4月には30銘柄が大きく入れ替わり、1998～99年のドットコム・ブームの影響から、ハイテク企業が多く採用されました。この背景には、1999～2000年までの日経225のパフォーマンスがTOPIXよりも21・6%も悪かったことがあるのかもしれません。その結果、2007年現在、日経225の構成銘柄のうち約3分の1がハイテク企業です。この割合はTOPIXを上回っています。

銘柄の入れ替えが激しいのは、ウォール・ストリート・ジャーナル紙の発行母体、ダウ・ジョーンズ社が算出・公表しているダウ平均も同じです。この指数は1896年5月にニューヨーク証券取引所上場の12銘柄の平均株価として誕生し、1916年10月に構成銘柄数が20に増え、1928年10月には現在と同じ30銘柄になりました。誕生以来ずっと残っているのは、ゼネラル・エレクトリック（GE）だけです。ダウ平均は現在、ニューヨーク証券取引所に上場している銘柄だけでなく、ナスダック市場で売買されているマイクロソフトやインテルなどの店頭株も採用されております。

日経225もダウ平均も単純平均であるため、極端に高い株価の銘柄と極端に低い株価の銘柄との相対的なパフォーマンスに左右されることになります。ただし、ダウ平均の場合、構成銘柄数が30と少数であることに加え、１００ドルを超えると株式分割が行われるので、構成銘柄に価格差があまりありません。一方、日経２２５の場合、それほど頻繁に株式分割がないため、最安値銘柄と最高値銘柄の価格差は10倍近くあります。

投資資金の流動性を重視する傾向から、企業の発行株式総数から譲渡制限株や持合い株などを除いた株数で指数を算出する「流動性基準方式」も注視されています。流動性の基準になるのは浮動株です。ただし、米国では浮動株が90％以上を占めるので、この方式が有効であるのに対し、日本では銀行のように時価総額の大きな企業は浮動株が少ないので、この方式は機能し難いでしょう。

なお、浮動株で時価総額を算出した指数で日本市場に関するものは、ダウ・ジョーンズ・インデクシーズ社が公表しているもの（http://djindexes.com/）が、日本のＴＯＰＩＸや日経２２５とは異なる別の視点で算出されているので、比較してみると参考になると思います。

第3章　多種多様な海外の金融商品

1．投資選択の対象を海外に広げる

わたしが海外の金融機関を通じた投資にも目を向けるようになったのは、銀座のクラブのお客様に、日本の証券会社や銀行から外資系企業に転職なさった方々が少なくなかったからです。そうした方々から、海外にはたとえ日本では有名でなくても、預かり資産の規模も、上場時価総額も、利益率も、日本勢を圧倒している金融機関があることを教えてもらいました。そして多くの方が異口同音にこうおっしゃるのです。

「日本の金融機関は思考停止している」

正直なところ、最初はこの意味がよく分かりませんでした。しかし、実際に海外の金融機関と取引をするようになると、いつも思うのです。

「どうして、この金融商品は日本の金融機関では購入できないの？」

すでに海外で人気が高まり、ファンドのサイズが大きくなった状態になって、ようやく日本で「待望の！」と販売されるような印象を受けるのです。

日本の金融機関に勤務されているお客様に「どうして、この商品を日本の金融機関は販売しないのでしょうか？」と尋ねると、一番多い回答は「前例がない」でした。海外で人気が出て、運用成績がよい

「前例」を見てから、ようやく日本でも取り扱いを検討する傾向が全般的にあるように思えます。

日本の金融機関は、不良債権の問題を公的資金の注入によって解消したかに見えます。しかし、株主資本利益率や総資本利益率が海外の金融機関に比べて低いままです。欧米の金融機関と国際市場で戦っていこうという気概はあまりみられません。海外業務展開のスローガンばかりで、実際に国際金融市場で有名になることはあまりないのが現状です。

ただし念のために補足しておきますが、本書の意図は「日本よりも海外の金融機関や金融商品のほうが優れている」とお伝えすることにあるわけではありません。「日本だけでなく、海外の金融機関にも目を向けることで、最も優れた金融商品へ投資する」ことをお伝えすることにあります。比較対象や海外の動向の情報を拡げたほうが日本株へ投資するときにも役立つことが多いからです。

わたしの場合、為替変動のない日本株は日本の金融機関で購入しています。そして外国企業の株式やファンドは、海外の金融機関で購入しています。確かに、日本の金融機関でも外国企業の株式や海外のファンド会社のファンドを購入することが可能です。しかし、海外の金融機関と取引をするほうが、選べる金融商品が多く、運用成績がかなり違うのです。

その理由を本章から少しずつお伝えしていきたいと思います。

マザーファンドとベビーファンドの違い

日本国内でも多くの外国籍のファンドが販売されています。しかし、そのほとんどが「ベビーファンド」です。同じファンド会社の商品でありながら「マザーファンド」とは、運用成績が異なります。

マザーファンドとは、その国の市場から直接、有価証券を買い付けて運用する投資信託のことです。

そして、このマザーファンドの「受益証券（収益分配金を受ける権利を証券にしたもの）」を組み入れて別に設定したファンドをベビーファンドといいます。国内で販売されている外国籍のファンド（ベビーファンド）の目論見書をよく読むと「当ファンドはXXファンドの受益証券に投資されるファンドです」と書かれているはずです。この「XXファンド」の箇所がマザーファンドのことです。

日本でベビーファンドを購入するメリットは、資料が日本語で書かれていることに加え、換金性に優れていることです。しかも日本の投資信託には小額の1万円から購入できるものがあります。

一方、デメリットは手数料が高くなることです。為替取引手数料に加え、国内で販売するコストとマザーファンドの管理コストもかかります。したがって、コストが二重にかかるのです。このコストを表にだして説明をするファンドもあります。しかし、多くは運用成績からコスト分を差し引いているのが現状です。

また、マザーファンドを直接購入した場合、投資資金は１００％運用に回されるのに対し、ベビーファンドの場合、預かり資産の何％かは顧客の解約資金用にキャッシュ（現金）でプールされることが多々あります。この二つの違いによって、マザーファンドとベビーファンドに同額の資金を投資しても運用成績に差が生じてくるわけです（**図表３・１**）。

つまり、リターンを重視するのであれば、海外でマザーファンドを直接購入したほうが運用成績は圧倒的によいのです。よく、国内の証券会社は「どちらも運用は同じです」と説明しますが、正確にいう

図表 3.1　マザーファンドとベビーファンドの違い

直近の成績が良いチャイナファンドをリストにした。左側が国内ファンド、右側がオフショアファンドである。

モーニングスター（日本）	運用成績3年	モーニングスター・オフショア	運用成績3年
JF チャイナ・アクティブ・オープン	66.3%	Hang Seng China A-Share Focus	596.5%
フィデリティ・チャイナ・フォーカス	60.2%	HSBC China Momentum	347.7%
SG 中国株ファンド	58.2%	BOCHK IF China Golden Dragon	307.9%
三井住友・メインランド・チャイナ・オープン	57.0%	Baring Hong Kong China	288.3%
JF チャイナ・ファンド	55.1%	BOCHK IF China Equity	275.9%
DIAM 中国関連株オープン	55.1%	First State China Growth	272.7%
三井住友・ニュー・チャイナ・ファンド	54.5%	JF China	255.7%
チャイナ騰飛（チャイナ・エクイティ）	51.1%	Fidelity Fds China Focus	245.6%
HSBC チャイナオープン	51.0%	ABN AMRO China	232.8%
チャイナ・ロード	50.7%	SGAM Funds Equity China	226.2%

Data: MORNITNGSTAR JAPAN (12/Jan/2008)
http://www.morningstar.co.jp/

Data: MORNINGSTAR Offhosre (12/Jan/2008)
http://www.funds.morningstar.com/

モーニングスター（日本）	運用成績5年	モーニングスター・オフショア	運用成績5年
三井住友・ニュー・チャイナ・ファンド	45.1%	First State China Growth	832.0%
HSBC チャイナオープン	43.8%	Baring Hong Kong China	641.9%
チャイナオープン	40.1%	BOCHK IF - China Equity	637.8%
ダイワ・チャイナファンド	38.4%	CAAM Funds Greater China	596.8%
三菱 UF J チャイナオープン	37.9%	JF China A	552.4%
野村中国株ファンド B コース	37.5%	Allianz RCM China A	535.2%
チャイナ・フロンティアオープン	37.3%	ABN AMRO China Equity	526.0%
新光チャイナオープン	37.3%	AllianzGIS RCM China	518.2%
野村中国株ファンド A コース	35.1%	SGAM Fund Eq China	506.4%
JF グレーター・チャイナ・オープン	29.6%	Value Partners China Convergence	488.8%

Data: MORNITNGSTAR JAPAN (12/Jan/2008)
http://www.morningstar.co.jp/

Data: MORNINGSTAR Offhosre (12/Jan/2008)
http://www.funds.morningstar.com/

図表 3.2　海外ファンドの情報サイト（英語）

Yahoo! Finance	http://finance.yahoo.com/
Morning Star	http://www.morningstar.com/hp.html
Financial Time	http://www.ft.com
Bloomberg	http://www.bloomberg.com/

と「どちらも運用リスクは同じです。しかしベビーファンドとマザーファンドは、手数料と組み入れ比率が違うので、パフォーマンスが違ってきます」だと思います。

国内で外国籍のファンドを購入する場合、マザーファンドの成績と比較することをお勧めします。ブルームバーグ、フィナンシャルタイムズ、モーニングスターなどの海外サイトや、海外の銀行や証券会社のサイトで簡単にファンド名とパフォーマンスは閲覧できます（**図表3・2**）。

投資額が同じで、運用リスクも同じであれば、少しでもリターンの良いほうをとりたいのが人情です。したがって、外国籍のファンドは海外の金融機関から購入することが多くなってしまうのです。

また「流動性」も異なります。通常、有価証券は国境を越えて移管することが可能です。ところが、日本で販売されている外国籍のファンド（ベビーファンド）の証券は、海外の金融機関に移管することができません。マザーファンドであれば、設定が同じなので、A金融機関から、Bプライベートバンクへ証券の管理を移すことができます。

日本で販売されている外国籍のファンドを海外の金融機関へ証券を移管できない理由は、海外のマザーファンドと最低投資額が低く設定されて異なっているからではなく、運用成績がかなり異なるからです。事実、同じファンドでも国によって最低投資額を変えているのは普通のことです。むしろ、日本の金融機関が海外の金融機関に有価証券を移管する面倒な手続きを嫌がることに問題があると考えています。というのも以前、海外の金融機関の方に「なぜ、日本で販売されている有価証券の移管ができないのか？」と尋ねたところ、次のような回答でした。

「これまでも有価証券の移管を希望した日本人顧客がいた。しかし、日本の金融機関に問い合わせると、担当者はそもそも英語を話せない人が多いし、『そのようなサービスはしていない』と回答する。交渉にもならないので、日本で販売されている有価証券、特にフィーダーファンドを海外の金融機関に移管することは非常に難しい（海外では、マザーファンドを『マスターファンド』、ベビーファンドを『フィーダーファンド』と表現するケースがあります）」

確かに、海外送金の手続きサービスを自信なさげに処理している銀行員の方を多く拝見しますし、英文残高証明（バンクバランス）や銀行証明（バンクリファレンス）の発行を頼むと、その違いも分からず会社のレターヘッドのない用紙で平気で発行するメガバンクもあります。海外の金融機関では、レターヘッドのない用紙に掲載されている内容は、正式な発行書類として見なされないことがほとんどなので困ります。このあたりの対応は、グローバル企業のグループ系列のネット銀行のほうが充実していたりします。

将来は海外に居住することもあるかもしれないと考えると、自分の大事な資産は常に最適な運用ができる金融機関で管理できるようにしたいものです。日本の金融機関は、ガラパゴス諸島にしか生息できない動物と同じで、スタンダードに対応せず、国内だけでひっそりと生息していくつもりなのでしょうか。個人投資家のわたしでも不便を抱えているのですから、貿易のビジネスをされている方はさぞかし大変なのではないかと推察いたします。

多くの方は、海外の金融機関で取引することを難しく考えているようです。しかし、フォームやパターンさえ覚えれば、誰でもわりと簡単に取引可能です。また英語が全く分からなくても、サポートをしてくださるコンサルタントの方が国内外におりますし、海外の金融機関も日本語が話せるスタッフを雇用しておりますので、不便はありません。そして、国内からの郵送で手続きはほとんどできます。

個人投資家自身が固定観念を捨てて、新しい環境を受け入れるか、どうかだけなのです。

オフショア投資の醍醐味

一言で「海外の金融機関と取引をする」といっても、世界中には、たくさんの銀行や証券会社や保険会社があります。海外の保険会社は金融商品を多く取り扱っております。どのように取引や管理する金融機関を選べばよいのかと思われている方もいらっしゃると思います。

海外投資は「オフショア」を抜きにして語れません。

オフショアを一言で説明すれば、税の優遇が受けられる地域（国）のことです。そしてオフショア投資の醍醐味は「大きなリターンと節税スキーム」にあります。日本で販売されている外国籍のファンドでも、マザーファンドの登録地にケイマンやバミューダなどオフショアの名前がよく見られるのでご存知の方も多いと思います。

なぜオフショアが税の優遇措置をとるのかといえば、その多くは資源や観光のほかに、これといった産業がないからです。キャピタルゲイン税（売却益にかかる税金）や相続税、贈与税など、税の優遇をすることで世界中から資金が集まります。その資金を運用する会社の手続きをする会社で働くことによって住民が生活を維持できるようにしたわけです。このように税制面で優遇措置をとることから「タックスヘイブン（租税回避地）」とも呼ばれています。

代表的な地域は、大西洋上にある英国領のバミューダ諸島、カリブ海沖にあるケイマン諸島、多くのヘッジファンドが登録先としていることで知られるアイルランドのダブリン、一方、ファンドの登録申請が厳しいことで知られる英国領のガーンジ島、プライベートバンクで有名なスイス、ルクセンブルクです。また、アジアではシンガポール、香港なども含まれます。近年は中東のドバイやバーレーンなども注目されています。

日本で「オフショアに投資している」というと、国外にお金を持ち出して、いかがわしいことをしているのではないかと、うさんくさい目で見られることがあります。しかし実際は、けっして怪しい投資先ではありません。タックスヘイブンと呼ばれる地域は、むしろ「金融センター」としての信用の維持が最も重要なので、不正を防ぐ監査や投資家保護の法律整備などに力を入れているのです。

米国は世界のお金を集め、その資金を世界各地に投資する「世界の投資銀行」であり、中国は「世界の工場」であり、次第に「世界のリスク投資家」になりつつあります。日本は低金利の円を世界に貸しだし、微々たる手数料を稼ぐ「世界のＡＴＭ」です。オフショアは、こうしたグローバルな資金の金庫であり、資本を蓄積する「世界の地下銀行」といえるかもしれません。

世界の地下銀行――オフショア

世界の巨大多国籍企業の多くが、7000億ドル以上の対外資産を持つ世界第5位の金融センターであるケイマンに持ち株会社や子会社を設立し、登録しています。なぜ、世界のグローバル企業がケイマンに資本を蓄積するために会社を登記するのかといえば、ケイマンには秘密保護法があるからです。

「ケイマン島のすべての金融機関にある顧客の口座に関するいかなる情報も、漏洩されてはならない。税法違反以外の事件を捜査する外国政府は、ケイマン政府に対して協力を要請し、関連する情報の提供を求めることができる。その要請は検討の対象となり、そこで主張されている行為がケイマンで行なわれている場合には、ケイマンの法律の下で犯罪になるかどうかを確認する」（ウィリアム・ブリテェインーキャトリン『秘密の国　オフショア市場』東洋経済新報社）

つまり、ケイマンは他国による法律の干渉を拒否しているのです。タックスヘイブンとして経済的に生き残るため、ケイマンにある投資家と企業を保護する法律で対抗したわけです。現在、ケイマンのこの法律は、多くのオフショアの地域で制定されております。

世界で活躍する多国籍企業のランキングともいえるフォーチュン誌が選ぶ「世界のトップ500社」の上位企業のほとんどがオフショアに子会社や持ち株会社を設立しています。例えば、ゼネラルモーターズ（GM）は、売り上げとリース業の年間収入をケイマンの会社にしており、再保険と金融業の子会社はバルバドスにおいております。ウォルマート・ストアーズは、ケイマンにある三つの子会社を通じて、金融ビジネスをしていますし、乗っ取り屋で有名なマードック氏率いるニューズ・コーポレーションは、800社の子会社で形成されていますが、そのうち60社はタックスヘイブンのオフショアに登記されており、グループの利益を守るために機能しています。

わたしが使用しているマッキントッシュのアップルコンピュータでも、オフショアの存在が垣間見えます。マッキントッシュは、外国企業に対して課税控除を行なうシンガポールで生産され、その製品はケイマンにある会社へ最低価格で売られます（推定200ドル前後）。ケイマンにある会社は米国のアップルに推定900ドル前後で売り、米国のアップルは販売業者へ1000ドル前後で販売すれば、オンショアである米国では100ドルの利益に対して人件費で支払えば、税金はほとんど発生しません。収益の多くはオフショアへ蓄積されます。

企業は、税金もコストの一部ですから、人件費の安いエマージング諸国に工場を建設して経費を抑えるように、税金の最もかからない国の法律や制度を利用してコストを抑えようとします。

米国では、デラウェア州がタックスヘイブンと同じ役割を果たしています。会社の設立は、即日あるいは2日ぐらいで設立が可能です。株主や企業役員の名前は公表されませんし、売上税や相続税がありません。米国のグローバル企業である、ウォルマート・ストアーズ、ゼネラルモーターズ（GM）、フォード・モーター・カンパニー、ボーイング、コカ・コーラ、シティグループなど、フォーチュン500に登場する企業の大半の本拠地や子会社や持ち株会社が、デラウェアにあります。その数は50万社を超えるといわれております。

英国は、もともとロンドンが巨大なユーロダラー（米国以外で取引されるドル）の市場を持ち、キャピタルゲインおよび知的財産に対する課税を削減しています。したがって、世界中の金融機関と資金を集めるタックスヘイブンの最大のプレーヤーといっても過言ではありません。

意外かもしれませんが、東京にもオフショアがあります。日本の金融市場の国際化および円の国際化を促進させ、東京をロンドン、ニューヨークと並ぶ国際金融市場にすることを狙いとして、１９８６年12月に「東京オフショア市場」が創設されました。しかし、東京オフショア市場では、法人所得税や地方税の免除はありません。源泉所得税が、２００４年3月末までの時限措置として免除され、それ以降は2年ごとに特別措置の適用期限を延長するとされているだけです。

その存在がほとんど知られていないのは、東京オフショア市場がまったく仮想的（バーチャル）な取引システムだからです。日本の金融機関が東京オフショア市場で取引するためには、財務大臣の許可を得たうえでオフショア勘定を開設し、国内での資金取引と勘定を分離しなければなりません。海外から調達した資金を海外へ又貸しする、いわゆる「外―外取引」が原則です。

東京オフショア市場は、住所を持っていないので、そこに会社を登記することができません。日本の居住者にとって意味のないオフショアですが、グローバル企業にとっても、ほとんど意味のないオフショアだと言えます。そのため、一時はニューヨークを抜いてロンドンに次ぐ規模のオフショア市場でしたが、現在では縮小の一途です。

香港は、もともと自由な市場であり、シンガポールは、安定した政府が政策として国際金融市場の育成を意図的かつ戦略的におこなっています。どちらも、外国の優れた金融機関を積極的に誘致し、それによって、国際的な金融市場の設立を進めております。

しかし、日本では、金融市場の国際化よりも、金融機関の保護を優先し、金融機関の業務分野規制を緩和してきませんでした。また、金融税制の優遇措置を採るとしても、景気刺激策の一つとして行われており、国際的な金融市場を日本国内に育成するためという視点はまったくなかったと思われます。

欧米はオンショアという表とオフショアという裏とを1枚のコインの裏と表とのように、うまく使い分けています。グローバル企業は、国家の支援と保護によって利益をあげ、利益はオフショアで制約を受けずに資本の移動と蓄積をし、その資本を国際競争力に反映させております。

このように、グローバル化時代の投資先を決定するうえでも、オフショアの存在を抜きにして考えることはできませんし、そこで何が行われているかを知ることによって、資産運用に役立つ情報が集約されているのです。

金融は最もグローバル化が進んだ分野ですから、欧米の金融機関やファンド会社がオフショアの存在を最も活用しているといえます。アジアにおいて、香港やシンガポールは、オフショア市場をその存立を支えるものとして育成してきました。

対して日本では、東京オフショア市場が外圧によって生み出されたという経緯が示すように、国際金融センターといってもインテリジェントビルを建設するといった箱物行政ばかりです。オフショア市場を国の将来のために育成するという観点が見えてきません。

中国は、香港市場に上場しているレッドチップス銘柄企業の多くが、ケイマンやヴァージン諸島に登記している企業であることからも推測されるように、日本よりもグローバリゼーションの波に乗るために必要なオフショアという存在を意識していると思われます。また、すでにそこで蓄積されているかもしれない中国資本がこれから動きだすのかもしれません。

2. オフショアファンド

このオフショア地域で設定・登録されているファンドを「オフショアファンド」と呼びます。オフショアファンドを大きく分ければ、常に売買が可能で、空売りをしない「ミューチュアルファンド（Mutual Fund）」と、オルタナティブ投資（代替投資＝債券や株式といった伝統的な投資手段に代わるものという意味）の代表格である「ヘッジファンド（Hedge Fund）」があります。

ミューチュアルファンドの特徴は、空売り（ショート）やデリバティブ（金融派生商品）の取引をしないことです。一方、ヘッジファンドの特徴は、空売り、レバレッジ、高度な金融工学を活用することで相場の上昇、下落、横ばい、どの局面でも、リスクを増やさずに予想リターンを増やすための技法を体系化した投資手法を取り入れています。

日本では「絶対リターンを追求」というのがセールストークに使われております。これは、「どのような投資環境の下でも高度な投資手法を駆使してリターンを追及する」という意味であって、「絶対にリターンが得られる」ことを約束しているわけではありませんので、ご注意ください。

モーニングスター（http://www.funds.morningstar.com/）で検索すると、同社サイトに登録されているオフショアファンドの数は、２００７年12月末時点で９３８６本あります。その多くが、大手投資信託会社のミューチュアルファンドです。必然的に情報開示に優れている大手のミューチュアルファンドが圧倒的に多くなるわけです。

一方、同時期に日本のモーニングスターで国内販売されている外国籍のファンドを検索すると、国際株式型が３８３本、国際債券型が３５２本、国際ハイブリッド型が１８２本でした。したがって、オフショアには10倍以上のファンドがあるわけです。ヘッジファンドのなかにはモーニングスターに登録されていないものもありますので、それを含めるとオフショアファンドの数は、さらに多くなります。日本で紹介されている外国籍のファンドは、そのなかのほんのわずかにすぎないのです。

ミューチュアルファンド

日本ではミューチュアルファンドという表現になじみが薄いですが、海外ではごく一般的な金融商品で、投資信託（ファンド）のことをミューチュアルファンドと呼んでおります。

海外投資の経験者でさえ「外国籍のファンド＝ヘッジファンド」しか知らない方がいらっしゃいます。特に、国家破綻や預金封鎖といった話を信仰される方に多いので不思議です。**ミューチュアルファンドにはヘッジファンドの何倍もの資金規模と商品数があります。**

ミューチュアルファンドは、常に自由に追加購入・換金ができる「オープンエンド」といわれる形態の投資信託です。全世界での運用資産は２００７年第１四半期末で約22兆７２００億ドルにもなります（Pension & Investments）。ヘッジファンドの総運用資産がヘッジファンド・リサーチ（ＨＦＲ）の

図表 3.3　ミューチュアルファンドの推移（単位：百万米ドル）

	2000	2002	2004	2006
アメリカ	6,964,634	6,390,358	8,106,939	10,413,617
アイルランド	137,024	250,116	467,620	767,520
ルクセンブルグ	747,117	803,869	1,396,131	2,188,278
イギリス	361,008	288,887	492,726	786,501
香港	195,924	164,322	343,638	631,055
日本	431,996	303,191	399,462	578,883
世界合計	$11,871,028	$11,324,128	$16,164,793	$21,764,912

Data: Investment Company Institute (ICI) http://www.icifactbook.org/

2007年統計によると1兆8700億ドルと推定されておりますので、約12倍の規模です。

ミューチュアルファンドが大きな成長を遂げている理由の一つとして、多額の年金資金の流入が挙げられます。年金基金は情報開示に優れた商品を選ぶので、各国の監督機関のお墨付きであるミューチュアルファンドでの運用を好みます。

監督機関は、米国なら米証券取引委員会（SEC）、英国なら金融サービス庁（FSA）です。ミューチュアルファンドには運用報告義務があるので、情報開示も優れています。事実、**図表3・2**に掲載した情報サイトや各ファンド会社のサイトでも、運用成績を簡単に調べることができます。

米国で販売されているものが多いとはいえ、現在では中国を筆頭にエマージング諸国でも爆発に売れており、今後も年金市場の成長とともに拡大していくことでしょう（**図表3・3**）。

米国のミューチュアルファンドで有名なのが、

図表3.4　米ミューチュアルファンド会社ランキング(2007年)

順位	ファンド会社名	順位	ファンド会社名
1	Vanguard Group	16	Davis Funds
2	Fidelity Investments	17	American Century
3	American Funds (Capital)	18	The Hartford
4	RiverSource	19	Franklin Templeton
5	Schwab/Laudus Funds	20	Dodge & Cox
6	T. Rowe Price	21	Janus
7	Wells Fargo Funds	22	John Hancock
8	JPMorgan Funds	23	MFS Investment Management
9	Morgan Stanley Investment Advisors	24	Van Kampen
10	Smith Barney/Legg Mason	25	Lord Abbett
11	Fidelity Advisor Funds	26	DWS Scudder Funds
12	OppenheimerFunds	27	Putnam Investments
13	ING Funds	28	Goldman Sachs Funds
14	Merrill Lynch/BlackRock	29	Neuberger Berman
15	Principal Financial	30	Evergreen Investments

Data: Cogent Research LLC (18/Nov/2007)

日本でもおなじみのフィデリティ(Fidelity Investment)、バンガード（Vanguard Investment)、そして「アメリカンファンズ」の名前で親しまれているキャピタル（Capital Research and Management)です。フィデリティだけを見ても、設定しているファンドの数は4600本もあり、オフショアに登録されているファンドは192本もあります。この3社は、いずれも未上場企業です（**図表3・4**)。

インベストメント・カンパニー・インスティテュート（ICI＝全米ミューチュアルファンド協会）の統計によると、2007年4月現在の資産残高は、フィデリティが1兆2420億ドル、キャピタルが1兆1780億ドル、バンガードが1兆1720億ドルです。ただし、2006年まで6年連続で、キャピタルが新規流入額で1位だったものの、2007年はバンガードがトップの座を奪還して、運用残高を

1兆3000億ドルにまで伸ばしています。

他にも債券運用機関最大手のパシフィック・インベストメント・マネジメント（通称ピムコ）や、ブラックロックと合併して注目を浴びたメリルリンチ、レッグ・メイソン、T・ロウ・プライス、ベアリング、インベスコ、フランクリン・テンプルトン、シュローダー、インベステック、ヘンダーソンなど、数多くのファンド会社があります。またゴールドマン・サックス、モルガン・スタンレー、JPモルガン（ジャーディン・フレミング社を含む）などの大手投資銀行（インベストメントバンク）もファンドの設定をしております。

世界に目を向けると、スイスのUBS、英国を代表するHSBC（香港上海銀行）、バークレイズ、オランダのフォルティス（ABNアムロ）、ドイツを代表する多国籍金融機関のアリアンツ、ドイツ銀行グループの傘下にあり欧州最大のミューチュアルファンド会社であるDWSなどもあります。正直、すべてをお伝えするのは不可能です。ちなみに、UBS1社の運用資産額がヘッジファンド業界全体の総運用額よりも大きいのは注目されます（**図表3・5**）。

ミューチュアルファンドは、会社の数だけでなく、投資対象も多岐にわたります。例えば、世界株式といっても、バリュー（割安）株やグロース（成長）株と対象の広いものから、エコロジー（環境）、社会的責任投資（SRI）、金融、食品、バイオ、テクノロジー、金・鉱物、高級品ブランド、イスラムなど、たくさんあります。先進国とエマージング諸国でもそれぞれ違います。また世界債券といっても、国債、社債、ハイイールド債、インフレ連動債などもあります。

さらには個々のミューチュアルファンドを集めた「ファンド・オブ・ファンズ」も多くあります（**図

図表 3.5　世界のアセットマネジメント会社ランキング

順位	企業名	国	運用資産	順位	企業名	国	運用資産
1	UBS	スイス	$2,452,475	31	MetLife	米国	$527,700
2	Barclays Global Investors	英国	$1,813,820	32	Generali Group	イタリア	$523,726
3	State Street Global	米国	$1,748,690	33	Aegon Group	オランダ	$477,611
4	AXA Group	フランス	$1,740,000	34	Prudential1	英国	$477,000
5	Allianz Group	ドイツ	$1,707,665	35	Old Mutual	南ア	$468,232
6	Fidelity Investments	米国	$1,635,128	36	INVESCO	英国	$462,600
7	Capital Group	米国	$1,403,854	37	Legal & General Group	英国	$455,955
8	Deutsche Bank	ドイツ	$1,273,500	38	MassMutual Financial	米国	$455,723
9	Vanguard Group	米国	$1,167,414	39	日本生命	日本	$439,671
10	BlackRock	米国	$1,124,627	40	TIAA-CREF	米国	$405,647
11	Credit Suisse	スイス	$1,092,906	41	Ameriprise Financial	米国	$397,000
12	JPMorgan Chase	米国	$1,013,729	42	Rabobank Group	オランダ	$378,125
13	Mellon Financial	米国	$995,237	43	Sun Life Financial	カナダ	$374,535
14	Legg Mason	米国	$957,558	44	全共連	日本	$364,776
15	BNP Paribas	フランス	$817,482	45	Manulife Financial	カナダ	$355,256
16	ING Group	オランダ	$792,162	46	三菱 UFJ フィナンシャル	日本	$351,189
17	Natixis Global AM	フランス	$769,981	47	T. Rowe Price	米国	$334,698
18	AIG Global Investment	米国	$730,921	48	Unicredito Italiano2	イタリア	$328,043
19	Credit Agricole	フランス	$704,367	49	Hartford Financial	米国	$327,500
20	Aviva	英国	$700,789	50	Zurich Financial Services	スイス	$310,003
21	Northern Trust Global	米国	$697,166	51	Northwestern Mutual	米国	$307,561
22	Goldman Sachs Group	米国	$693,049	52	Wells Fargo	米国	$306,200
23	Prudential Financial	米国	$616,047	53	Standard Life	英国	$305,624
24	Morgan Stanley	米国	$606,476	54	DZ Bank	ドイツ	$286,197
25	HSBC Holdings	英国	$595,000	55	第一生命	日本	$284,777
26	Wellington Management	米国	$575,492	56	Charles Schwab	米国	$284,201
27	Societe Generale	フランス	$556,890	57	信金中央金庫	日本	$278,797
28	Fortis Group	ベルギー	$556,200	58	KBC Asset Mgmt.	ベルギー	$275,395
29	Franklin Templeton	米国	$552,905	59	Evergreen Investments	米国	$273,215
30	Bank of America	米国	$542,977	60	みずほフィナンシャル	日本	$268,454

Data: P&I /Watoson Wyatt World 500 The world's Largest Managers (1/Oct/2007)

図表 3.6　ファンド・オブ・ファンズの拡大

	ファンドの本数（年末）	運用資産（年末、百万ドル）	純増額（年間、百万ドル）
1996	45	$13,404	$2,457
1997	94	21,480	3,380
1998	175	35,368	6,376
1999	212	48,310	6,572
2000	215	56,911	10,401
2001	213	63,385	8,929
2002	268	68,960	11,593
2003	301	123,091	29,900
2004	375	199,552	50,520
2005	475	306,016	79,480
2006	604	471,024	101,336

Data: Investment Company Institute (ICI) http://www.icifactbook.org/

表3・6）。ファンド・オブ・ファンズの種類も、さまざまな資産に投資されている「アセットアロケーション」のタイプで、オフショアだけでも379本と多種多彩です。通貨を対象にしているファンドだけをみても、マネー・マーケット・ファンド（外貨建てMMF）は505本あります。

このように投資対象が多岐にわたる「アクティブ型」のものから、市場やセクターの平均などベンチマーク（運用成績を比較するために用いる指標）に連動するように運用される「パッシブ型」のインデックスファンドも、かなりの数があります。

ミューチュアルファンドの運用方法には、大きく分けて二つの種類があります。アクティブ型とパッシブ型です。

アクティブ型では、ファンドマネジャーが独自の運用方針に基づいて、具体的な投資対象、売買タイミングを決定します。市場平均やセクター平均などのベンチマーク（運用成績を比較するために用いる指標）を上回る成績を目指す、積極的な運用方法です。

一方、パッシブ型はベンチマークの銘柄構成や組入比率をそのまま同じにして、ベンチマークに連動した成績を出すことを目標とする受け身の運用方法です。運用成績がファンドマネジャーの技量に依存しないため、比較的安い手数料で購入することができます。

海外の銀行や証券会社によって取り扱う商品は違います。またその国の金融当局の許可が必要ですので、同じシティバンクでも日本と香港では、取り扱う商品ラインナップが異なります。同様に、ＨＳＢＣでも香港とマン島とで商品ラインナップが異なるのです。では、香港ならシティバンクもＨＳＢＣも同じ品揃えかといえば、これも違います。取り扱う商品数や最低投資額やサービスは、それぞれの国と金融機関で異なるのです。

ヘッジファンド

ヘッジファンドには「富裕層向けのファンド」というイメージがあります。しかし実際は５０００米ドル、１万米ドルから購入できる商品もありますので、普通の個人投資家でも購入できます。

ヘッジファンドリサーチ社（ＨＦＲ）の統計によれば、２００７年のヘッジファンド業界への新規資金流入額は１９４５億ドルとなり、１兆８７００億ドルに拡大しました。２００６年は１２６５億ドルでしたので54％拡大したことになります。

ヘッジファンドは、ミューチュアルファンドと異なり、ＳＥＣに登録する必要のない「私募債」です。

さまざまな制約を受けずに設定することが可能というわけです。

米国では、出資者が１００人未満で成り立つ投資機関については、ＳＥＣへの届け出と報告義務が免除されています。その数は８０００社を超えるといわれていますが、ほとんどのヘッジファンドが情報開示の義務を負わないため、その実態は不透明です。

２００６年2月、こうした不透明さを払拭するため、ＳＥＣは15人以上の投資家をかかえる運用会社に同委員会への登録を義務づけました。しかし、同年6月の連邦控訴裁判所の判決の結果、登録ルールは無効となり、ＳＥＣは控訴しない方針を明らかにしております。

ヘッジファンドと一言でいっても、その運用手法や対象は多岐にわたります。代表的なものは次のとおりです。

●マネージドフューチャーズ……先物・先物オプション
●アービトラージ……裁定取引
●ロングショート……株式の買いと空売り
●ディストレスドセキュリティーズ……破綻債権
●イベントドリブン……合併などの企業イベント
●グローバルマクロ……世界経済の大きな動きに
●マーケットニュートラル……株式のサヤ取り
●マルチストラテジー……各手法の組み合わせ

図表 3.7　ヘッジファンド会社運用ランキング

順位	ヘッジファンド会社	運用額
1	JP モルガン・アセット・マネージメント	330 億ドル
2	ゴールドマン・サックス・アセット・マネージメント	325 億ドル
3	ブリッジウォーター・アソシエイツ	302 億ドル
4	DE ショー・グループ	273 億ドル
5	ファルーン・キャピタル・マネージメント	262 億ドル
6	ルネサンス・テクノロジーズ	260 億ドル
7	オクジフ・キャピタル・マネージメント	210 億ドル
8	マン・インベストメンツ	188 億ドル
9	バークレイズ・グローバル・インベスターズ	186 億ドル
10	ESL インベストメンツ	175 億ドル

Data: Alpha Magazine (Jun 2007)

日本で個人投資家に紹介されているヘッジファンドは、なぜか金融や商品（コモディティ）の先物で運用するマネージドフューチャーズばかりが人気です。またなぜか、日本人の多くがヘッジファンドというと、マン・インベストメント社のファンドばかりを購入しているので不思議です。実際には、自分の保有する資産と相関性が低い手法を見極める必要があると思います（**図表3・7**）。

２００７年のヘッジファンドの運用資産は、エクイティ（株式）が５０７０億ドル、レラティブ・バリュー・アービトラージが２７３０億ドル、イベントドリブン２４４０億ドルとなっています（ＨＦＲ社調査）。

ヘッジファンドは投資先によって、適正な規模があります。一概に大きいから駄目、小さいから危ないということではなく、何に投資されて収益をあげようとしているのかが重要です。優れたファンドはクローズ（新規の受け付けを終了）しているものも多く、同じ手法でもボラティリティが低いファンドは、最低投資額が高いという傾向もあります（各手法の具体的説明は第7章をご覧ください）。

ヘッジファンドが下落相場に強いという神話

２００７年のヘッジファンドの成績は、近年になく非常に興味深いデータを残しているように思います。「ヘッジファンドは株式の下げ相場でも収益を確保する」と思い込んでいた投資家の期待を裏切り続けた年となったからです。

米国のルネサンス・テクノロジーズ（Renaissance Technologies）は「Renaissance Institutional Equities Fund」で、サブプライム問題が表面化した8月に8・7％のマイナスを出したと投資家に書簡で伝えました。同社は、高度な金融技術を駆使し、コンピュータの判断で機械的に運用する「クオンツ・ファンド」の代表格です。数学者であり大富豪のジェームズ・シモンズ氏が１９８２年に立ち上げた巨大ヘッジファンドで、２００７年10月末現在、総資産は３００億ドル（約３兆３０００億円）を超えます。

また90億ドル（約1兆円）もの資産を運用していたゴールドマン・サックスの旗艦ファンド「Global Alpha Fund」が、同じ8月に22・5％のマイナスを出しました。そして極めつけはソーウッド・キャピタル・マネージメント（Sowood Capital Management）です。同年6月に30億ドル（約３４００億円）あった運用資産の60％を7月に失い、解散することになりました。

つまりヘッジファンドは、けっして金融市場の動揺に無関係で収益を上げられるものというわけでは

図表 3.8　ファンド・オブ・ヘッジファンズ会社運用ランキング

順位	ファンド・オブ・ヘッジファンズ	運用額
1	UBS	547 億ドル
2	Man Investments	503 億ドル
3	Union Bancaire Privée	458 億ドル
4	Permal Asset Mgmt	350 億ドル
5	HSBC Alt. Investments/HSBC Private Bank	336 億ドル
6	Crédit Agricole	294 億ドル
7	Société Générale	280 億ドル
8	Julius Baer Group	247 億ドル
9	Credit Suisse	240 億ドル
10	Blackstone Alt. Asset Mgmt	230 億ドル

Data: Alpha Magazine (Jun 2007)

ないのです。実績を重ねてきた巨大ファンドでも市場の動揺の影響を受けて大きな損失を出す可能性があります。

またヘッジファンドには規模のリスクもあります。ファンド・オブ・ヘッジファンズの成長（**図表3・8**）でヘッジファンドの総数は２００７年には約１万本になり、運用規模は２兆５９３０億ドル（ヘッジファンドネット社調査）にもなりました。ちなみに絶頂期の運用資産が46億ドルだったＬＴＣＭの破綻した１９９８年、ヘッジファンドの全体規模は３７５０億ドル、ファンドの数は３３５０本でした。

ヘッジファンドリサーチ社によれば、２００７年第３四半期(９月)までに設立された新規ヘッジファンドは８６３社で、清算したのは４０８社となっています。２００６年通年では、新規設立が１５１８社、清算は７１７社です。

ミューチュアルファンドとヘッジファンドはどちらがいい？

ミューチュアルファンドは、その投資対象の多さに魅力があります。何よりも会社の規模がしっかりしているので安心です。一方、株の下落相場では、空売りの手法を用いて収益を上げてくれそうなヘッジファンドにも魅了を感じる方も多いかもしれません。

ところが、世界同時株安、サブプライムローン問題で株価や状況が急変したとき、プラス成績を確保できたヘッジファンドは、ごく少数なのです。「それではヘッジファンドがいう絶対利益とは何か？」と思うかもしれません。ヘッジファンドは、ミューチュアルファンドよりも、全体的に変動リスクが低めである傾向があります。

ヘッジファンド指数として有名な「トレモントヘッジファンド指数」と世界株式の指数として代表的で、ミューチュアルファンドの成績の目安となる「ＭＳＣＩ（Morgan Stanley Capital International）世界株指数」の月間最大下落率を見てみると、ＭＳＣＩ世界株指数のほうが、下げ幅は大きいと分かります。安定性の指標であるシャープレシオ（リターンを得るために、どれだけのリスクを取っているか計測するための指標）もヘッジファンドのほうがリターンに対して安定しています。

ただし相場が上昇基調のときの運用成績は、総じてミューチュアルファンドのほうがいいと思います。これは、ヘッジファンドには年１・５～２％（通常）の管理手数料に加え、運用成績が過去の成績を上回ったときに発生する「成功報酬」があるからです。成功報酬は、過去の成績を上回ったリターンから発生する手数料ですが、20％が最も多いケースです。ミューチュアルファンドには成功報酬のないものがほとんどです。

情報開示については、お伝えしたとおり、ミューチュアルファンドのほうがヘッジファンドよりも優れています。ヘッジファンドは、取引の詳細まで公開すると自分たちの投資戦略の優位性まで明らかになってしまうため、投資先などを公表しない傾向があるからです。もっとも、投資家にとっても「細かな情報開示」よりもリターンと変動リスクの低減に期待している、のだとわたしは考えます。

ただ、その不透明さゆえ、ヘッジファンドに投資する場合、突如として破綻、清算、解散する可能性がミューチュアルファンドよりも高いことを踏まえておかなければなりません。

多くのヘッジファンドがレバレッジを駆使して高いリターンを挙げようとします。確かに、ＬＴＣＭ（ロングターム・キャピタル・マネージメント）が破綻した１９８７年末ごろよりは総じてレバレッジを下げている印象があります。しかし、レバレッジが「諸刃の剣」であることに変わりはありません。最悪の場合、レバレッジの反動による損失で破綻する可能性もあるわけです。

また運用成績が急激に下落した場合、投資家が資金の償還を求める前に、ファンドのほうが自主的に清算してしまうこともあります。

ヘッジファンドでは運用の安定のために、一定期間は償還に応じない、もしくは解約手数料が設定されているものも多くあります。このようなロックアップ期間は普通、ミューチュアルファンドにはありません。ヘッジファンドに投資する場合は、期待だけでなく、投資した資金が凍結されるリスクも認識しておく必要があります。

わたしの場合、一つのヘッジファンドに投資する比率はポートフォリオ全体の５％以下にしています。それ以上の比率は、最悪のケースになった場合、リカバリー（回復）が大変だからです。

いくつかのヘッジファンドは、リスクを抑え、予想リターンを増やす技法を体系化した「金融工学」を用いています。金融工学の基本は、先物やオプションなどの金融派生商品（デリバティブ）を数学的に分析することです。先物取引は、江戸時代に大坂・堂島の米市場ではじまり、また金融派生商品の評価は、京都大学数理解析研究所名誉教授の伊藤清先生の理論なしではあり得なかったと思います。しかし、日本の金融機関が研究開発でも新規事業でもリスクを取れなかったからか、金融工学が日本から生まれなかったのは残念なことです。

３．種類が豊富な海外のＥＴＦ

日米の金融の違いが如実に現れている事象の一つに「ＥＴＦ」が挙げられます。ＥＴＦは「Exchange Traded Funds」の略で「上場投資信託」「上場投信」と訳されています。概念的には、ファンドの受益証券を通常の上場株と同じように証券取引所で自由に売買できる金融商品です。

ＥＴＦは証券取引所に上場されている点で上場株と同じですから、価格に透明性があり、指値だけでなく、信用取引もできます。しかも、ファンドと違って目論見書の交付義務がないことから、信託報酬や運用コストが通常のファンドよりも低いのが特徴です。もちろん、株式と同じく売買手数料はかかりますので、頻繁な売買はその特徴を相殺してしまう可能性がある点に注意してください。

ＥＴＦ発行額で世界最大の金融機関が、バークレイズ・グローバル・インベスターズ（ＢＧＩ）です。同社は英バークレイズの子会社で、近年はＥＴＦのみならずヘッジファンドの分野でも存在感が増しています。同社のＥＴＦシリーズ「iShares」は２０００年の登場以来、７年で総資産額は10兆円を超え、その種類も１００を超えるまでに成長しました。連動させている指数は、多岐にわたっており、債券、株式全般、大型株、中型株、セクター別、地域別と多種多様です。手軽に分散投資ができることから年金運用会社に支持されたのが、躍進の理由だと思われます。

ＢＧＩは、ヘッジファンドの運用資産額でも、世界のトップ10に入る規模を誇ります。全体の運用規模は世界最大級です。同社の「COMEX Gold Trust（ＩＡＵ）」は、金ＥＴＦの「StreetTracks Gold Trust」とともに金価格押し上げの原動力の一つとなりました。

香港の証券会社では、香港市場に上場しているＥＴＦだけでなく、米国市場や他の証券取引所に上場しているＥＴＦを購入することができます。実に８００銘柄の品揃えを誇ります。銀行ならシティバンク香港でも米国株の取引が可能ですから、米国市場に上場しているＥＴＦの購入が可能です。

日本の証券会社では、海外のＥＴＦは30本くらいしか取り扱っていません。また、日本の証券会社が取り扱っているＥＴＦは代表的指数ばかりで、バラエティに欠けています。海外では、あらゆるセクターのＥＴＦを取引できます。

２００７年秋「上海Ａ株指数」のＥＴＦが大阪証券取引所に登場しました。しかし、上海市場が驚異的な上昇相場を展開したのは２００６年からですから、遅きに失した感があります。すでに、同ＥＴＦを海外の銀行や証券会社で取引されていた個人投資家も多く、海外に目を向けていたか、そうでなかったかで明暗が大きく分かれた出来事だったと思います。

インデックスファンド（投資信託）との違い

ＥＴＦの大半は、インデックスファンドや複数株のバスケットに連動するように設計されています。

インデックスファンドは先ほど申し上げたように株価指数などの指数に連動することを目標にしたファンドです。

インデックスファンドは、ファンドに集まった資金で指数の配分にしたがって新たに株式や債券を購入します。対してETFに投資された資金は、すでにETFが機関投資家から借り入れている既存の株式や債券に割り当てられますので、新規に買いつけるわけではありません。また、インデックスファンドは１日１回、大引けの価格水準で売買されますが、ETFは先ほど申し上げたように取引所の立会時間内に売買できます。

ETFは、ファンドの純資産価額から価格が決定するわけではなく、株式のように需要と供給で価格が決定します。したがって、人気があればプレミアムがつき、そうでなければディスカウントしないと売却できない場合があります。また、インデックスファンドが定額積立で購入できるのに対して、ETFは株式同様、１単位で購入することになります。

日本でETFとインデックスファンドの違いが明確でないのは、ほとんどのETFの投資先の銘柄構成が、日経225あるいはTOPIXと同じでバリエーションに乏しいためです。米国では1993年、アメリカン証券取引所（AMEX）が、S&P500指数ファンド（銘柄記号SPY、通称スパイダーズ）に連動するETFを上場して以来、さまざまな種類のETFが登場し、市場を拡大させています。

例えば、NYダウに連動するファンドのETF（銘柄記号DIA、通称ダイアモンズ）や、ナスダック100指数に連動するファンドのETF（銘柄記号QQQ、通称キューズ）の流動性は、株式顔負けです。さらに2006年の商品（コモディティ）相場の上昇を反映して、金や銀、原油価格に連動するよう設計されたＥＴＦが数多く販売され、注目が集まっています。

ＥＴＦかアクティブファンドか

ＥＴＦの魅力は、何といってもリアルタイムに売買できるところです。たいていのミューチュアルファンドはリアルタイムに取引ができません。積極的な運用でベンチマーク（市場平均）を超える収益を狙うアクティブファンドにいたっては、売買が週単位、月単位のものも多くあります。しかし、中長期保有を決めている場合や毎月積立投資をする場合でなければ、ＥＴＦと通常のインデックス運用のミューチュアルファンドの成績には極端な違いはありません。

では、資産を殖やしていくために、ＥＴＦでポートフォリオを作るのと、個別のアクティブファンドでポートフォリオを作るのとでは、どちらが良いのでしょうか。

過去の成績をみると、長期的にインデックスファンドの成績を上回るアクティブファンドは少数です。とりわけ日本では、その傾向が顕著に現れています。そのため多くの方は、ＥＴＦやインデックスファンドのほうが優れていると考えているようです。

しかし、少数派とはいえ、市場平均をはるかに上回るリターンのファンドは存在するわけです。リターン重視でいくのであれば、ベンチマークを上回るアクティブファンドを探すことも考えられます。**図表3・9**は同期間のアクティブファンドとＥＴＦの最もパフォーマンスの良い銘柄で比べたものです。

日本でＥＴＦがあまり普及しない理由として、運用アドバイスを提案する側の事情もあるかと思いま

図表3.9　アクティブファンドvs. ETF

	アクティブファンド（オフショア）	運用成績1年
中国（上海）	JF China Pioneer A-Share	162.5%
ロシア	Russian Opportunities	43.2%
香港	Baring Hong Kong & China	76.8%
マレーシア	AllianzGIS RCM Malaysia	69.4%
インド	F&C Indian Investment Company	98.1%
ブラジル	ABN Amuro Brazil Equity AD	61.7%
シンガポール	AllianzGIS RCM Singapore	48.2%
トルコ	Fortis L Equity Turkey	68.7%
南アフリカ	Africa Emerging Markets	68.8%
オーストラリア	Baring Australia	39.3%
インドネシア	AllianzGIS RCM Indonesia	63.8%
東欧	Baring Eastern Europe	35.0%
タイ	JF Thailand	52.1%

Data: MORNINGSTAR Offshore (12/Jan/2008) http://www.funds.morningstar.com/

	ETF	コード	上場市場	運用成績1年
中国（上海）	iShares FTSE/Xinhua A50 China Tracker	2823	HKEX	136.54%
ロシア	Central Europe and Russia Index	CEE	NYSE	7.56%
香港	Hang Seng H-Share Index	2828	HKEX	66.23%
マレーシア	iShares MSCI Malaysia Index	EWM	NYSE	33.54%
インド	iShares MSCI India Index	INDIA	SGX	82.70%
ブラジル	iShares MSCI Brazil Free Index	EWZ	NYSE	85.54%
シンガポール	iShares MSCI Singapore Index	EWS	SGX	80.18%
トルコ	Turkish Investment Fund Index	TKF	NYSE	17.02%
南アフリカ	iShares MSCI South Africa Index	EZA	AMEX	14.39%
オーストラリア	iShares MSCI Australia Index	EWA	AMEX	18.71%
インドネシア	Indonesia Fund Index	IF	AMEX	11.82%
東欧	Morgan Stanley Eastern Europe	RNE	NYSE	−2.80%
タイ	Thai Fund Inc	TTF	NYSE	20.46%

Data: BOOM Securities (12/Jan/2008) http://baby.boom.com.hk/

す。個人投資家が運用アドバイスを求めても、ＥＴＦは購入手数料が低いため専門家に落ちる手数料も低く、必然的に担当者が商品知識に乏しいケースが多々あるからだと思います。つまり、通常のミューチュアルファンドを勧めたほうがビジネスになるわけです。

わたしの場合、上昇相場でリターンを狙うために、ベンチマークを上回るミューチュアルファンドを調べて投資するようにしています。ミューチュアルファンドのほうが商品数は圧倒的に多いからです。そしてハッピーリタイアができそうな目標額に近づいたら、ファンドよりも購入手数料が低く、流動性があるＥＴＦで分散投資をしようと考えています。

わたしが投資することが多いＥＴＦは、下落相場でもリターンを得ることが可能な空売りの設定がされている「ショートＥＴＦ」です。

「空売り《ショート》」とは、簡単に言えば、証券会社や他の投資家から株を一時的に借りて市場で売る方法です。空売りをしたときよりも株価が下げたところで買い戻して元の持ち主に返却すれば利益になりますので、株価や市場全体の下落時にも、ポートフォリオの安定、もしくは収益を狙うことができます（図表３・10）。

【ケーススタディ】ProShares Short ETF

株式相場の下落局面でヘッジファンドが必ずしも頼りになるというわけではありません。では、自分で株式やＥＴＦの空売りをするとなると、株価の上昇は理論的に上限がないので、下がると思っていて

図表 3.10　空売り ETF

2007年11月23日、日米株安時の成績。空売り ETF が成績上位を占めた。

ETF 名	コード	上場市場	5日	1カ月	3カ月
UltraShort FTSE Xinhua China 25 ProShares	FXP	AMEX	22.7%	14.8%	N/A
UltraShort Financials ProShares ETF	SKF	AMEX	20.4%	27.82	36.73
UltraShort MSCI Emerging Markets ETF	EEV	AMEX	15.0%	9.77	N/A
UltraShort Basic Materials ProShares ETF	SMN	AMEX	14.1%	10.5%	▲14.6%
UltraShort Russell 2000 ProShares	TWM	AMEX	12.9%	19.9%	11.7%
UltraShort Real Estate ProShares ETF	SRS	AMEX	12.3%	21.7%	15.7%
UltraShort Russell 2000 Value Proshares	SJH	AMEX	11.7%	19.1%	18.3%
UltraShort Russell 2000 Growth Proshares	SKK	AMEX	11.3%	18.9%	4.5%
UltraShort MidCap400 ProShares ETF	MZZ	AMEX	10.2%	15.6%	4.4%
UltraShort Industrials ProShares ETF	SIJ	AMEX	10.1%	11.6%	1.4%
UltraShort Russell Midcap Growth Proshares	SDK	AMEX	9.9%	14.3%	▲0.9%
UltraShort Russell Midcap Value Proshares	SJL	AMEX	8.9%	14.7%	11.3%
UltraShort Russell 1000 Value Proshares	SJF	AMEX	8.7%	14.9%	10.6%
UltraShort SmallCap600 ProShares	SDD	AMEX	8.3%	16.4%	11.1%
UltraShort S&P500 ProShares ETF	SDS	AMEX	8.1%	12.7%	3.3%
UltraShort Dow30 ProShares ETF	DXD	AMEX	7.6%	11.9%	3.7%
UT SHT MSCI EAFE	EFU	AMEX	7.4%	5.8%	N/A
PROSH SH EMR MKT	EUM	AMEX	6.8%	5.2%	N/A
UltraShort Consumer Services ProShares ETF	SCC	AMEX	6.7%	16.4%	11.6%

日本株やエマージング市場の空売りの ETF

ETF 名	コード	上場市場	1カ月	3カ月	1年
UltraShort Real Estate ProShares	SRS	AMEX	23.0%	55.1%	87.1%
UltraShort Financials ProShares	SKF	AMEX	16.4%	47.9%	60.1%
UltraShort Russell 2000 Value ProShares	SJH	AMEX	17.6%	39.0%	45.7%
UltraShort Consumer Services	EEV	AMEX	18.8%	41.0%	44.9%
UltraShort MSCI Japan	EWV	AMEX	15.7%	10.2%	N/A
UltraShort FTSE/Xinhua China 25	FXP	AMEX	0.4%	-6.6%	N/A
ProShares UltraShort Oil & Gas ProShares	DUG	AMEX	-1.5%	0.4%	-43.3%

Data: ProShares http://www.proshares.com/ (Jan 2008), http://baby.boom.com.hk/

逆に株価が上がれば上がるほど損失も膨らみます。本業が忙しい個人投資家には向いているとはいえないでしょう。

海外には多種多様なＥＴＦがあります。流動性を確保しつつ、下落相場でもリターンを追求する方法として、わたしは海外で販売されている、空売りの設計がされているＥＴＦを短期的に購入したりします。

空売りの設計がされているＥＴＦで有名なのが、「ProShares《プロシェアーズ》」です。個人投資家は普通の株式を購入するように、このシリーズのＥＴＦを購入すると、自分で空売りの注文をすることもなく、通常のＥＴＦを購入する手順で相場が下げたときに収益を狙えます。

このＥＴＦを開発したプロシェア・アドバイザーズ（ProShare Advisors）は、米国のミューチュアルファンド会社、プロファンドのＥＴＦ部門です。

プロファンド社は１９９７年以来、日々の株価指数の成績に2倍のレバレッジを効かせたものや、指数が下落したときにも利益を出すものなど、革新的なミューチュアルファンドを開発し、販売しています。これらのファンドの一部をＥＴＦにしたのが「ProShares」というわけです。そのユニークな商品設計から、２００７年現在、運用規模は83億ドルに達します。

「ProShares」には「Short《ショート》 ProShares」と「Ultra《ウルトラ》 ProShares」二つのタイプがあります。「Short ProShares」は、指数に組み入れられている株価の日々の動きをプラスマイナス逆転してＥＴＦ価格に反映します。例えば、指数が10ポイント下げれば、ＥＴＦ価格も同じだけ「上昇」する仕組みです。

そして「Ultra ProShares」は、この逆転が2倍で加味されます。例えば、指数が10ポイント上昇すれば、

ＥＴＦ価格は20ポイントのマイナスとなるわけです。ただし、このＥＴＦのポイントは、管理費などの手数料を取られる前の数字であることにご注意ください。

このＥＴＦのメリットは、まず小額から投資できることです。また指値が可能なので、下げると思っていて上がってしまったときの損失を自分でコントロールできます。

例えば、サブプライムローン問題で住宅関連企業が売られると思えば「Short Real Estate（ショート・リアル・エステート）」のＥＴＦを購入すればよいのです。しかし、思っていた以上に住宅関連企業の株式は下落しないで、むしろ上がってしまったというような場合は、購入した「Short ETF」なら米国市場に上場しているので、すぐに売却の注文をだすことが可能です。今は、オンラインのシステムが発達しているので、指値を出すこともできます。

住宅関連に限らず、原油価格が１００ドルを超え、取材陣がこぞって取引所に何日も、その瞬間を捉えようとしているシーンなどをみますと、原油価格が下がるほうに投資したい方は「Ultra Short Oil & Gas」を購入すれば、原油価格が下がれば収益を狙えます。同じく、米国の金融機関がサブプライムローン問題で株価が下がると思えば、「Ultra Short Financials」を購入すればいいわけです。

２００７年11月に同社は、中国および日本の株式市場の下落で利益を出す仕組みの空売りＥＴＦをアメリカン証券取引所に上場しました。日本株や中国株の下落を懸念する方は、ヘッジのためにＥＴＦを購入する方法も一考の価値があると思います。

第4章　グローバル企業への投資

1．銘柄・商品選び

海外に投資の目を向けると、選択できる金融商品の数や種類が膨大なため、どれを選んだらよいか悩むかもしれません。そういったとき、わたしは物事をシンプルに考えるようにしています。

わたしの場合、投資先を選ぶときの決め手の一つが「面白さ」です。実際にその商品を使用してみて「面白い」企業、利用してみて優れている、便利であると感じた企業が投資対象となります。

例えば、わたしは愛用のアップル社製の「マック」つまりマッキントッシュ・パソコンがないと何もできないので、アップルコンピュータ社は絶対保有しておくべき銘柄です。インターネットで検索するのはグーグルですし、書籍の購入はアマゾン・ドット・コムを利用します。家庭用洗剤はP&G（プロクター&ギャンブル）が多いですし、生活必需品は幕張にある米系スーパー、コストコホールセールで、よくまとめ買いをしています。読者の皆さんにも日々利用していて便利だと思う、納得ができる企業はたくさんあると思います。

「他とは違う何かがある」が重要なのです。銀座のホステスにとって個性は「切札」なので、この視点にはなじみがあります。投資先も一般的ではないアイデアで決定的な差別化を計り、優位性のある企業やそこに関連するファンドを探すのです。また、絶対に必要だと強く感じる企業へも投資します。

例えば、アジアの海上物流を担っている日本および中国の大手海運会社などです。ほかにも、環境は世界的なテーマなので、ハイブリッド車を生産するトヨタ自動車や、環境技術や代替エネルギーの技術を持つ欧州企業に投資する環境ファンドなども保有しています。飛行機が落ちないように、ユナイテッド・テクノロジーやボーイングといった航空宇宙、防衛関連企業銘柄も、日本だけでなく海外の企業も保有対象です。他にも、わたしは利用しませんが、銀座のクラブのお客様の一部にとっては救世主であるバイアグラの販売元、製薬大手のファイザーもなくなったら悲しむお客様が多そうなので保有しています。

投資先は、国で選んでいるわけではありません。たまたま、日本企業であったり、欧米の企業であったりします。日本企業の株式を購入するときは日本の証券会社を使います。米国企業の株式なら香港のシティバンクで簡単に取引できます。ただ、欧州企業の株式となると、各国の銀行や証券会社で口座を開設して取引するのは面倒なので、ファンドで購入することが多いです。

良いときも悪いときも付き合える好きな企業や、必要であると思える企業の株式または株式ファンドを保有することは、投資自体を面白くしてくれます。

ブランド力

グローバル化時代の今、国際市場で戦っていくには、商品力はもちろんのこと「ブランド力」も必要となります。確かに、一般に名が知られていなくても、優秀な技術で世界シェアを握る企業は数多くあります。それでも、人々が少々高価でも手に入れたいと思うのは、名が広く知られている企業の商品です。わたしが高いお給料をいただけるのも、「銀座」というブランドのおかげだと思います。

わたしが投資先のブランド力を重視する主な理由は次の三つです。

【理由1】ブランド力には、伝統や職人かたぎに支えられた品質面への安心感や高いサービスへの幸福感がある。したがって、顧客に安心と幸せな気分を与える。

銀座のクラブにも品質面での安心感や高いサービスへの幸福感があります。お客様は「君子危うきに近寄らず」ですが、銀座の街は守秘義務を徹底していますし、深夜まで飲んで酔ってしまっても安心して歩けます。また、担当のホステスによるものの、接客中のサービスはもちろん、クラブで接待をしているお客様、接待をされたお客様にも後日、お礼状、お中元、お歳暮などが届きます。銀座のクラブに限らず、高級ブランド品はどこも高いサービスとアフターフォローが充実しており、お客様は安心感と幸福感に満たされるわけです。したがって、リピータになる率が増えるわけです。

【理由2】無名の企業で働くよりもブランド力を持っている企業で働くことに、従業員は夢と誇りを持つ。そのおかげで優秀な人材を確保することが容易になる。

もし、わたしが銀座のクラブで働いていなかったら、政財界の方だけでなく、世間で「有名人」と呼ばれる方たちにお会いして、お話もできなかったでしょう。したがって、今のような思考で行動することもなかったと思います。「人脈」は、ただ単に知っているだけではなく、お互いの要望を受け入れることで築き上げていきます。水商売でも銀座のクラブは、誇りを持って働くことができます。働く人のプロ意識を育てるのも、ブランドいう財産です。

【理由3】ブランド力は需要を創出し、市場シェアを高める。したがって、売上を確保することが容易になる。

「銀座」というブランド力のおかげで、少々高いご飲食代金でも、お客様は納得してお支払いくださいます。同様に、同じ製品であっても、ブランド力のある企業のほうが同業他社の製品よりも高い値段での取引が可能になり、交易条件も有利になります。つまり、ブランド力は売上マージンの改善に寄与し、その結果、株主は配当を期待できるというわけです。先ほど述べたわたしの好きな企業は、世界的に認知度の高いブランド力を持つ企業です。そのため収益や配当も良いことが多いのです。

「ブランド＝高級品」ではない

経済のグローバル化が進み、情報の重要性が増すにつれて、形のある要素よりも形のない要素のほうが企業の株主価値の上昇に貢献するようになってきています。事実、世界の代表的な企業ランキングであるフォーチュン500は、ブランド力のある企業で占められております。

図表 4.1　2007 年にブランド価値が伸びた業種

	業種	ブランド価値の伸び
1	Fast Food（ファーストフード）	22%
2	Luxury（宝飾品）	20%
3	Motor Fuel（モーター燃料）	15%
4	Personal Care（介護）	15%
5	Technology（テクノロジー）	14%

Data: Millword Brown Optimor（http://www.millwardbrown.com/）

「ブランド」というと高級品のイメージを持つかもしれません。しかし、一般的に誰もが知っている企業や、商品の「認知度」の要素のほうが、はるかに重要です。例えば、スターバックスでは３００円でコーヒーを飲めますし、低価格でもコカ・コーラやマクドナルドは立派なブランドです（**図表４・１**）。

もちろん、エルメスやルイ・ヴィトン、ロレックスやメルセデスといった高級ブランドの企業も多数存在します。すでに、ヴィトンやグッチといった高級ブランド品の売上は、日本よりも他のアジア諸国全体のほうが大きくなっています。

株価が劇的に上昇しているエマージング諸国では、中国を筆頭に先進国のブランドを好む傾向があります。例えば、上海や北京でも、ハーゲンダッツやマクドナルドやピザハットは大人気です。

世界的ＰＲ会社、ＷＰＰグループの市場情報研究機関、ミルワード・ブラウン社のブランド企業調査（２００７年度）によると（**図表４・２**）、世界一のブランド力を持つ企業は、検索サイト最大手のグーグルでした。２位はゼネラル・エレクトリック（ＧＥ）、３位はマイクロソフト、４位はコカ・コーラです。そして5位に入ったのは中国の携帯電話最大手のチャイナモバイルでした。

図表 4.2　世界ブランド企業ランキング一覧（ミルワード社）

ミルワード社のランキングより。日系企業では10位のトヨタが最高であった。

1	Google	35	Starbucks	69	FedEx
2	GE (General Electric)	36	Honda	70	Cingular Wireless
3	Microsoft	37	Dell	71	Siemens
4	Coca Cola	38	Bank of China	72	State Farm
5	China Mobile	39	Royal Bank of Canada	73	H&M
6	Marlboro	40	Porsche	74	JP Morgan
7	Wal-Mart	41	Deutsche Bank	75	TIM
8	Citi	42	Yahoo!	76	Goldman Sachs
9	IBM	43	eBay	77	T-Mobile
10	Toyota	44	Samsung	78	Colgate
11	McDonald's	45	Ford	79	Chanel
12	Nokia	46	L'Oréal	80	Subway
13	Bank of America	47	Banco Santander	81	IKEA
14	BMW	48	Pepsi	82	Royal Bank of Scotland
15	HP	49	Carrefour	83	VW (Volkswagen)
16	Apple	50	Merrill Lynch	84	Cartier
17	UPS	51	UBS	85	Hermes
18	Wells Fargo	52	Target	86	Best Buy
19	American Express	53	ING	87	Barclays
20	Louis Vuitton	54	Canon	88	Avon
21	Disney	55	Sony	89	Gucci
22	Vodafone	56	Morgan Stanley	90	Zara
23	NTT DoCoMo	57	Chevrolet	91	WaMu
24	Cisco	58	Nissan	92	Amazon
25	Intel	59	Chase	93	BP
26	Home Depot	60	Motorola	94	AIG
27	SAP	61	China Construction Bank	95	ABN AMRO
28	Gillette	62	Accenture	96	Auchan
29	Mercedes	63	Nike	97	Asda
30	Oracle	64	Harley-Davidson	98	Lexus
31	HSBC	65	Wachovia	99	Esprit
32	Tesco	66	Budweiser	100	Rolex
33	ICBC	67	Orange		
34	Verizon Wireless	68	Marks & Spencer		

Data: Millword Brown Optimor（http://www.millwardbrown.com/）

図表 4.3　ブランドファンドの一例

ファンド名	スターレーティング	1年	3年	5年
CS EF (Lux) Global Prestige B		13.8	38.4	89.1
Lux Sectors Top Brands	★★★	12.9	38.9	95.2
ING (L) Inv Global Brands PC	★★	9.0	42.9	103.2
MS SICAV Global Brands A USD	★★★	8.8	44.6	106.2
Pictet F (LUX) Premium Brands-PC		8.4	N/A	N/A
Clariden Leu Luxury Goods Eqty	★★★★	5.0	45.0	146.8
Brandes European Eq A EUR	★★	3.6	49.1	N/A
ING (L) Inv Prest & Luxe Pcap	★★★	2.6	34.8	133.2
Brandes Global Equities A USD	★★	0.7	31.0	120.2
Parvest Global Brands C USD	★★★	-4.4	17.4	94.8
Brandes US Equities A USD	★★	-16.2	0.4	N/A
LODH Inv Brandes Eurp Eq		N/A	N/A	N/A
SGAM Fund Eq Luxury&Lifestyle A		N/A	N/A	N/A

Data: MORNINGSTAR Offshore (12/Jan/2008) http://www.funds.morningstar.com/

ちなみに日本企業では、トヨタ自動車の10位が最高です。また、上位100社に各先進国を代表する金融機関が名前を連ねているなか、日本の金融機関の名前は見当りませんでした。一方、中国からは中国工商銀行（ICBC）が33位に、中国銀行（BOC）が38位に登場しています。

海外では、高収益でブランド力のある企業に注目した「ブランドファンド」が2000年末ごろに登場して、人気を集めております（**図表4・3**）。日本ではようやく2007年に販売を始めました。

高級ブランド品（ラグジュアリー）を提供する企業に投資するタイプと、世界的に認知度の高いグローバル企業に投資するタイプに分かれており、ファンドの運用成績は高級ブランド品に投資するタイプのほうが総じて良いです。

ブランドファンドを調べていて驚いたことの一つに携帯電話があります。携帯電話の販売台数で世界トップのシェアを持つノキアの高級機種「Vertu」は、日本では販売されていないためあまり知られていませんが、他のアジア諸国ではかなりの人気を博しています。

1台の値段は8万3000米ドルです。8万3000円ではありません。日本円に換算すれば約1000万円です。ノキアの製品のなかでも最も利益率が高いのは間違いないでしょう。この高級携帯電話は、ベトナムで品切れになる人気だそうで、マカオのカジノでこの携帯を持つアジアの富裕層が遊んでいる光景が見られます。

資本力のあるグローバル企業へ投資

日本には、技術に優れた企業はたくさんあります。ところが、一つひとつの企業の資本力は小さいので、いくらエマージング諸国でニーズがあっても、国際的な展開力やブランド力のある欧米の大企業と競争していくのは大変です。先ほど述べたように、ブランド力がなければ、商品を高く売ることはできないからです。そうなると、品質で劣っていても格安である中国製《メイド・イン・チャイナ》に市場を奪われるかもしれませんし、安売り合戦を繰り広げて体力を消耗してしまうかもしれません。

逆に考えれば、優秀な技術を持つ日本企業の時価総額がこんなに低く円安ですと、海外の企業にとってはバーゲンセールに見えるかもしれません。例えば、米国のシティグループが日興コーディアルグループを三角合併で完全子会社化したケースがそうです。シティグループは1兆7000億円を投じて、日興が預かっている39兆円の円資産を手に入れたと考えられます。

中国では２００６年秋から、主要セクター企業の時価総額が急激に拡大しました。その典型が中国の石油会社最大手、ペトロチャイナです。すでに香港取引所に上場していた同社株が、２００７年11月に上海証券取引所にも上場し、時価総額は１０５兆円にも膨れ上がり、一気に米国のエクソンを抜き、世界一になったのです。

１年前の時価総額から比べると、ペトロチャイナは3倍になり、中国工商銀行は2・3倍になっています。現在、世界の企業の時価総額ランキングでは、日本のトヨタ自動車はトップ20にもランクインできません（**図表４・４**）。

グローバル企業へ投資するメリットは、なんといっても潰れる心配が少ないことです。企業が破綻してしまえば、株券はただの紙切れになってしまいますので、購入後に安心して放っておけます。また、自国だけでなく、世界でビジネスを展開しておりますから、世界各国の収益を期待できます。グローバル企業は、コインの裏表のように、オンショアとオフショアを使い分け、収益を得て、資本を蓄積し、グループ全体を大きくしています。

繰り返しになりますが、個別株を選ぶときは、そのセクターで、どこの企業が、世界で最も国際展開力があるかを調べておく必要があります。グローバル化が進んでいる現在、資本は国境を越えて移動しているのです。

したがって、自動車が有望だと思えば、比較するのはトヨタと日産やホンダではなく、トヨタの最大のライバルであるＧＭと比較します。同じように、花王とＰ＆Ｇ、イオンとウォルマートのように、各

図表 4.4　企業の時価総額ランキング

順位	銘柄	1年前の時価総額（兆円）	直近の時価総額（兆円）	増加率
1	ペトロチャイナ（上海、香港）	27.0708	78.4933	190%
2	エクソン（米）	52.0146	54.7145	5%
3	GE（米）	49.8630	39.6612	-20%
4	チャイナモバイル（香港）	27.0708	37.8759	40%
5	ガズプロム（露）	28.8073	37.4750	30%
6	中国工商銀行（上海、香港）	27.2169	36.9957	36%
7	マイクロソフト（米）	36.3497	35.0897	-3%
8	ロイヤル・ダッチ・シェル（英）	26.0041	28.6653	10%
9	中国石油化（上海、香港）	4.9567	27.4324	453%
10	AT&T（米）	19.9282	26.1066	31%
11	ペトロブラス（ブラジル）	23.3030	25.4425	9%
12	プロクター＆ギャンブル（米）	27.6526	24.5929	-11%
13	BP（英）	25.0454	24.4918	-2%
14	EDF（仏）	11.5758	24.1330	108%
15	バークシャー・ハザウェイ（米）	18.1956	22.6715	25%
16	トタル（仏）	20.4405	22.3685	9%
17	中国人寿保険（上海、香港）	14.9633	22.3619	49%
18	グーグル（米）	15.0633	22.1048	47%
19	中国建設銀行（上海、香港）	16.2074	21.8206	35%
20	中国銀行（上海、香港）	36.3908	21.7306	-40%
21	BHP ビリトン（豪）	13.5922	21.4590	58%
22	VODAFONE（英）	18.4272	21.4503	16%
23	ジョンソン&ジョンソン（米）	18.4172	21.2328	15%
24	シェブロン（米）	20.9847	21.2000	1%
25	ウォルマート（米）	11.8189	21.1772	79%
26	HSBC（英）	31.3383	20.6047	-34%
27	トヨタ（日）	24.5036	20.4326	-17%
28	ネスレ（スイス）	23.8960	20.0289	-16%
29	中国神華能源（上海、香港）	4.9567	19.8492	300%
30	バンク・オブ・アメリカ（米）	32.0592	19.0569	-41%
31	ファイザー（米）	16.8050	17.9683	7%
32	シスコシステムズ（米）	24.6705	17.3931	-29%
33	アップル（米）	22.3226	17.0289	-24%
34	AIG（米）	22.9795	16.0190	-30%
35	シティグループ（米）	25.9632	15.2979	-41%

Data: 各証券市場のデータから Bridge Asset Management 社作成 (12/Jan/2008)

図表 4.5　グローバル企業へ投資するオフショアファンドとETF

ファンド名	スターレーティング	1年	3年	5年
DWS Invest Top Europe	★★★	21.1%	75.6%	190.1%
Fidelity Fds Euro Blue Chip A	★★★★	20.7%	75.6%	199.5%
Fortis L Equity Best Select World	★★★	16.5%	54.8%	106.1%
Fidelity Fds World	★★★★	16.0%	55.3%	144.6%
Lemanik World Port Equity	★★★	15.6%	56.9%	105.7%
Aberdeen Global World Equity	★★★★	15.0%	63.8%	151.8%
Aberdeen Glpbal World Equity	★★★★	15.0%	63.8%	151.8%
Natixis Europe Large Cap Fund RC	★★★	14.3%	56.3%	146.6%
T Rowe Price US Blue Chip	★★★	11.2%	25.6%	N/A
Pioneer Fds Top Glbl Player	★★★	8.9%	N/A	N/A
Dexia Equities L World	★★	8.5%	38.4%	98.1%
Lloyds TSB IP World Equity	★★★	7.5%	50.2%	136.3%

Data: MORNINGSTAR Offshore (12/Jan/2008) http://www.funds.morningstar.com/

ETF名	コード	1年
iShares Morningstar Large Growth Index	JKE	9.1%
PowerShares Dynamic Large Cap Growth Portfolio	PWB	3.0%
SPDR DJ Wilshire Large Cap Growth	ELG	2.2%
PowerShares Dynamic Large Cap Value Portfolio	PWV	−1.2%
Vanguard Large-Cap ETF	VV	−1.3%
streetTRACKS DJ Wilshire Large Cap Value	ELV	−4.9%

Data: BOOM Securities (12/Jan/2008) http://baby.boom.com.hk/

セクターで企業を比較して国際市場に事業展開力があると思える企業へ投資するようにしているのです。

国内で取引（購入）できないものは、海外の金融機関を通じて取引することができます。海外の金融機関との取引に不安を感じる方も多いでしょう。しかし「初めて海外旅行」のようなもので、実際に行ってみると行ってみる前の不安が嘘のように消えてしまい思いのほか簡単でした。

コラム

購入をためらう企業

銀座のクラブに勤めた個人的経験から、購入しない企業もいくつかあります。先ほど述べたさわかみ投信と同じく、消費者金融の企業には投資をしません。何人ものお客様が、経営難から高金利融資に頼ってしまい、その後の復活が遅れてゆくのをみてきました。

もちろん、貸す側が悪いのではありません。借りる側の問題です。逆に消費者金融や先物会社にお勤めのお客様で、顧客への取り立てや顧客からの苦情で神経症になってしまった方も何人か見ています。企業体質が良いとか悪いとかいう問題の前に、どうしてもこのようなことが頭に浮かぶため、投資する気にはなれないのです。

投資する気になれない会社は、ほかにもあります。創業者一族が経営する会社です。

銀座のクラブに勤めていると、創業者の方に接する機会が多々あります。そこから創業者の方に、いくつか共通点があると感じるようになりました。例えば「自分の創った商品に惚れ込んでいる」「完璧を目指し続ける」「たくさんの人に自分の創った商品を利用してもらいたいという純粋な気持」……です。

しかし、ビジネスである以上、収益をださなければ事業は継続できません。そのため成功者には、巷でよくいわれる「番頭さん」が存在します。番頭さんがお金をしっかり管理して、創業者とともに会社を築き上げてきたわけです。

ところが、この番頭さんの存在が、創業者の築き上げた信用、人脈、財産を受け継いだ御曹司にとっては「悩みの種」となるケースもまた実に多くあります。わたしが接しているかぎり、御曹司は世間でいわれているような「苦労知らず」ではありません。先代と比較されるプレッシャーは日常茶飯事です。そのなかでも頭を悩ませるのが番頭さんの存在なのです。

先代が亡くなられてから後を継ぐ場合もありますし、先代が健在でも40代のころから御曹司に社長業を任せる場合もあります。いずれにせよ、御曹司が得てして直面するのが先代からの番頭さんと若手社員との確執です。若手の社員は「これからの時代は……」と将来の夢を語り、いかに現在のシステムや考え方が時代遅れなのかを力説します。一方、先代の番頭さんは「わたしはこのやりかたで先代と苦楽をともにし、この会社を支えてきました」と、新しいものを受け入れることに抵抗します。この光景は「殿がそうなさりたいのであれば、この爺の屍《しかばね》をまたいでお行きくだされ……」という時代劇を見ているようです。

しかも、番頭さんには、「○○さんは、まだ社長になられたばかりで……」と、御曹司を「社長」と呼ばず、「○○さん」と名前で呼ぶ特徴があります。「お坊ちゃんが小さいころから……」が口癖の番頭さんは、御曹司を幼少期から見ているので、何歳になっても心配でたまりません。すべての二代目、三代目の方がいい加減な仕事をしているわけではけっしてありませんが、仕事に対する情熱とプライドは、創業者ほど持ち合せてないのかもしれません。

時代が変わっているのだから、御曹司は爺よりも若手のブレーンを育てたほうがよいと思われるかもしれません。しかし、これがなかなか難しいのです。ただ社内の人事を刷新すればよいというわけではなく、先代に仕えた番頭さんたちには古くからの取引先からの信頼があり、取引先の世代交代も必要となるからです。

本田技研工業（ホンダ）は、起業家の本田宗一郎氏と企業家の藤沢武夫氏との二人三脚で「世界のＨｏｎｄａ」になりました。そして本田氏が六十七歳で引退を決めたとき、藤沢氏も一緒に引退しています。ホンダは現在、収益の7割を海外で稼ぐグローバル企業の代表です。

また、銀座のクラブで創業者一族と従業員の方のやりとりを見ていますと、日本人は「お仕えする」のが好きなのだなとつくづく思います。創業者一族が経営する会社では、従業員の最も信頼を得たい相手は「顧客」ではなく「創業者一族」のように見えます（そうでなければ「人事部」のところもあります）。また、役員になるのは創業者一族の縁戚、というケースもかなりあります。優秀でありながら、成績をあげても出世というインセンティブがないため転職してしまう優秀な従業員も少なくありません。

資本主義の世界に生きているのであれば、フェアであることは大事です。しかし、日本企業の人事は、必ずしもフェアであるといいきれない部分が多々あります。銀座のクラブには、そうしたしがらみがありませんので、働くホステスは「お客様の利益と自分の利益」だけで行動します。

２００７年は老舗ブランドで食品表示偽装問題が相次ぎました。ブランド力は築くのも大変ですが、維持するのも大変です。これは創業者一族、雇用されている従業員がどこを向いていたかを象徴する事件だと思います。創業者一族が経営を担当していることそのものが悪いのではなく、代替わりのときにビジネスモデルが劣化してしまうことが問題なのかもしれません。ぜひとも顧客第一で頑張ってもらいたいのです。

第5章　エマージング諸国への投資

1．大きな変化があるところに大きなチャンスがある

比較的安定した資産運用を目指すのであれば、47ページで紹介したように、ポートフォリオの大半を債券で運用することをお勧めします。しかし、資産を殖やしたいのであれば、株式の運用比率を高くする必要があります。なかでも比較的リスクが高いながら、短期間で資産を殖やす可能性があるのが発展途上国、いわゆるエマージング諸国への投資です。

例えば、２００７年にＴＯＰＩＸだけに投資されていた方は、資産を大きく殖やすことはなかったと思います。しかし、同年に上海Ａ株市場や香港市場をはじめエマージング諸国に投資されていた方は、そこに向けていた資産を2倍、３倍に殖やしたのではないでしょうか。

エマージング諸国の魅力は、高度経済成長が持続していることです。高度経済成長に伴って生活水準が上がり、平均寿命が伸び、富が蓄積されています。それを支えているのが、急速に膨張している労働力（生産年齢）人口です。人口が増えれば消費と生産が共に拡大します。現在、世界の人口の3分の２はエマージング諸国に住んでいます。

なかでも躍進目覚ましいのがブラジル、ロシア、インド、中国です。各国の名前の頭文字をとった「ＢＲＩＣｓ」という言葉をご存知の方も多いことと思います。

図表5.1　2006年10月から2007年10月までのBRICsと先進諸国の株式年利リターンのグラフ

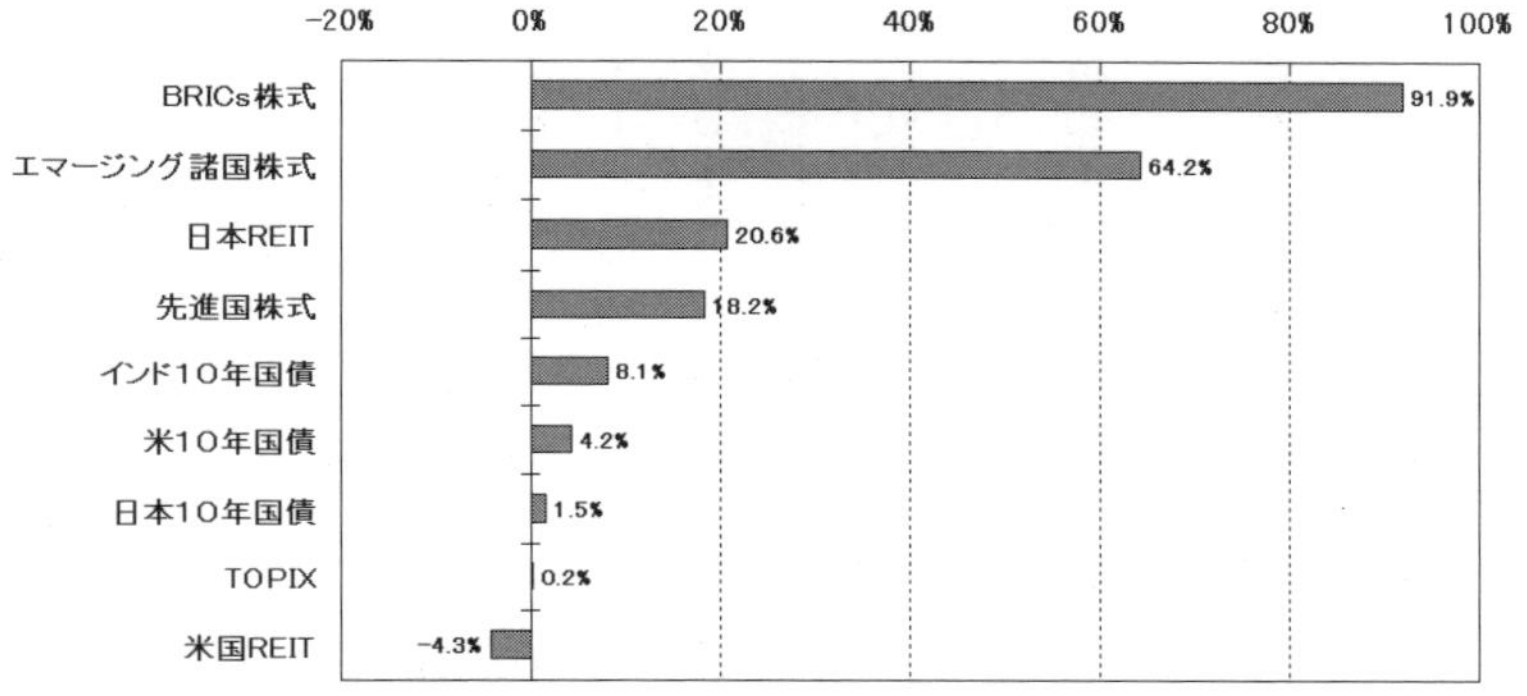

※　日本REITは英国籍の金融機関が投資する大型案件に関するもの。

Data: 各証券市場のデータからBridge Asset Management社作成。

ＢＲＩＣｓの好成績は**図表5・1**をご覧いただければ一目瞭然です。年リターンは先進国を凌駕しています。２００６~07年に中国株関連のＥＴＦやファンドに投資しただけでも2倍以上のリターンでした。

先進諸国の市場では、信用取引でレバレッジでもかけないかぎり、1年で数倍のリターンを出す個別株を探しだすのは至難の技でしょう。ところが、エマージング諸国の市場には、その可能性があります。実際、わたしが中国株に投資し始めたころは最低投資額、数万円だった銘柄が、数年で数十万円や１００万円の単位でないと、単位株で購入できなくなるまで上昇しているのです。

大きな変化があるところに大きなチャンスが転がっています。しかし、もちろんその背景に、大きなリスクがあることを忘れてはなりません。まずはエマージング諸国への投資で特徴的なリスクを挙げたうえで、各地域を投資するうえでの視点と投資例について紹介したいと思います。

エマージング諸国の投資リスク

エマージング諸国への投資で気をつけたいのは、投資環境を日本と同じようなものだと考えてしまう危険性です。現地の証券会社に口座を開設して直接、現地の株に投資することを検討されている方もいらっしゃるかもしれません。たしかに直接に現地の証券会社で投資するほうが、仲介コストがかからない分、パフォーマンスが有利と考えられます。しかし、欧米の投資会社のファンドを購入する形での間接的な投資方法に比べると、リスクが全く異なるのです。

まず、エマージング諸国の証券市場の時価総額は桁違いに小さく、先進国からの資金が少し流入しただけでも高騰します。証券市場の時価総額が小さくても投資をするのは簡単ですが、売り抜けるのは困難であることを示唆しています（**図表５・２と図表５・３**）。

長期投資の代表である年金資金を運用する機関投資家は、多額の資金を取り扱うので、時価総額が小さい市場で投資をしても売り抜けられないと判断します。したがって、中国を除けば、他のエマージング諸国の証券市場の時価総額では安定した資金流入が難しいと判断せざるを得ません。騰落は続くと思われます。

しかも香港ドルは例外として、一般的にエマージング諸国の通貨は、円を両替して投資するのは難しくありませんが、円に両替することは難しいのです。つまり、兌換性が高くありません。エマージング諸国の通貨を円に戻すのは手間がかかりますし、ルールが変わり国内に送金できないことも想定しておかなければなりません。費用もばかにならないことがしばしばあるのです。わたしが資産運用でハード

図表 5.2　各証券市場の時価総額（単位：兆円）

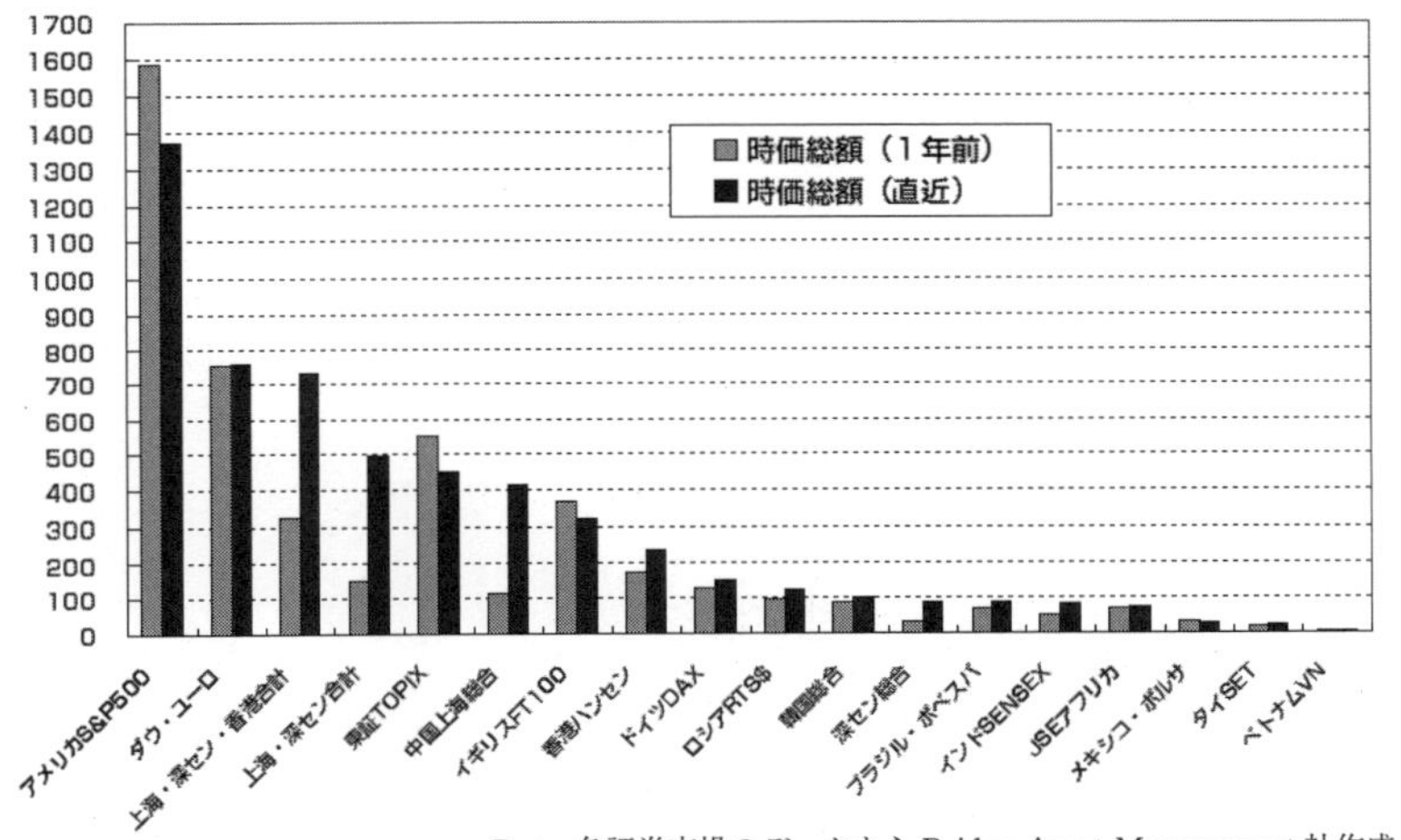

Data: 各証券市場のデータから Bridge Asset Management 社作成

カレンシーでの投資をするのは、このような理由です。

例えば、中国本土でわざわざ人民幣（RMB、日本は「人民元」という）預金をしようとする方もおられます。しかし、人民幣預金は、インターネット上の操作で自由に国外に送金できないことをご存知でしょうか。結局、中国本土へ行き、預金のときのレート控えの提出を求められ、銀行で預金を引き出し香港に行き、ようやく毛沢東の肖像画の人民幣札をジョージ・ワシントンのドル札に両替する方も少なくありません。そのため、香港の金融関係者たちは、日本人が香港からわざわざ深センに人民幣預金をするのをとても不思議に思っています。

エマージング諸国の多くは、外国人に不動産の所有、あるいは土地の私有を認めていません。投資家保護や法整備はきちんとされていませんし、法律は頻繁に変わります。統計には信憑性がありません。いくら、魅力があるとはいっても、将来の大事なお金を投資しても将来、円に替えられないようなことは避けたほうがよいのではと、わたしは思うのです。銀座のクラブのお客様には、中国やタイやベトナムなどエマージング諸国でビジネスをされている方が多くいらっしゃいますが、その国で資産運用をされている方はいません。

日本の個人投資家がエマージング諸国の銀行や証券会社に直接お金を預けて投資して何かトラブルがあっても、欧米のような対応を望むのは難しいでしょう。米国が金融帝国として活躍している背景には、世界一の軍事力があります。米政府は、自分の国の投資家がエマージング諸国でトラブルにあえば、圧倒的に巨大な軍事力を背景にして圧力をかけることが可能なのです。例えば、１９９７年のアジア通貨危機では、インドネシアの首都ジャカルタの沖合に米国海軍の艦隊が停泊し、米国人が保有する資産を保全しました。

ところが、日本政府はこれまで自国の機関投資家に対してたいした支援をしていません。日本の金融機関でさえエマージング諸国に投資した資金を凍結されたことがあります。ですから、個人投資家がエマージング諸国で投資した資金に何かあっても、日本政府は何もしてくれないと考えたほうが適切です。

エマージング諸国への投資ブームを反映して、投資組合を通じてベトナムやモンゴルで未公開株に投資するファンド、また、エマージング諸国の土地に投資するランドバンクなども登場しています。しかし、トラブルがあれば、現地で裁判を起こしても、海外の場合は法律も異なるので対処は難しいでしょう。わたしは社会主義国やイスラム教の国は「売り抜ける」という「出口戦略」を考えるのが難しいと思うので、直接現地の証券会社などに口座を開設して投資をする気にはなれません。

図表 5.3　各国の代表的株価指数の時価総額とパフォーマンス

（単位：兆円）

指数	時価総額（直近）	時価総額（1年前）	時価総額のパフォーマンス（直近1年間、円建て）
アメリカ S&P500	1274.95	1591.37	−19.9%
ダウ・ユーロ	645.50	341.55	89.0%
上海・深セン・香港合計	640.39	759.83	−15.7%
上海・深セン合計	438.72	157.59	178.4%
東証 TOPIX	423.04	561.70	−24.7%
中国上海総合	361.24	122.17	195.7%
イギリス FT100	281.34	371.28	−24.2%
香港ハンセン	206.77	179.81	15.0%
ドイツ DAX	125.73	129.04	−2.6%
ロシア RTS $	102.74	96.24	6.8%
韓国総合	88.53	84.38	4.9%
深セン総合	77.48	35.42	118.8%
ブラジル・ボベスパ	67.29	71.83	−6.3%
インド SENSEX	66.07	49.93	32.3%
JSE アフリカ	61.84	71.86	−13.9%
メキシコ・ボルサ	25.83	31.45	−17.9%
タイ SET	19.66	16.38	20.1%
ベトナム VN	2.40	1.81	32.2%

Data: 各証券市場のデータから Bridge Asset Management 社作成 (22/Jan/2008)

投資はリスクとリターンの関係です。環境やその国の投資家保護制度などを調べずに投資をするのは「リスクだけをとっている」ことになりかねないのです。

経済成長をしている国は魅力がありますが、分からないリスクも多数存在します。例えば、フィリピンクラブに通い、気に入った女性が本国に帰ってしまい、その後に連絡が急にとれなくなり心配して調べてみると、以前からフィリピンで結婚していて子供もいるという話は珍しくありません。

外国で起こっている本当のことは、結局、日本からでは分からないのです。

さまざまなリスク

それではエマージング諸国の投資リスクについて挙げてみましょう。

①市場リスク

エマージング諸国は先進諸国の証券市場に比べて時価総額が小さい。したがって、わずかな資金の流出入で価格の変動が激しい。

②政治リスク

指導者の交代やクーデターによって、法律や制度が一変することは頻繁にある。また、宗教によっても法律や制度が左右されることはある。特に外国人投資家の保護は不徹底であり、外国人資産の凍結なども起こる可能性がある。

③企業リスク

企業財務データが速報性と信憑性に乏しいうえに、経営者の個人的な資質が経営を左右しやすい。

④為替リスク

エマージング諸国の通貨は、他の通貨と自由に両替ができるハードカレンシーではない。そのため為替レートの変動が激しく、企業の業績に影響を与えることが多い。

⑤システムリスク

取引の決済や登録に関わる業務が完全でないので、保管が完全ではない。

⑥オペレーションリスク

海外からの投資は簡単だが、実際に利益を国外に移動しようとすると管理当局の認可が必要になることもある。あるいは一定期間、売却ができないこともある。

⑦ブローカーリスク

財政支援を受けている赤字の証券会社も多く、顧客資金の持ち逃げもある。インサイダー取引も横行しており、買い注文を受けたブローカーが顧客よりも先に株を売却して利益を得ること（フロントランニング）が起こる。

このようにリスクを列挙すると、せっかく投資する気になっていた方の志気をくじいてしまうかもしれません。しかし、こうしたリスクを認識し、データを冷静に比較しなければ、より有効な投資戦略は見えてこないと思います。ちなみに『マンガ マーク・モビアス』（パンローリング）は、エマージング諸国のリスクを分かりやすく説明しているので参考書としてお薦めです。

騰落は積立を投資戦略に

わたしは香港の銀行で取引をする中国企業の株式や米国企業の株式を除き、外国株のほとんどは欧米のファンド会社のファンドを通じて取引しています。

たしかに現地の証券会社に口座を開設して直接取引する方法もあります。どの国もハードカレンシーである円を送金して取引を開始することは簡単です。しかし、先ほど述べたように、その逆は簡単ではないと考えておくべきです。個人投資家の立場であれば、法律がよく変わる国に投資するときの「出口戦略」を考えますと、常に売買が可能な欧米のファンド会社のファンドのほうが安心して投資ができます。何より欧米は金融の強さを裏付けする軍事力がありますので、自国にお金を戻せる出口戦略に長けております。

エマージング諸国のさまざまなリスクを分散しながら、そして欧米の金融機関の相場に便乗しながらリターンの恩恵を享受するのなら、中長期で一定額を購入し続ける「積立」が有効です（**図表5・4**）。

積立のメリットは、価格が騰落を伴いながら上げたほうが、株数やファンドのユニット数がトータルで増えることにあります。一方的に右肩上がりが期待できる先進諸国の国債などは、積立でなく、一括投資をすればいいわけです。

ファンドの積立投資は暴落のときほど購入できるユニット数が増えるので、将来が楽しみという方もおります。ファンドの積立方法は248ページ（グローバル化時代の資産管理）をご覧ください。

エマージング諸国の市場で大きな暴落があれば、回復まで少なくとも5年以上はかかると考え、10年

図表 5.4　騰落はファンド積立を投資戦略に

アグレッシブな戦略ポートフォリオの一例。上表が 2007 年 12 月末、下表が同年 10 月末の運用リターン。1 カ月で運用成績は 10%以上変動すると分かる(海外ではクレジットカードで積立が可能。詳細は 267P 参照)。

ファンド名	投資先	S&P	比率	1年	3年	5年
Investec GS Global Strategic Equity	バリュー企業	★★★★★	10%	12.7%	66.6%	205.7%
Baring Eastern Europe	東欧・ロシア	★★★★★	10%	35.0%	195.2%	552.1%
JF India	インド	★★★★	15%	64.9%	250.7%	832.0%
Baring Hong Kong & China	中国・香港	★★★★★	15%	76.8%	288.3%	641.9%
JF ASEAN	東南アジア諸国連合	★★★★	10%	48.2%	168.2%	414.6%
Templeton Latin America	ラテンアメリカ	★★★	15%	39.7%	196.2%	659.4%
Merrill Lynch New Energy	資源・エネルギー	★★★	15%	56.5%	149.5%	381.7%
Henderson Horizon Asia-Pacific Property Equities	アジア不動産		10%	7.8%	N/A	N/A

ファンド名	投資先	S&P	比率	1年	3年	5年
Investec GS Global Strategic Equity	バリュー企業	★★★★	10%	27.8%	99.6%	233.0%
Baring Eastern Europe	東欧・ロシア	★★★★	10%	76.5%	318.6%	918.4%
JF India	インド	★★★★★	15%	165.2%	408.8%	804.4%
Baring Hong Kong & China	中国・香港	★★★★★	15%	54.2%	219.3%	567.8%
JF ASEAN	東南アジア諸国連合	★★★★	10%	74.9%	215.4%	427.9%
Templeton Latin America	ラテンアメリカ	★★★	15%	70.0%	272.6%	760.3%
Merrill Lynch New Energy	資源・エネルギー	★★★	15%	62.3%	172.8%	326.0%
Henderson Horizon Asia-Pacific Property Equities	アジア不動産		10%	31.7%	N/A	N/A

Data: MORNINGSTAR Offshore (12 Jan 2008) http://www.funds.morningstar.com/

ぐらいの期間で見守るべきです。例えば、タイの株価がアジア通貨危機による下落から回復するのに５年以上かかっています。東欧の株式市場も回復に6年以上かかっています。

最近は、グローバル化が進んでいるので、それほど回復まで時間がかからないかもしれません。それでも中東は２００６年に2年間かけて上昇した高騰を２週間で暴落させ、回復に1年半近くの時間がかかりました。

エマージング諸国への投資は、短期間で先進国以上のリターンをあげることが可能です。一方で先ほど述べたようにカントリーリスクがあります。その影響で株式市場が落ち込んだときの回復期間を想定して投資に挑まなければならないのです。

しかし、コツコツ積立をしていると、エマージング諸国の経済成長に便乗できないと思われる方もいらっしゃるでしょう。実のところわたしも、その一人です。そこで特定の国や銘柄に投資する場合は、積立をする一方で、余剰資金はグローバル・エマージング・マーケットファンドのような、地理的に幅広く分散されているファンドに投資するようにしております（**図表5・5**）。

エマージング諸国への投資は、来年のリターンではなく、10年後のリターンを期待するものです。

積立投資は目標額に達する、あるいはリスクがとれなくなった年齢に近づいたら、騰落率が大きいエマージング諸国の株式へ投資しているファンドから、マネーマーケット・ファンドのようなボラティリティが少ないファンドに銘柄のスイッチングをしようと思っております。

図表 5.5　エマージングジング諸国全般に投資されているオフショアファンドと ETF の一例

ファンド名	スターレーティング	1年	3年	5年
Pioneer Fds Emg Mkts Eq	★★★★	46.8%	169.0%	403.4%
Gartmore SICAV Emerging Markets	★★★★	44.3%	161.7%	425.3%
Fidelity Fds Emerging Markats	★★★★	43.1%	173.1%	392.3%
F&C Global Emerging Markets	★★★	42.6%	143.5%	349.8%
Robeco Emerging Markets Equity	★★★★	42.1%	159.3%	399.3%
Fortis L Eq World Emerging	★★★	41.3%	156.9%	361.8%
Morgan Stanley SICAV Emerging Markets	★★★★	40.8%	157.2%	386.2%
Schroder Emerging Markets	★★★	40.1%	146.3%	360.0%
INVESCO Emerging Markets Equity	★★★	34.3%	142.0%	354.3%
Vontobel Emerging Markets	★★★★	34.1%	125.2%	367.6%
Genesis Emerging Markets		32.1%	131.4%	405.8%
Goldman Sachs Global Emerging Markets	★★★	28.5%	136.7%	349.7%

Data: MORNINGSTAR Offshore (12/Jan/2008) http://www.funds.morningstar.com/

ETF名	コード	取引所	1年
Templeton Emerging Markets Fund Inc	EMF	NYSE	24.9%
Western Asset Emerging Markets	ESD	NYSE	3.8%
First Trust/Aberdeen Emerging Opportunity	FEO	NYSE	−0.7%
Morgan Stanley Emerging Markets Fund Inc	MSF	NYSE	−3.7%

Data: BOOM Securities (12/Jan/2008) http://baby.boom.com.hk/

2. 中国株

投資に限らず、ビジネスにおいても「中国はすでに日本がなくてもやっていける。しかし、日本は中国なしにやっていけない」といわれるほど、近年の中国の台頭には驚異的なものがあります。「世界の工場」「軍を持つウォルマート」と呼ばれるほどです。世界で一番、魅力的な国であり、同時に一番、摩訶不思議な国でもあります。

２００７年10月1日、元ＦＲＢ（米連邦準備理事会）議長のアラン・グリーンスパン氏が講演で「中国株市場は『バブル』である」と指摘しました。１９８９年にニューヨーク市場を瞬間的に抜いた後、急落し、長く低迷した日本株市場に重ね合わせる方は少なくないでしょう。確かに、いかなる上昇相場もいつかは終わります。「バブルだ、バブルだ」と唱え続けていれば、いつかは当たるはずです。

バブルとは、ある資産の価格が実体的価値からかけ離れた水準に上昇し、供給が増えないのにブームで需要が大きくなると起きる現象だと思います。

中国では、２００８年の北京オリンピック、２０１０年の上海万博のほかにも、超巨大プロジェクトが目白押しです。南の長江の水を北の黄河に導く「南北水調」事業が進行中ですし、天津の濱海《ビンカイ》新区では、山手線の内側に匹敵する面積に、上海の浦東新区のような超高層ビルを多数建設中です。重慶や成都でも同様のプロジェクトが２００７年6月に認可されています。上海の株式市場がそれを先取りして膨張しているとすれば、高騰の〝連続バブル〟であると言い切るのは難しいと思います。

よく現在の中国を「東京オリンピック時の日本」に例える方たちがいます。しかし、わたしはその例えに違和感を覚えます。中国の経済体制は日本と全く異なり、どの時代の日本とも違うと思うのです。

中国式社会主義とは「中国共産党の、中国共産党による、中国共産党のための」指導が貫徹する社会体制です。この共産党の一党支配を前提に、世界で前例のない社会主義と市場経済を結合させた社会主義市場経済を推し進めています。一方、日本は立憲君主制民主主義を前提とする資本主義市場経済です。

また日本は高度成長をほぼ自国で蓄積した資本で成し遂げました。しかし、中国は外国からの直接投資および香港経由での金融投資によって成長中です。

中国には資本規制があり、中国から外国への投資は厳しく規制され、外国から中国株式市場への投資は中国政府が認可した適格外国機関投資家（ＱＦＩＩ）を通じた投資信託（ファンド）だけです。日本のように他の国の株式市場へ自由に投資ができるわけではありません。

上海が東京を追い抜く日

２００７年8月29日、イギリスの経済金融紙『フィナンシャルタイムズ』は「香港上場の中国企業株を含む中国の株式市場の時価総額が日本よりも大きくなった」と報じました。このニュースは、日本ではほとんど注意を集めませんでしたが、海外では歴史的な転機だと受け止められました。

図表 5.6　東証と上海市場の時価総額の推移

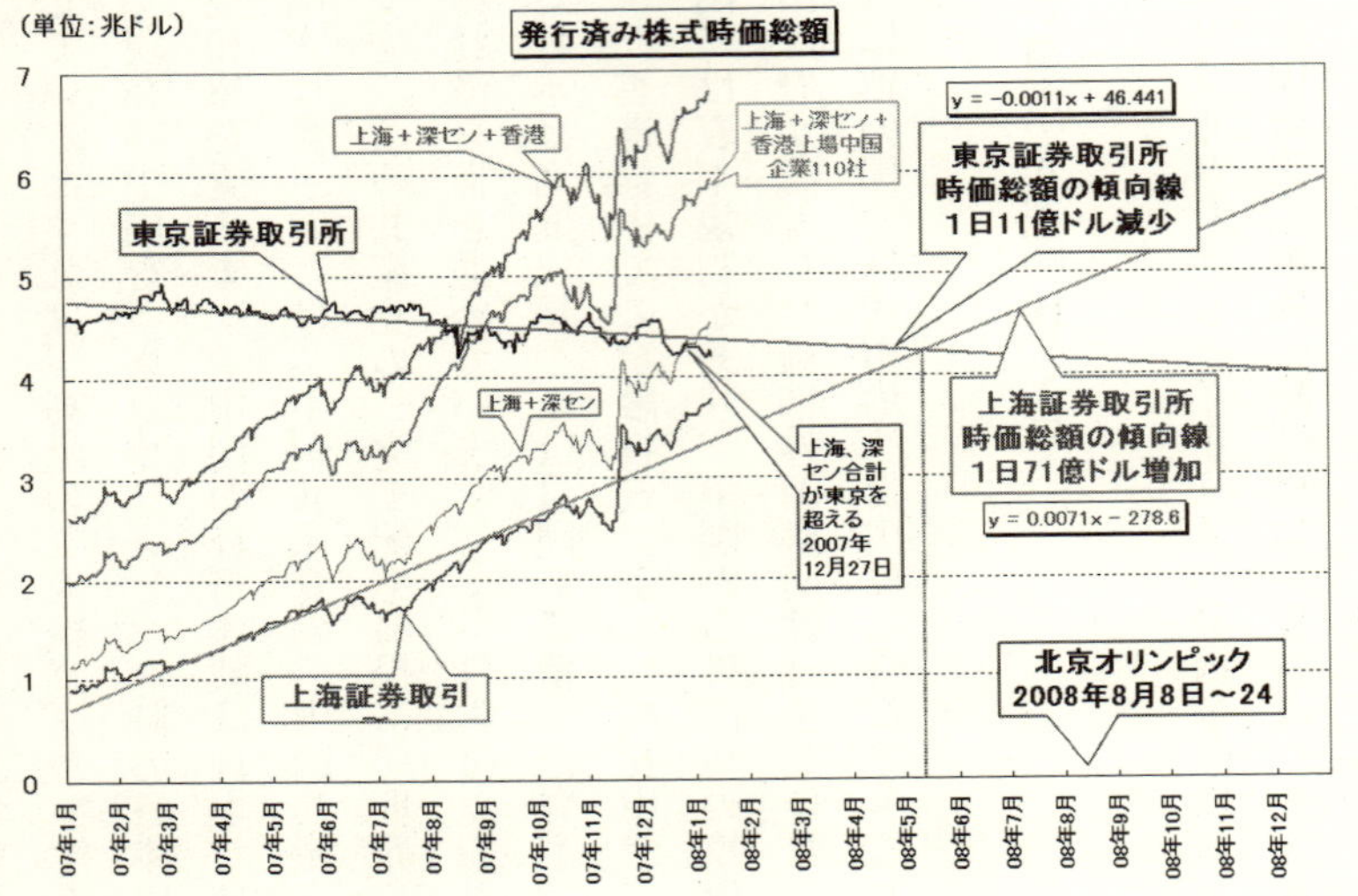

Data: 各証券市場のデータより著者作成

すでに、中国本土の市場と香港市場を合わせた株式時価総額は、東証を抜いています。ただし、日本の株式市場の規模について東証と大証を合算して発表しないように、中国も上海A株市場と香港市場を合算するのはどうかと思います。事実、重複上場している企業があるからです。

中国が日本の株式市場を抜いたというのは、人民幣建ての上海市場が単独で東証の時価総額を抜いたときでしょう。ただ、今のペースでみれば、それは時間の問題です（**図表5・6**）。

上海、香港市場はバブルというよりも「国家規模での壮大な仕手相場」のように思えます。中国共産党は国家発展目標として、これから国際市場で戦えるブルーチップ銘柄（優良企業）の育成を掲げています。中央政府直轄の「中央企業」と呼ばれる国有大企業157社を統廃合し、2010年くらいまでには80～100社に絞り、さらに30～50社に絞るとの発表です。したがって、中国株投資では銘柄の選定が一層重要になると思われます。

先ほど述べたように、香港市場とニューヨーク市場に上場している中国の石油最大手ペトロチャイナが2007年10月、上海証券取引に上場し、時価総額が一気にエクソンモービルを抜いて業界1位となりました。今後も先進国の同業者を圧倒する資本力を持つ中国企業が出現する可能性があります。

「国際市場で戦うためには時価総額を増やして資本力を高めなければならない」という資本主義の原則を忠実に実行している様子からすると、中国共産党は日本の政府や大企業よりもグローバリゼーションの意味を正確に理解しているように思えます。

なぜ中国株は一斉に動くのか

実際に中国株や香港株に投資をされている方は、次のような疑問を抱いたことがあるかもしれません。「なぜ高度経済成長を遂げている中国の株式市場が、2005年には低迷したのか？」「なぜ一斉に中国本土と香港の相場は同一方向に動くのか？」

低迷した理由は、中国の経済成長に貢献しているのが一に外資系企業、二に個体企業（個人企業）であるのに対し、上場しているのは主に国有企業だからです。しかも、国有企業は経営が非効率的であるだけでなく、その株式の半分以上は国家が保有しています。国家が大量保有する株式を市場で売却する

図表 5.7　銀行の比較

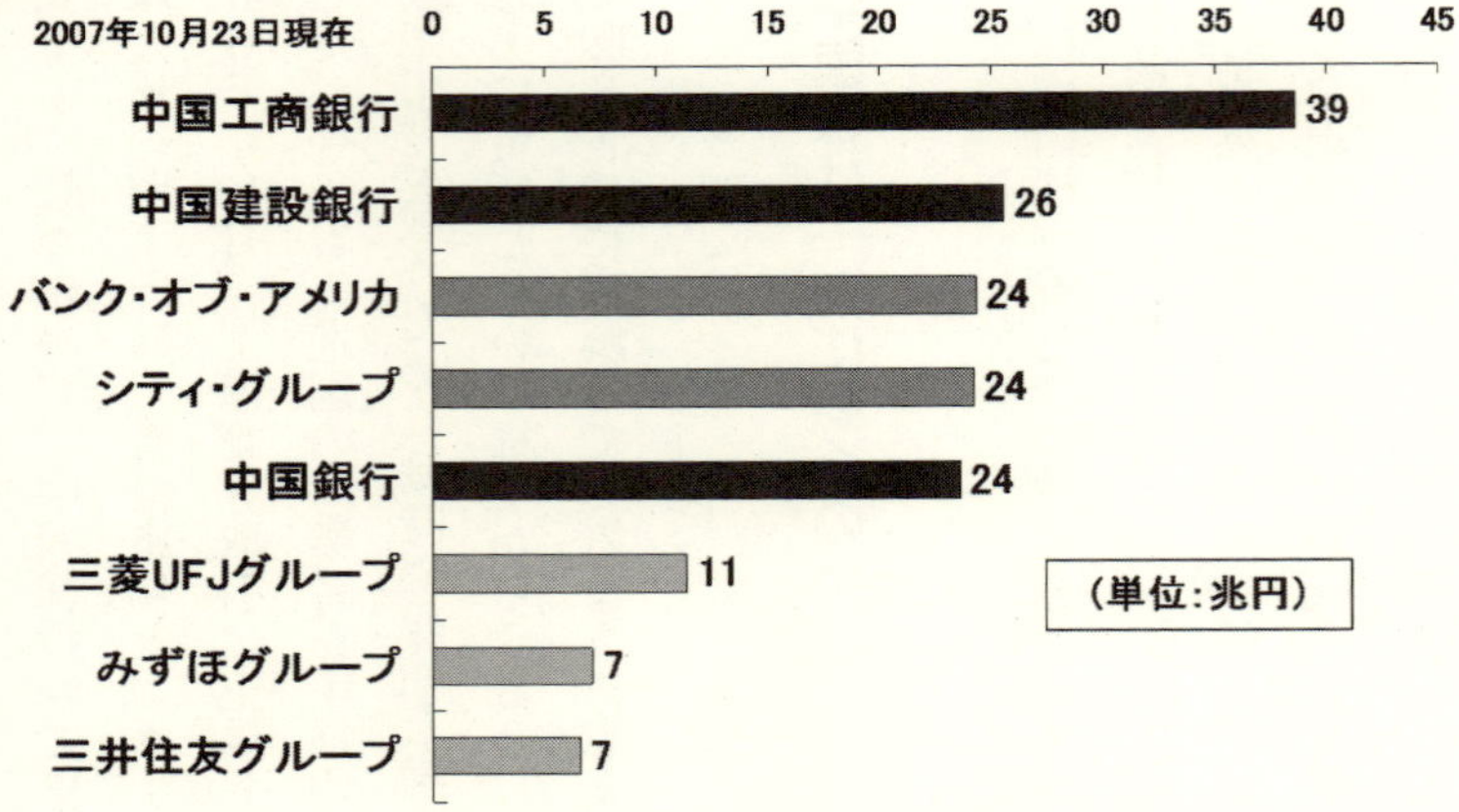

Data: 東京証券取引所、上海証券取引所、香港取引所のデータから作成

と株価が暴落すると恐れられたわけです。

２００６年からの本格的な上昇相場では「四龍」と呼ばれる４大国有商業銀行のうち、中国建設銀行、中国銀行、中国工商銀行の３行が相次いで上場しました。４大国有商業銀行は、銀行業だけでなく全産業で見ても、圧倒的な規模を誇ります。銀行最大手である中国工商銀行は、店舗数が20万店を超えます（**図表５・７**）。

そうした４大銀行のうち中国工商銀行と中国銀行が上海証券取引所に上場した結果、上海の株式市場の時価総額の約３分の１を両行が占めることになりました。中国共産党は国有企業の民営化を進めています。しかし、銀行業などの経済安全保障の観点から重要な産業については国有企業を主体とする方針です。両行は安定した成長株として評価され、株価は割高なのにさらに上昇を続けました。その結果、上海の相場は押し上げられたわけです。

また株価が一斉に動くのは、証券市場が特殊な構造になっているからです。中国の証券会社の7割が国有企業で赤字です。大手3社も政府から資金注入されているありさまです。

中国では2003年に憲法で私有財産権が認められ、2007年に物権法が制定されましたが、それでも私有財産が何か明確に決まっておりません。株券はペーパーレスですし、日本のような「ほふり（証券保管振替機構）」も未整備です。つまり、赤字の証券会社が潰れたら株券の権利がどうなるのか誰も分からない状態なわけです。これでは、株価が下がったら一斉に売却したくなるのも当然だと思います。

「株式に関する情報はすべてチャートに集約されている」というのがテクニカル分析の前提ですが、それ以前の条件として「株式市場が完全に自由競争」でなければなりません。ところが、株式の大部分を国家が保有し、情報開示が十分ではなく、証券会社も大部分が国有企業であるという株式市場では、テクニカル分析の前提が成り立つとは考えにくいといえます。配当が高いのも、内部留保がされていない企業が多いことの裏返しでしょう。

しかし！　市場経済の制度も整っていない状態だからこそ、大化けする可能性のある株が、信じられないような安い株価で転がっているのです。また、個人投資家だからこそ、そのようなリスクも取れるのです。四半期ごとに結果を出さなければならない機関投資家には、こうしたリスクはとれません。

最大の不良債権は環境汚染

中国の経済成長で懸念されるのが「環境汚染」です。中央政府では環境保護に取り組む姿勢をみせているものの、地方政府は対策を徹底できていません。廃水の再利用や節約は非効率的であり、なにより環境破壊に対する罰金が少額なため、汚染管理技術を導入するコストよりも罰金を支払うコストのほうが安上がりだと考える工場経営者が多いのです。

上海や天津のように富裕層が住む都市では、生活の向上に伴いシャワー、洗濯機、食器洗浄器が使われるようになり、地下水の汲み上げによって地下に空洞が生まれ、地盤沈下が起きています。長江と黄河に下水の40％が流れ込んでおり、飲料水としては不適切とされています。そして、多くの研究者が地球温暖化によって海面が上昇し、上海は２０５０年までに水没すると警告しております。

中国最大の不良債権は、国有銀行が抱える多額の不良債権ではなく、次世代まで続く環境汚染でしょう。金融の不良債権はいつか終わります。しかし、環境汚染は中国共産党の一党支配のもと、なかなか断ち切ることができません（詳細は拙著『円が元に呑み込まれる日』〈実業之日本社〉をご覧ください）。

このような事実を知ると「中国は危ないのではないか」「中国は終わりではないか」と思うかもしれません。確かに、安心できる投資先でないことは真実です。しかし物事の考え方は人によって異なります。

わたしは、むしろ中国に山積みの問題が続くかぎり、先進諸国の企業には中国に関するビジネスチャンスがあるのだと考えています。そしてこのチャンスを掴むのは、先ほど述べたように資本力があり、リスクを取れるグローバル企業だとみています。

実際に北京、上海を旅行して感じるのは、天国と地獄、過去と未来が混在し、同時に存在していることです。経済成長も本当ですが、貧困も本当です。中国に関して多くの方がいろいろなことを語ります

図表 5.8 上海・香港へ投資されているオフショアファンドとETFの一例

ファンド名	スターレーティング	1年	3年	5年
Hang Seng China A-Share Focus	★★★★★	137.7%	596.5%	N/A
JF China Pioneer A-Share		125.2%	N/A	N/A
Atlantis China	★★★★★	92.6%	335.4%	N/A
HSBC China Momentum		88.0%	347.7%	N/A
Schroder ISF China Opp		82.3%	N/A	N/A
BOCHK IF - China Golden Dragon	★★★★	80.1%	307.9%	N/A
Baring Hong Kong China	★★★★★	76.8%	288.3%	641.9%
First State China Growth	★★★★★	75.3%	272.7%	832.0
UBS (Lux) EF-Greater China	★★★	70.5%	212.5%	426.1%
CAAM Funds Greater China	★★★★★	67.5%	224.9%	535.2%
AllianzGIS RCM China	★★★	67.5%	224.9%	535.2%

Data: MORNINGSTAR Offshore (12/Jan/2008) http://www.funds.morningstar.com/

ETF名	コード	取引所	1年
iShares FTSE/Xinhua A50 China Tracker	2823	HKEX	136.5%
iShares FTSE/Xinhua China 25 Index Fund	FXI	NYSE	82.3%
Morgan Stanley China A Share Fund Inc	CAF	NYSE	74.6%
Lyxor ETF China Enterprise	ASI	SGX	68.0%
Hang Seng H-Share Index ETF	2828	HKEX	66.2%
SPDR S&P China ETF	GXC	AMEX	65.3%
Hang Seng FTSE/Xinhua China 25 Index ETF	2838	HKEX	65.0%
PowerShares Golden Dragon Halter USX China Portfolio	PGJ	AMEX	54.4%
iShares MSCI Hong Kong Index Fund	EWH	NYSE	43.6%
Lyxor ETF Hong Kong (HSI) A Cap/Dis	HIS	SGX	39.0%
Tracker Fund of Hong Kong	2800	HKEX	38.6%

Data: BOOM Securities (12/Jan/2008) http://baby.boom.com.hk/

が、ある側面だけをみて判断することはできません。

中国に限らず、エマージング諸国の上昇相場は、いつか終わりを告げるはずです。そのときまで便乗して投資を続けるのか、心配しながら運用なんてしたくないと敬遠するのか、人それぞれです。ただ、わたしの場合、この国に全く投資をしないのが大きな機会損失に思えるのです。ただし、エマージング諸国への投資は、３分の１ぐらいになっても仕方がないと思える程度の金額しか投資していませんし、ポートフォリオの投資比率もそのぐらいに留めています（**図表２・１**「浅川ポートフォリオ比率」参照）。

【ケーススタディ】iShares FTSE/Xinhua A50 China Tracker

２００４年11月に香港取引所に上場したバークレイズ・グローバル・インベスターズ（ＢＧＩ）の「iShares FTSE/Xinhua A50 China Tracker」は、上海Ａ株50銘柄で構成される株価指数に連動するＥＴＦです。上海取引所のＡ株を取引することがなかなか難しい外国人に人気があります。

同ＥＴＦは２００７年夏から日本の証券会社でも取り扱いが始まりました。しかし、それまで日本で販売されていなかったため、日本の投資家に香港の銀行で取引される人気商品の一つです。同ＥＴＦは香港の銀行で積立投資が可能なことから、わたしも毎月決まった金額を積立投資しています。最近は、上海Ａ株市場へ投資されているファンドは海外の金融機関では多くあります。

このＥＴＦでまず注目されるのは、投資先の中国企業の株主を調べてみると、欧米の金融機関がずらりと並んでいる点です。そして次に注目されるのが、組み入れ率９位（２００７年10月）で中国海運業

「iShares FTSE/Xinhua A50 China Tracker」の ファクトシート（一部）

iShares FTSE/Xinhua A50 China Tracker (2823)

All data as at 28 December 2007

iShares™

The iShares FTSE/Xinhua A50 China Tracker ("A50 China Tracker" or "Fund"), a sub-fund of the iShares Asia Trust, seeks to track the performance of the FTSE/Xinhua China A50 Index ("the Index") quoted in RMB. The Fund holds Chinese A-Shares Access Products ("CAAPs") issued by a connected person of a Qualified Foreign Institutional Investor ("QFII") as underlying investments.

The A50 China Tracker is an exchange traded fund ("ETF") managed by Barclays Global Investors North Asia Limited, which is part of the Barclays Global Investors ("BGI"). BGI is a majority-owned subsidiary of Barclays Bank PLC.

iShares® is the brand name for the world's largest family of ETFs from BGI that you can buy and sell just like stocks. ETFs are a simple and cost-effective way to gain exposure to specific market indices.

Sector Breakdown

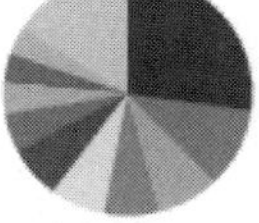

- Banks 27.14%
- Industrial Metals 10.49%
- Industrial Transportation 8.12%
- Oil & Gas Producers 7.23%
- General Financial 7.20%
- Real Estate 6.93%
- Life Insurance 5.19%
- Mining 4.14%
- Beverages 3.84%
- Electricity 3.65%
- Other 16.07%

Fund Performance

Fund Performance	Fund[1] (HKD)	Index[2] (RMB)
Since inception (18th November 2004)	460.50%	361.14%
1 month	8.57%	7.12%
3 months	-1.31%	-3.93%
1 year	135.80%	122.05%
2 years	484.24%	423.57%
3 years	494.02%	388.74%

Performance: NAV to NAV
[1] Source: Barclays Global Investors
[2] Source: FTSE/Xinhua

For more information about **A50 China Tracker**, please visit our website: www.ishares.com.hk

IMPORTANT NOTE: This document has been provided for information purposes only and does not constitute an offer or solicitation to purchase or sell units in the A50 China Tracker (the "Fund"). The performance of the Index included herein is not indicative of future results of the Fund and past performance is not indicative of future performance. BGI does not guarantee the performance of iShares. There are risks associated with investing, including the possible loss of principal. Investment in emerging market countries may involve heightened risks such as increased volatility and lower trading volume, and may be subject to a greater risk of loss than investments in a developed country. Before deciding to invest, investors should read the prospectus carefully including the investment objective and risk factors relating to the Fund, including the arrangement in the event the Fund is delisted. In particular, please note that the A50 China Tracker may (i) have limited duration of 5 years and limited access to QFII investment quota; (ii) suffer greater tracking error than typical ETFs as it does not hold A-shares directly; and (iii) have risks related to CAAPs. The Fund's prospectus is available and may be obtained from Barclays Global Investors North Asia Ltd (the "Manager") or the website www.ishares.com.hk. Investors should note that the Fund differs from a typical unit trust as units may only be redeemed by a participating dealer in large creation/redemption unit sizes. The listing of units of the Fund on the SEHK does not guarantee a liquid market for the units. The Fund's market price on the SEHK may be different from the net asset value per unit of the Fund. Transactions in units of the Fund will result in brokerage commissions.

The FTSE/Xinhua A50 Index is calculated by or on behalf of FTSE/Xinhua Index Limited ("FXI"). FXI does not sponsor, endorse or promote the A50 China Tracker. All copyright in the index values and constituent list vests in FXI. Barclays Global Investors North Asia Limited has obtained full license from FXI to use such copyright in the creation of the A50 China Tracker. "FTSE" is a trademark jointly owned by the London Stock Exchange PLC and The Financial Times Limited. "Xinhua" is a service and trademark of Xinhua Financial Network Limited. All marks are licensed for use by FTSE/Xinhua Index Limited.

Fund Details

Manager	Barclays Global Investors North Asia Limited
Trustee	HSBC Institutional Trust Services (Asia) Limited
Stock Code	2823
Listing Date	18 November 2004
Management Fee	0.99%*
Stock Exchange	Stock Exchange of Hong Kong ("SEHK")
Board Lots	100 units
Base Currency	HK Dollars
Charges	Usual brokerage commission and levies
Bloomberg Fund Ticker	2823 HK <Equity>
Bloomberg Index Ticker	XIN50 <Index>
Total Net Asset	HK$12.5 billion
NAV per unit	HK$24.83
Units Outstanding	504,000,000

* This refers to management fee only. For complete information on fees and charges, please refer to the Fund's prospectus.

Top 10 Holdings

(Name of Chinese stocks to which CAAPs are linked)

1.	CITIC Securities Co - A	7.20%
2.	China Merchants Bank - A	6.14%
3.	China Vanke Co Ltd A	5.64%
4.	China Minsheng Bkg - A	5.16%
5.	PetroChina A	4.06%
6.	China Shenhua Energy - A	3.81%
7.	China Construction Bank	3.33%
8.	China United Telecomm - A	3.27%
9.	Ping An Insurance Ord NPV	3.26%
10.	Daqin Railway - A	3.20%

Contact us
www.iShares.com.hk

BARCLAYS

ishares (http://www.ishares.com.hk/)

最大手の中国遠洋（ＣＯＳＣＯ）グループです。同グループは２００７年6月に上海証券取引所に上場し、時価総額では日本のどの海運会社も抜いて世界一になっています。他にも２００７年秋に上海市場に上場した石炭最大手の神華能源など、投資先には中国の国家戦略をになう企業が集約されています。

ちなみに、わたしは香港取引所に上場している中国企業（レッドチップ）や香港企業に投資するミューチュアルファンド「Baring Hong Kong & China」も毎月積み立てています（**図表5・7**）。

なぜ本土株はＥＴＦで、香港市場に上場している企業はミューチュアルファンドなのか。それはＡ株のミューチュアルファンドは、最近は多くなりましたが、ＱＦＩＩが販売するまでミューチュアルファンドはほとんどなく、「iShares」しか投資できなかったからです。ミューチュアルファンドも積立しているのは、香港証券取引所に上場している香港企業にも注目しているからです。

「Baring Hong Kong & China」のファクトシート（一部）

30th November 2007
二零零七年十一月三十日

BARING HONG KONG CHINA FUND
霸菱香港中國基金

BARINGS

Morningstar Overall Rating™
★★★★★

Standard & Poor's Fund Management Rating

Manager's Comments 評述

- During the month the Fund returned -12.9%, while the Index returned -10.1%.
  本基金本月下跌12.9%，基準指數下跌10.1%。
- As part of the Chinese central bank's effort to curb inflation and cool speculative stocks and property investment, the People's Bank of China's 0.50% increase to the reserve requirement ratio came into effect on the 26th of November. This was the ninth increase this year. Export numbers released in November showed that growth had slowed slightly in October to around 22.3% from 22.7% the previous month. However, retail sales growth accelerated in October, rising to 18.1%.
  [illegible]
- China shares experienced much volatility during the first three weeks of November, amid widening investor concerns over problems in the US mortgage-backed debt market and the likelihood of further credit tightening measures in China. Investor sentiment was also affected by Temasek Holdings' decision, the Singapore Government's private equity fund, to sell its holdings in Bank of China, China Construction Bank, and China COSCO.
  [illegible]
- During November, we increased our exposure to Hong Kong property in the portfolio and still maintained a high exposure to Hong Kong-listed H Shares, as we remain positive on the overall earnings growth profile for Hong-Kong listed companies.
  [illegible]
- Overall, the Fund remains biased towards the domestic economic story through properties and retailers. We also have a strong infrastructure-related theme in the fund too. We particularly think railway and heavy equipment manufacturing will benefit from the strong infrastructure spending being seen in China currently.
  [illegible]

Fund Objective 基金目標

The objective for the Fund is to achieve long-term capital growth through investment in Hong Kong and China equity markets. The Managers may also invest in companies incorporated in Taiwan or quoted on the Taiwan stock exchange or in companies that have significant proportion of their assets or other interests in Taiwan [3].
本基金的目標是投資於香港及中國內地股票市場，以達至資產值的長期資本增長。經理亦可投資於在台灣註冊成立或在台灣證券交易所上市的公司或在台灣有相當大比重的資產或其他權益的公司[3]。

Fund Information 基金資料

Fund Size (Mn)	US$8,300.0	€5,400.0
Current Offer Price	US$1,300.98	€881.34
Yield	0.02%	
Charges	Initial 5%	Annual 1.25%
Inception Date	03.12.1982	
Unit Type	Distribution	
Min. Investment	US$5,000/€3,500	
XD Date	1 May	
Dividend Paid by	30 Jun	
Umbrella	International	
Benchmark [2]	MSCI Zhong Hua Total Return	

Performance Characteristics 表現特性

For the 3 Year Period ended 30.11.2007

	Fund 基金	B'mark 基準
Standard Deviation	+21.3	+18.0
Alpha	+13.8	-
Beta	+1.0	-
Sharpe Ratio	+2.8	+2.2

Top 10 Holdings 基金十大主要成份 (%)

Hong Kong Exchange 香港交易所	4.3
China Mobile 中國移動	3.9
China Shenhua Energy 中國神華	3.3
China Shipping 中海集裝箱運輸	3.0
China Communications Construction 中國交通建設	3.0
Tencent Holdings 騰訊	2.8
China Overseas Land 中國海外發展	2.8
Guangzhou R&F Properties 廣州富力地產	2.5
Sino-Ocean Land 遠洋地產	2.5
China National Building 中國建材	2.5

Fund Breakdown 基金分佈 (%)

Materials 物料	25.0
Industrials 工業	22.3
Finance 金融	22.1
Energy 能源	8.4
Consumer Discretionary 非必需消費品	7.2
Telecomm. Services 電訊服務	6.3
Technology 科技	3.6
Consumer Staples 必需消費品	2.2
Others 其他	0.6
Cash 現金	2.3

Calendar Year Performance ($) 年度表現（美元）

	Fund 基金 (%)	B'mark 基準 (%)
2006	+94.6	+53.0
2005	+12.9	+8.7
2004	+12.6	+17.0
2003	+69.6	+41.9
2002	+0.4	-15.6

Performance as at 30.11.2007 截至 30.11.2007 表現

% Change USD 美元

		Fund 基金	B'mark[2] 基準
YTD 2007	自本年初起	+84.0	+59.7
1 Year	1年	+105.3	+76.9
3 Years	3年	+310.1	+169.1
5 Years	5年	+646.5	+308.4
3 Years p.a.	3年平均	+60.1	+39.1
5 Years p.a.	5年平均	+49.5	+32.5

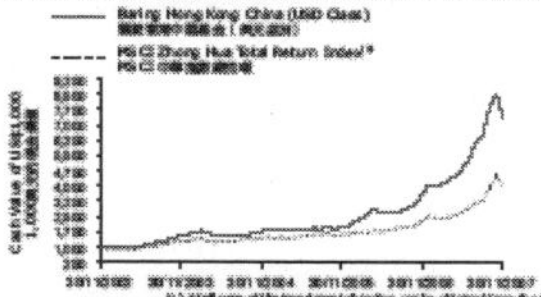

Baring Asset Management (http://www.baring-asset.com.hk/)

3．インド、ロシア、東欧株

インドへの投資

人口約11億人のインドは、約13億人の中国に次ぐ人口大国です。多民族社会であることから、まるでEU圏のような多様性があります。1991年に新経済改策（NEP）が実施されて以来、経済自由化とIT革命の相乗効果による恩恵を受けて、目覚しい成長を遂げています。

同国の経済には中国と異なり、民主化に向けて欧米諸国に近い特徴が数多くあります。今後も7～8％の経済成長が予測されており、中国と同じく巨大消費市場となる可能性に注目しています。

中国が人口爆発後の一人っ子政策によって急速に高齢化しているのに対し、インドは人口構成がまだ若く、25歳未満が総人口の4分の1を占めています。「中流」とされる収入のある世帯数はすでに1億5000以上あるといわれ、自動車も小型車からファミリーカーへの需要が高まっています。日本のスズキ、ホンダ、トヨタ、韓国の現代も本格的にインド国内で自動車を生産しています。

安価な労働力と比較的高い教育水準を背景に、金融やハイテク関連を中心に、インドにコールセンターを設ける企業が相次いでいます。中国が「世界の工場」だとすれば、インドは「世界のバックオフィス」

図表 5.9 インドへ投資されているオフショアファンドとETF の一例

ファンド名	スターレーティング	1年	3年	5年
F&C Indian Investment Company	★★★	83.2%	281.8%	619.3%
CAAM Funds India		83.8%	N/A	N/A
AIG India Equity	★★★	79.2%	N/A	N/A
HSBC GIF India Equity	★★★★	77.9%	249.3%	869.1%
DWS Investment Indian Equities	★★★	77.6%	N/A	N/A
INVESCO India Equity	★★	74.8%	207.7%	578.0%
ABN AMRO India Eqtuiy	★★★	69.3%	N/A	N/A
SGAM Fund Equity India	★★★	68.3%	N/A	N/A
Franklin India	★★★	67.5%	N/A	N/A
Pictet F (LUX) Indian Equity	★★★	66.6%	222.6%	595.7%
JF India	★★★★	64.9%	250.7%	832.0%

Data: MORNINGSTAR Offshore (12/Jan/2008) http://www.funds.morningstar.com/

ETF 名	コード	取引所	1年
iShares MSCI India Index Fund	INDIA	SGX	70.3%
iShares BSE SENSEX India Tracker	2836	HKEX	66.2%
India Fund Inc	IFN	NYSE	37.0%
Morgan Stanley India Investment Fund Inc	IIF	NYSE	4.4%
LYXOR ETF MSCI India	2810	HKEX	N/A

Data: BOOM Securities (12/Jan/2008) http://baby.boom.com.hk/

です。

インドのＩＴ技術の水準の高さはすでに有名ですが、ほかにもバイオ・テクノロジー、医療サービスも大きな産業に育っています。注目されるのはインフラ整備の行方です。劣悪な道路状況を改善するための公共投資が期待されるところです。しかし、２００５年に国内ガソリン価格の高騰で国有石油会社に出した助成金が財政を圧迫しており、公共投資にややブレーキがかかっている状態です。

金融市場はエマージング諸国のなかでは比較的整備されているといえます。すでに株式関連の先物やオプションなどのデリバティブ（金融派生商品）市場が成長しており、個別株先物の取引も盛んです。金融機関を通じた直接金融も、債券や株式の発行を通じた間接金融も西側諸国に近い形で展開されています。そうした面では中国よりも進歩を遂げているかもしれません。

わたしが、インドへの投資を始めたころは、ムンバイ証券取引所に上場する全銘柄の時価総額は日本の新日鉄ぐらいでした。それが２００７年には、東証の６分の１を超えるぐらいまで成長しています。

インド株は２００６年春先に暴落したものの、そこから力強い回復をみせ、史上高値を更新しました。焦らず、積立投資を基本に、インド経済の恩恵を受ける企業の成長を楽しみたいと思います（**図表５・９**）。

ロシアへの投資

ロシアは産油国として注目しています。２００５年からのロシア株の高騰は、いうまでもなく原油価格の高騰のおかげです。

黒海油田で産出される原油の品質の高さは有名です。ロシアは、独立国家共同体（ＣＩＳ）諸国のみならず、多くの国に原油を供給しており、石油輸出国機構（ＯＰＥＣ）諸国に劣らない影響力を有しています。近年、石油の純輸入国になった中国がロシアとその国内に対する10億ドルを越える規模の投資契約を締結したのは、石油の安定的確保を目指したものと思われます。

ただし、ロシアは原油以外でも、穀物や砂糖、綿花で世界市場に大きな影響力をもっています。また、ダイヤモンドだけでなく、金、ニッケル、プラチナなどの希少金属も産出しています。技術力と資金力が不足していることから､サハリンの未開発地区の石油埋蔵量はいまだに確認されていません。しかし、大きな可能性があることは明白です。

ロシアは消費市場としても世界的存在感を増しています。２００６年5月にトヨタ自動車が、サンクトペテルブルクで生産を開始し、順次拡大していく意向を明らかにしました。これはロシアの購買力の高まりを象徴しています。テレビのニュースを見ると、スーパーの品揃えが充実してきていることが分かります。

ロシアの株式市場も、さまざまな不安材料を抱えながらも、新規株式公開（ＩＰＯ）ブームに沸いています。これは民間部門が成長していることの現れでしょう。教育水準が高いこともあり、今後のロシア市場の可能性を総合的に判断すれば、投資したい国の一つにあげられます。

一方、ロシア株投資のリスク要因として、原油価格の下落はもちろんのこと、政治社会の不安が挙げられます。石油会社ユコスの脱税騒ぎや、２００６年年明けにウクライナへの天然ガス供給をストップしたことからも明らかなように、権力者の意向次第では、一つの巨大企業がたちまち解体される可能性や、近隣国との紛争が発生する可能性があります。ロシア政府は、民族問題に強硬な姿勢で臨んでおり、軍事力を行使してまで弾圧しています。このような対応に、投資する側の不安が残るもの事実です。

またロシア経済にはマフィアが深く入り込んでおり、一握りの新興財閥が経済の実権を握っていることもあります。そのため実体が分からないというリスクがあります。それにプーチン大統領（２００８年１月現在）は笑わないし、彼の周りでは次々と殺されたり毒を盛られたりする人が出ているので怖いです。

ロシア株へ投資するファンドは、最近まで最低投資額が高く、機関投資家向けでした。しかし２００５年以降、個人投資家も購入できる額のファンドが多く登場しています（**図表5・10**）。

東欧への投資

東欧では急速に市場経済化が進展しています。西に巨大な消費市場である西欧諸国があり、東に急成長を遂げている大国ロシアがあります。両方の影響を受けて、東欧の経済は急成長しております。

東欧諸国の地理的中心にある国はチェコです。伝統的に同国の技術力は世界に誇れるもので、工業国としての歴史があります。トヨタは欧州で人気の小型車の生産に本腰を入れるための工場をチェコで稼働しました。他にも、京セラ、旭硝子、三洋電機、松下電器産業、昭和電工、東レ……と、日本企業の進出は１００社を軽く超えています。

東欧は、他のエマージング諸国と比べて、欧州の金融の流れを汲み、働く人たちの教育水準が高いよ

図表 5.10　ロシア・東欧へ投資されているオフショアファンドと ETF の一例

ファンド名	スターレーティング	1 年	3 年	5 年
Willerequity Russia & East Eu	★★★	45.3%	172.5%	459.8%
Russian Opportunities		43.2%	401.3%	1,667.6%
JPM Russia	★★★	40.7%	240.9%	593.9%
Clariden Leu Russia Equity	★★★	36.4%	287.0%	711.4%
Baring Eastern Europe	★★★★	35.0%	195.2%	552.1%
Baring Russia	★★★	32.4%	276.8%	678.6%
Natixis Emerg Europe	★★★★★	30.4%	189.8%	575.1%
DWS Russia	★★	29.3%	237.9%	653.7%
F&C Russian Investment Company	★	28.5%	220.7%	451.6%
Russian Fed FM Fund		20.1%	221.8%	451.3%
Russian Prosperity Fund	★★★★	15.5%	321.4%	655.2%

Data: MORNINGSTAR Offshore (12/Jan/2008) http://www.funds.morningstar.com/

ETF 名	コード	取引所	1 年
Central Europe and Russia Fund Inc	CEE	NYSE	7.6%
Morgan Stanley Eastern Europe Fund Inc	RNE	NYSE	-2.8%
Templeton Russia and East European	TRF	NYSE	-9.1%
Market Vectors Russia ETF Trust	RSX	NYSE	N/A
Lyxor ETF Russia	2831	HKEX	N/A

Data: BOOM Securities (12/Jan/2008) http://baby.boom.com.hk/

うに思えます。特筆すべきはハンガリーです。ノーベル賞受賞者を数多く輩出し、世界で活躍をしている方も多くいます。インテルの創業者であるアンドリュー・グローブ氏、ヘッジファンドの帝王ジョージ・ソロス氏、天才数学者でコンピュータの開発者フォン・ノイマン氏……。江戸時代の日本のように多くの人々が数学に長けており、優秀な人材が揃っているという印象があります。

米国では、２００２年に成立したＳＯＸ法（サーベンス・オクスリー法＝企業会計や財務報告の透明性・正確性を高めることを目的にコーポレートガバナンスのあり方と監査制度を抜本的に改革するとともに、投資家に対する企業経営者の責任と義務・罰則を定めた米連邦法）などで、金融機関に厳格な法規制がかけられるようになっており、それから逃れるため金融機関が英国に拠点を移す動きがあります。ところが、多くの金融機関がロンドンに拠点を移すようになったことで、業者間の競争が激しくなり、コスト削減のためバックオフィス業務を東欧に設ける検討もされているようです。

わたしの東欧への投資は、株式の積立が中心です。東欧は社会主義的計画経済から資本主義的市場経済へと移行している途中であり、東欧住民の90％は依然として賃貸住宅に住んでいます。市場経済化に伴う持ち家の増加で、不動産市場の成長が見込めます。

一方、東欧投資の懸念要素は現地通貨の不安定さです。為替変動によって主要企業の業績が影響を受ければ、当然その株式に投資しているファンドも影響を受けます。例えば、２００５年3月にポーランドの通貨ズロチが上昇して同国の輸出産業は大きな打撃を受けました。

また、通貨の不安定さから住居購入に外貨建て住宅ローンが占める割合も大きい（つまり多くの人々がローンの返済を外貨でしている）ことから、為替変動が消費や投資に直に与える影響も無視できません。

4. ネクストマーケット

ゴールドマン・サックスは、2005年の暮れに発表したレポート「ネクスト・イレブン」でBRICsに続いて経済的に台頭する国として、エジプト、トルコ、パキスタン、ベトナム、韓国、メキシコ、インドネシア、ナイジェリア、フィリピン、イラン、バングラデシュの11カ国を挙げました。

わたしが実践しているのは、ベトナムを含むASEANや資源国であるインドネシアの企業へ投資されているファンドの積立です（ASEANや資源ファンドについては後ほど紹介します）。

2005年にアジアで最も上昇したのは、中国でもインドでもなく韓国の株でした。三星《サムスン》、現代《ヒュンダイ》、LGなどの韓国企業は、インドで最も活躍している外国企業です。韓国企業は、日本勢が出遅れたエマージング市場に積極的に進出しており、エマージング諸国においてマーケティングの先駆者といっても過言ではありません。

ただし韓国は、ほかのエマージング諸国同様、財閥や血縁地縁による差別など、社会経済的なゆがみを抱えています。例えば、韓国株市場の時価総額の大半を占めるのはサムスンなど大財閥とその関連企業です。これは、かつて東証マザーズ株全体の時価総額がライブドアと関連企業で半分近くを占められていたことと、なんとなく似ている印象があります。

それでも、この数年のエマージング諸国のファンドの高騰をリードした韓国企業は、アジアファンドの組入れ比率のトップにいつもランクインしています。そのため、わたしはアジアファンドを通じて韓国の企業に投資をしています。

インドネシアについては、天然ガスのポテンシャルが大きいことから、ロシア同様に注目するエネルギー企業もあります。ただし、テロが頻発するなど政情が不安定です。

メキシコは、携帯電話大手のアメリカ・モビルや、飲料水メーカーのフォメント・エコノミコ・メヒカーノやグルーポ・モデロなど、富裕層の拡大で恩恵を受けそうな企業があります。

中東の投資環境とリスク

中東と北アフリカの地域には、OPEC（石油輸出国機構）に加盟する11カ国中、8国（サウジアラビア、UAE＝アラブ首長国連邦、クェート、カタール、オマーン、イラン、イラク、アルジェリア）が集中しており、世界の石油消費量の約6割以上を供給しています。日本にいたっては原油の90％が中東への依存です。

ただし近年は、こうした産油国だけでなく、トルコ、エジプト、イスラエル、モロッコ、シリア、ヨルダン、チュニジアなどの非産油国にも中東経済をリードする企業が現れてきています。例えば、イスラエルのハイテク企業です。米ナスダック市場で取引されているハイテク企業の多くは、イスラエルの企業と提携しているか、イスラエル資本によって牛耳られています。

中東産油国の投資資金「オイルマネー」の動向は、世界金融の注目の的です。例えば、1991年にサウジアラビアのアルワリード王子がシティグループ（当時のシティコープ）に5億9000万ドルの大逆張り投資をして、結果的に同社の窮地を救い、巨額の利益を出しています（詳細は『アラビアのバフェット』をご覧ください）。また2007年に、UAEのアブダビ投資庁が、サブプライム関連で巨額の損失を出したシティグループに75億ドルの出資をしたのは、記憶に新しいところです。

2005年以降、こうしたオイルマネーが中東に回帰する傾向があります。そのなかで、UAEの構成国の一つであるドバイは、アジア、アフリカ、欧州の各地にアクセスが容易なことから、欧米の金融機関が橋頭保を築いています。香港が世界の資金を中国に呼び込む窓口として機能しているように、ドバイは世界の資金を中東に集める金融センターのハブ的な存在として勢力を拡大しています。

一方、リスクとして考えられるのは、クーデターなどの政治リスク、そしてロシア同様に原油価格低下による収益悪化です。原油価格が1バレル30～35ドルの水準を下回れば、中東産油国は歳出超過に陥るといわれています。産油国が原油輸出で稼いだお金を同地域の非産油国に投資するという構造になってきていますので、ひとたび原油価格が大幅に低下すれば、共倒れの状況に陥りかねません。

中東については、オイルマネーを背景にした政府系ファンドの投資先の行方のほうが気になります。

中東株ファンド

中東に投資するファンドとして日本の個人投資家に人気なのが、ＦＭＧ社の「Middle East & North

図表 5.11　中東へ投資されているオフショアファンドとETFの一例

ファンド名	スターレーティング	1年	3年	5年
MS SICAV Emg Eurp&Mid East ※1	★★★★	43.4%	193.4%	604.0%
Schroder ISF Middle East		N/A	N/A	N/A
Ocean Fd Equity MENA		N/A	N/A	N/A
Alahli GCC Trd Equity		58.6%	N/A	N/A
Emirates Gateway	★	54.2%	95.5%	398.6%
JPM Middle East Equity	★★★	46.0%	133.0%	447.6%
Oman Gateway		44.9%	132.0%	3.5%
Arab Gateway		37.7%	70.6%	279.8%
Kuwait Gateway		31.8%	N/A	N/A

※1　ロシア・東欧・中東へ投資されています。

Data: MORNINGSTAR Offshore (12/Jan/2008) http://www.funds.morningstar.com/

ETF名	コード	取引所	1年
First Israel Fund	ISL	AMEX	35.1%

Data: BOOM Securities (12/Jan/2008) http://baby.boom.com.hk/

Africa（MENA）」ファンドです。FMG社は1989年にバミューダに設立されたファンド会社で、米コネチカット州とノルウェーのオスロにリサーチ部門を構えています。ファンドマネジャーの選定には定評があり、エマージング市場への投資においても実績がある会社です。

MENAファンドは、サウジアラビア、UAE、クウェート、オマーン、カタール、エジプトなどのアラブ諸国の企業を投資対象としており、10人のファンドマネジャーによって運用されています。同社は、ヘッジファンドの運用もしておりますが、このファンドはロングオンリーのファンドです。

ただし、FMG社のファンドには成功報酬の20%のフィーがあります。中東株が上昇基調で、運用成績を重視される方は、通常のミューチュアルファンド会社の中東株ファンドを選ばれたほうがよいかもしれません（**図表5・11**参照）。

では、なぜこのファンドが注目されるのか。それは中東株がかなり激しく変動するからです。中東株は2003〜05年までプラス成績でしたが、2006年2月からマイナスに転じました。そのときFMG社のMENAファンドの下落が続いた期間の最大損失幅（最大ドローダウン）は、マイナス16・02%です。一方「MSCI Emerging Markets」はマイナス16・78%、「MSCI World Index」はマイナス18・69%でした。したがって下落幅では、他のファンドよりもコントロールが優れていると思われます。

ただ、わたしは、エマージング諸国はリスクを取ってリターンを狙う主義なので、上昇基調のときにパフォーマンスが期待できるミューチュアルファンドの「JPM Middle East」に注目しています。

注目のイスラム金融

成長著しい分野としてメディアにも取り上げられるようになった「イスラム金融」は、シャリア法（イスラム法）に反しない金融手法といえます。

イスラム教では、利子を得ることが不労所得であるとして禁止されています。そこで利子の受け取りのない融資方法が開発されました。その代表的なものが「ムラバハ（購買代行）」です。例えば、車を購入したい場合、銀行が車を購入し、利用者は銀行に車のリース料金を支払います。

またイスラム金融では、イスラム教で禁止されているアルコール、タバコ、豚肉、賭博、ポルノなどに関わる分野に投資できません。考えようによってはとても健全です。世界の名馬を所有する中東の富豪がレースに賭けることはできないわけです。このようなイスラム金融に基づいたファンドは、世界ですでに100種類以上あり、さらに増大しています。

中東以外にあるアラブ系資金は8000億ドルを超えると推定されています。2005年以降、この資金のアラブ地域に戻る動きが活発なのです。特にスイスは、この問題を深刻に受け止め、各銀行はイスラム教の原則に基づいた金融システムの導入を急いでいます。スイス最大の銀行UBSは、バーレーンにイスラム金融専用の支店を設け、教義に基づく金融製品やサービスをアラブの富裕層に提供しています。

イスラム教国のマレーシアに近いシンガポールでは、イスラム金融で運用する拠点づくりとなるため規制緩和策を加速し、一部税制を改めています。

英国では、財務相が「ロンドンがイスラム金融で世界の中心的な地位を占めることを願う」という発言をアピールし、スクーク（イスラム債）の発行を（中東の企業や政府に）求めています。すでにロイズTSB銀行は、イスラム教に基づく不動産融資業務を開始しています。

日本でも国際開発銀行が中東を拠点とする投資家の資金を国内に誘致するため、サウジアラビア、マレーシア、パキスタンからイスラム金融の専門家4人を招聘し、諮問会議を設置し、大手メガバンクと一緒に研究をしています。

「JPM Middle East」のファクトシート（一部）

JPM Middle East

JPM share class of JPMorgan Funds

December 2007

Fund objective

To provide long-term capital growth by investing primarily in companies of Middle East region.

Suitable for investors seeking...

- access to the exciting growth prospects offered by the stock markets of the Middle East.
- an asset class that is harder to reach and therefore often overlooked.
- to enhance long-term investment returns while comfortable about taking on the additional political and economic risks associated with the Middle East.

Fund Manager's report

Portfolio Review: The Middle East region outperformed wider Emerging Markets in November, driven by positive returns in Egypt and Jordan. Turkey was the notable laggard in the region. The global credit crunch was felt acutely in Turkey as the index fell -7.6% (USD) during November. However, the market is still among the strongest performers YTD. During the month, domestic news was mixed, with inflation seeing upward pressure and likely to exceed the CBT's year-end target by two full points. Also, tensions on the border with Iraq simmered after several new attacks by PKK rebels. Israeli shares proved relatively resilient as the global correction deepened in the latter half of November, ending the month down -0.9%, and reflecting the high level of optimism in the domestic economy. Sentiment got a boost on the 27th from the S&P credit rating upgrade of sovereign debt from 'A-' to 'A'. From a macro perspective, the economy again exceeds expectations despite the weak global environment and GDP growth looks to be on track to be near 5.5% this year. A good set of blue-chip earnings reports helped Egypt resist the global turbulence witnessed in November and return 2.9% (USD). Real GDP growth slowed slightly but still remains broadly at the annual 7% targeted by the government. FDI again supported this performance and positive outlook. The Fund was down -5.2% (USD), underperforming the benchmark which fell 2.9% over the same period. Stock selection in Turkey was the greatest contributor to performance. From an asset allocation perspective, an overweight in Egypt added to relative returns. Whilst off-index bets in UAE and Qatar also had a positive impact. Stock selection in Jordan detracted from returns.
Outlook: The region's markets have shown substantial resilience to turbulence in the US market, however this external factor does place a question mark over near term performance. As such, we believe bottom-up stock selection is critical for value creation.

Portfolio information

Fund manager		Amr Seif/Gabrielle Palmer, London
Launch date*		18.05.98
Fund size (m)		USD 578.5
Base currency and NAV per share		USD 30.97
Current prices	Bid	USD 30.80
	Offer	USD 32.52
12 month offer prices	High	USD 33.59 (31.10.07)
	Low	USD 22.26 (04.12.06)
Charges	Initial	5.0% of NAV
	Redemption	0.5% of NAV
	Management fee	1.5% p.a.
Last dividend value		USD 0.29 (10.09.07)

Performance from 18.05.98 to 29.11.07

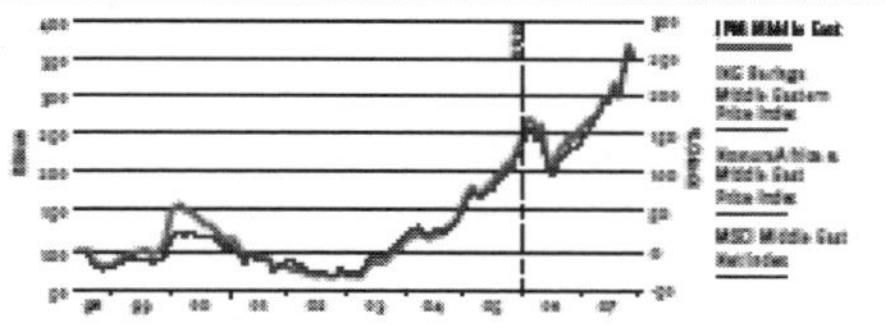

Cumulative performance %

	1 month	1 year	3 years	5 years	Since launch
JPM Middle East	-3.2	+41.9	+148.1	+376.9	+246.4
MSCI Middle East Net*	-2.9	+55.5	+150.9	+342.6	-

Calendar Year performance %

	2002	2003	2004	2005	2006	2007YTD
JPM Middle East	-14.5	+47.5	+48.5	+50.8	+6.0	+39.7
MSCI Middle East Net*	-20.7	+71.8	+50.1	+46.7	+2.5	+49.2

Portfolio analysis

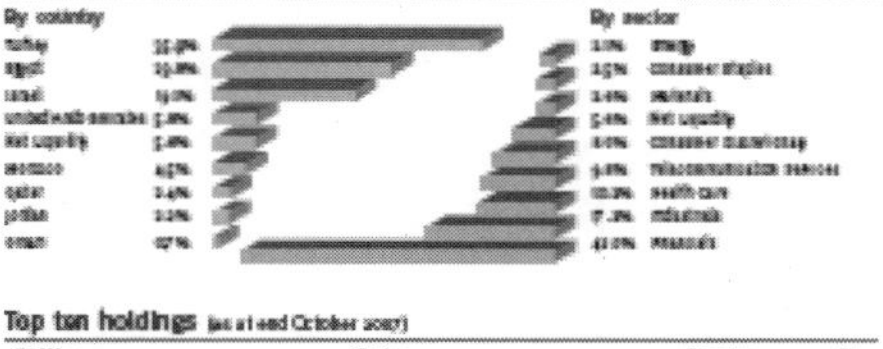

Top ten holdings (as at end October 2007)

Holding	Sector	Country	%
Teva Pharmaceutical	Health Care	Israel	7.8
Orascom Construction	Industrials	Egypt	6.6
Akbank	Financials	Turkey	5.4
Turkiye Is Bankasi	Financials	Turkey	4.8
Turkiye Garanti Bankasi	Financials	Turkey	4.7
Orascom Telecommunications	Telecommunication Services	Egypt	4.4
Yapi Kredi Bankasi	Financials	Turkey	3.8
KOC	Industrials	Turkey	2.8
Aldar Properties	Financials	UAE	2.7
Turkcell Iletisim Hizmet	Telecommunication Services	Turkey	2.0

For more information, please contact your bank or your financial adviser or us directly.
www.jfam.com

[illegible]

Past performance is not indicative of future performance. Investment involves risk. Please refer to the offering document(s).

JF Asset Management (http://www.jfam.com/)

人口ボーナスで注目のASEAN

ASEAN（東南アジア諸国連合）を構成するシンガポール、マレーシア、インドネシア、フィリピン、タイ、ブルネイ、ベトナム、ミャンマー、ラオス、カンボジアに投資するうえで、わたしは「人口配当」（demographic dividend）に注目しています。人口配当とは、15～65歳の働いて稼ぐ生産年齢人口の総人口に占める比率が上昇することが、経済成長を後押しするという効果です。日本では「人口ボーナス」のほうが馴染みのある表現かもしれません。配当をボーナスと表現するところから、日本人は会社の正社員であることが大好きであると分かります。

人口配当の観点からすると、生産年齢人口の比率が低下すれば、高齢者や子供の人口の割合が上昇することを意味しています。つまり、社会全体での稼ぎは頭打ちになり、扶養費が増えていくというわけです。こうなると、資本の蓄積は伸び悩み、経済成長は減速し、株価も頭打ちになってきます。

1990年初頭の日本がまさにそうでした。このとき経済成長は1％前後に減速し、株価は大きく下落しました。その後の景気低迷をよく「バブル崩壊」と呼んでいますが、忘れてはならないのは、1990年を境に日本の15歳以上60歳未満の生産年齢人口が総人口に占める比率が低下に転じていることです。

その年に株式バブルが崩壊し、2年後の1992年に土地バブルが崩壊しました。1995年に日本の生産年齢人口そのものが増加から減少に転じると、その2年後の1997年に金融危機が発生し、4大証券の一角であった山一證券、そして都市銀行の一つ北海道拓殖銀行が経営破綻しました。さらにそ

図表 5.12　人口配当

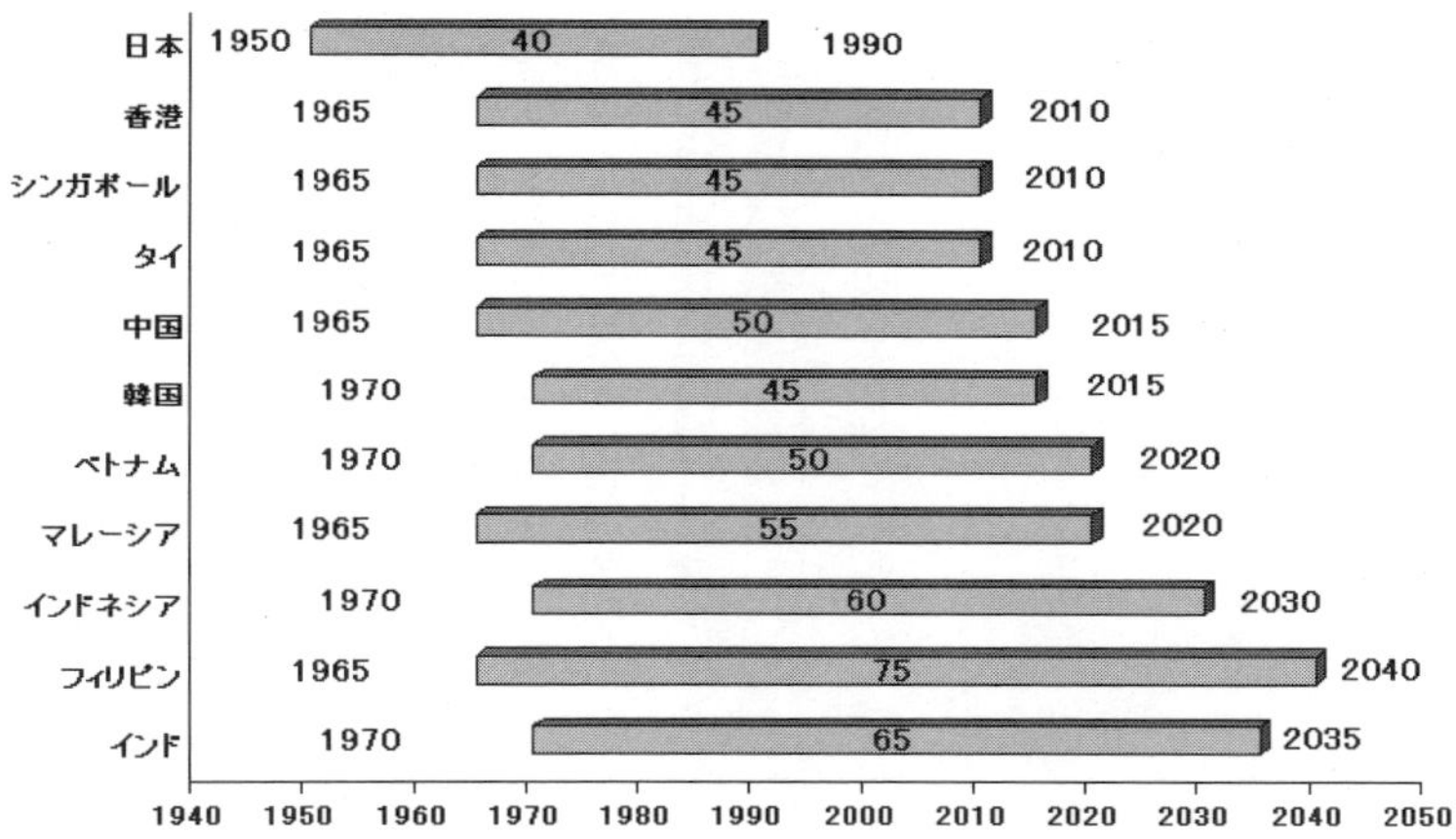

Source: United Nations, World Population Prospects

の翌年には、長期信用銀行と日本債券銀行とが相次いで経営破綻し、国有化されました。このように人口配当が失われることは、マクロ経済だけでなく、金融システムにも大きな影響を及ぼす可能性があるのです。

人口配当は、２０１５年ごろまでに韓国、シンガポール、タイ、中国が順に失っていくと予測されています。そしてインドネシアやインドが２０３０年ごろ、フィリピンが２０４０年ごろまでとの予測です（**図表５・12**）。

これまで、アジア各国は生産年齢人口を追い風として、量を拡大することで経済を発展させてきました。しかし、生産年齢人口比率が低下してしまうと、質の向上をしないと発展が難しくなるでしょう。わたしはアジア投資の長期戦略をこうした人口構成の潮目を見ながら立てています。

日本は対外純債権国なので海外に投資している恩恵が将来的にあるため、まだマシといえます。

韓国や中国のように富を持たないまま高齢化社会に突入する国は大変でしょう。そうした国々が政府系ファンドを創設して国富のアクティブ運用を行っているのは、このままでは「貧しいまま老いる」ことを余儀なくされているからだと思われます。

【ケーススタディ】Ashmore Asian Recovery

アシュモアは、1992年にオーストラリア・ニュージーランド（ANZ）銀行傘下としてロンドンに設立され、1999年にANZから独立したファンド会社です。

同社は主に機関投資家向けにファンドを販売しており、騰落率の激しいエマージング・ファンドのなかで平均を上回る成績を収めています。優れた情報収集能力と分析能力、資産の流動性と政治的な動きに注目した運用が功を奏しているからでしょう。その好成績から2006年のグローバル・ペンションの「エマージング・マーケット・マネジャー・オブ・イヤー」などいくつかの賞を受けています。

投資先は、インドネシアが30%とトップで、次いでタイが24%、フィリピンが16%、シンガポールが10%です。一般的にアジア株ファンドの多くは、中国、韓国、台湾への比率が高いので、非常にユニークなファンドだといえます。わたしは、成績が安定しているところからこのファンド選びました。

アシュモアのサイト
http://www.ashmoregroup.com/

図表 5.13 アジア・ASEAN 諸国へ投資されているオフショアファンドと ETF の一例

ファンド名	スターレーティング	1年	3年	5年
Templeton Asian Glowth	★★★★	62.1%	171.0%	396.4%
CAAM Funds Asian Growth	★★★★	55.7%	159.2%	311.0%
Investec GSF Asian Equity	★★★★★	53.7%	169.6%	387.3%
JF ASEAN	★★★★	48.2%	168.2%	414.6%
Baring Asia Growth	★★★	47.4%	142.3%	270.9%
First State Asian Growth	★★★	42.9%	125.1%	281.6%
MS SICAV Asian Equity	★★★	41.7%	121.3%	280.9%
Fidelity ASEAN	★★★	41.1%	117.3%	263.4%
Goldman Sachs Asia	★★★	36.7%	105.9%	250.1%
DWS Invest Top 50 Asia	★★★★★	30.6%	110.6%	250.3%
INVESCO ASEAN Equity		30.0%	95.7%	234.2%

Data: MORNINGSTAR Offshore (12/Jan/2008) http://www.funds.morningstar.com/

ETF名	コード	取引所	1年
iShares MSCI Malaysia Index Fund	EWM	NYSE	33.5%
Asia Tigers Fund Inc	GRR	NYSE	38.9%
LYXOR ETF MSCI AC Asia Pacific Ex Japan	AEJ	SGX	29.3%
FTSE/ASEAN 40	ASEAN	SGX	28.4%
iShares MSCI Pacific Ex Japan	EPP	AMEX	19.5%
Morgan Stanley Asia Pacific Fund Inc	APF	NYSE	6.5%
Templeton Dragon Fund Inc	TDF	NYSE	4.6%
Vanguard Pacific ETF	VPL	AMEX	-1.8%

Data: BOOM Securities (12/Jan/2008) http://baby.boom.com.hk/

【ケーススタディ】JF ASEAN

ＡＳＥＡＮファンドはＪＦアセットマネジメントが運用する「JF ASEAN」を毎月、積み立てております。積立にしている理由は、お伝えしたとおり、エマージング諸国の株式は騰落が激しいので、時間を分散することで戦略的にリターンを高めるためです。

ＪＦ社は、ＡＳＥＡＮファンドをいち早く立ち上げたこともあり、エマージング諸国の企業へ投資するファンドでは先駆的な会社に思えます。２００７年に設立したベトナムを対象にした「JF Vietnam Opportunities」は、募集早々、資金が集まりクローズしました。

「JF ASEAN」の特徴として、アジアで絶好調のシンガポール企業への比率が高いことが挙げられます。また、天然ガスのポテンシャルが高いインドネシア企業への比重が次に高いことも印象的です。

ＪＦアセットマネジメントのサイト
http://www.jfam.com/

【ケーススタディ】Henderson Horizon Property

アジアは、投資対象として不動産にも注目しています。アジアの経済成長を追い風に、先進国企業の

「JF ASEAN」のファクトシート（一部）

JF ASEAN

Morningstar Overall Rating™ ☆☆☆☆

December 2007

No.1 Asia Pacific ex Japan Equity Fund 5 yrs

Your World of Opportunity

JF Asset Management

Fund objective

To provide long-term capital growth by investing primarily in the securities of companies with significant assets in, or earnings derived from, one or more of the countries comprising the Association of Southeast Asian Nations (ASEAN).

Suitable for investors seeking...

- ✓ to invest in Asia's rapidly developing markets where investment opportunities are on the rise.
- ✓ to benefit from the region's successful transformation from pure labour-intensive manufacturing to higher-end exports for multi-national corporations.

Fund Manager's report

Portfolio Review: ASEAN markets outperformed MSCI Asia ex Japan in November. Indonesia in particular remained resilient to the regional turbulence. The JCI ended the month up 1.7% (in local terms), outperforming the region. Aggressive coal price forecast upgrades led to a sharp rise in the share price of Bumi Resources. Malaysia's KLCI was down 1.2%. CPO (Crude Palm Oil) prices touched an all-time high on poor soy oil production prospects and higher crude oil prices. In Thailand, the SET fell 6.7%. Large caps fell across the board as foreigners net sold the largest amount in 10 years. All eyes are on the PTT corporatisation court case and National elections this December. Singapore's STI saw a steep decline of 7.5%. Sentiment was affected by newsflows from the US subprime and increased risk of a US recession.

Outlook: For Indonesia, domestic consumption plays and the resources sector remain our preferred exposure. In Malaysia, strong CPO prices should support the plantation sector, while further pump-priming news could emerge with elections just round the corner. The formation of a new government in Thailand should improve investor sentiment. Property transactions have slowed in Singapore after the government's cooling policies, and valuations are attractive on 15.5x 2008 PER and earnings growth of 12%-15%.

Portfolio information

Fund manager		Joshua Tay/Pauline Ng, Singapore
Launch date		07.07.83
Fund size (m)		USD 2,924.3
Base currency and NAV per unit		USD 101.14
Current prices:	Bid	USD 100.63
	Offer	USD 106.20
12 month offer prices:	High	USD 113.59 (29.10.07)
	Low	USD 67.99 (19.12.06)
Charges:	Initial	5.0% of NAV
	Redemption	0.5% of NAV
	Management fee	1.5% p.a.
Last dividend value and xd date		USD 0.1258 (28.09.07)

Performance from 31.12.92 to 30.11.07

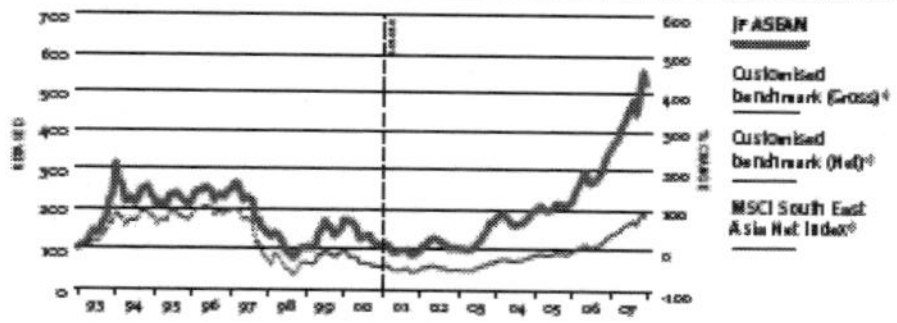

Cumulative performance %

	1 month	1 year	3 years	5 years	Since launch
JF ASEAN	-6.5	+54.0	+170.5	+408.5	+1,268.6
MSCI South East Asia Net	-5.0	+40.7	+118.2	+277.9	-

Calendar Year performance %

	2002	2003	2004	2005	2006	2007YTD
JF ASEAN	+4.3	+76.4	+8.8	+14.8	+57.6	+48.1
MSCI South East Asia Net	-2.9	+48.2	+18.9	+10.7	+42.4	+36.0

Portfolio analysis

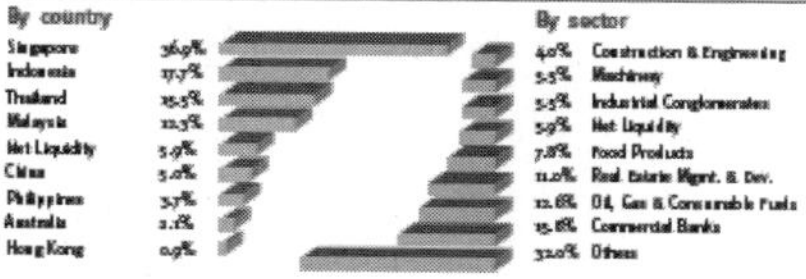

Top ten holdings (as at end October 2007)

Holding	Sector	Country	%
PTT PCL	Oil, Gas & Consumable Fuels	Thailand	3.9
DBS Group Holdings Ltd.	Commercial Banks	Singapore	3.8
Bumi Resources	Oil, Gas & Consumable Fuels	Indonesia	3.7
Bank Rakyat Indonesia	Commercial Banks	Indonesia	3.1
CapitaLand Ltd.	Real Estate Management & Development	Singapore	3.0
United Tractors	Machinery	Indonesia	2.9
PTT Exploration & Production PCL	Oil, Gas & Consumable Fuels	Thailand	2.9
IOI Corp. Bhd	Food Products	Malaysia	2.9
SembCorp Industries Ltd.	Industrial Conglomerates	Singapore	2.6
China Hongxing Sports Ltd.	Textiles, Apparel & Luxury Goods	China	2.4

For more information, please contact your bank or your financial adviser or us directly.

www.jfam.com

Past performance is not indicative of future performance. Investment involves risk. Please refer to the offering document(s).

JF Asset Management (http://www.jfam.com/)

オフィス関連で香港やシンガポールは世界のファンド会社の拠点も多く、継続して強い需要が見られます。

わたしは「Henderson Horizon Fund Asia Pacific Property Equities Fund」という不動産株ファンドを毎月積み立てています。

このファンドを運用するヘンダーソン・グローバル・インベスターズは、ロンドンを拠点に1934年に設立されたファンド会社です。アジア、欧州、北米の機関投資家や個人投資家向けに、さまざまな金融商品とサービスを提供しています。運用資産は631億ポンドで、従業員は世界で900人です。

同ファンドは、日本、香港、オーストラリア、シンガポールのここ数年不動産価格が高騰している地域で恩恵を受けている代表的な企業に投資しています。

また余剰資金で「Morgan Stanley SICAV Asia Property」を購入しました。同ファンドは、アジア不動産のベンチマークを上回っており、運用成績は堅調です。モルガン・スタンレー社は、運用するほかの不動産ファンドが総じてベンチマークを上回っていますので、安心感がある会社の一つです。そのことは、多くのファンド・オブ・ファンズが「アジア不動産」の位置づけで組み入れていることからも分かります。

ヘンダーソン・グローバル・インベスターズのサイト
http://www3.henderson.com/

コラム　ブラジル

さて、ここまできて「あれブラジルは?」と思った方もいらっしゃるかもしれません。あえてブラジルについて記述しなかったのは、第6章で紹介する「アグリビジネスファンド」に登場する企業に注目しているからです。

またブラジルは、現地ニュースの大半がポルトガル語になることからも明らかなように、個人投資家としては情報入手に非常に苦労します。わたし自身、中国、インド、ロシアの3カ国への投資歴は長いのに対し、ブラジルについては2年くらい前からようやくスタートしたばかりです。

自分の不得意な分野は自分よりも優秀な人物に頼る「他力本願」がモットーのわたしは、ブラジルファンドとして、フランクリン・テンプルトンの「Templeton Latin America」を積み立てています。同ファンドは2007年12月現在、ブラジル企業に約60・12%、メキシコ企業に約26・35%を投資しています。

ファンドマネジャーのマーク・モビアス博士は、エマージング・ファンドの先駆者です。そもそも、わたしがエマージング諸国への投資に目覚めるきっかけになったのも、モビアス博士が1999年の「ロイターズ・マガジン」のインタビューで、投資家が目を向けるべき市場についてこのように語っていたのを読んでからでした。

「エマージング諸国のマーケット投資では、南アフリカ、韓国、タイ、ブラジル、アルゼンチン、メキ

マーク・モビアス博士
（Dr. Mark Mobius）

1936年ニューヨーク生まれ。ボストン大学で修士号、マサチューセッツ工科大学で経済学と政治学の博士号を取得。香港を拠点にコンサルタント、アナリストとして活躍したのち、1987年よりテンプルトン・エマージング・マーケット・ファンドのファンドマネジャーに就任。新興市場投資の第一人者として屈指の運用成績を誇り、新興市場ファンドの運用成績は20年で3万6000%を超える。現在、テンプルトン・アセット・マネジメントのシンガポール代表。世界13カ所に現地調査オフィスを構え、年間200日以上は世界中を飛び回り、自らの足で有望な成長企業を発掘している。博士の自伝・投資哲学は『マンガ　マーク・モビアス』（パンローリング）で紹介されている。

シコなどが他国をリードするだろう」

モビアス博士については、読者の皆様もご存知の方が多いのではと思います。1987年に設立された「Templeton Emerging Markets Fund」は、エマージング諸国を対象とした投資ファンドとして世界で初めて証券取引所に上場を果したファンドです。

わたしが興味を持って調べたとき、同ファンドの投資先の企業では韓国のサムスンが組み入れ比率のトップでした。当時は「なぜなのだろう?」と思っておりましたが、現在のサムスンは、世界のエレクトロニクスでもトップブランド企業です。

現在は、香港市場に上場している中

「Templeton Emerging Markets Fund」のファクトシートより
(2007年11月30日現在)

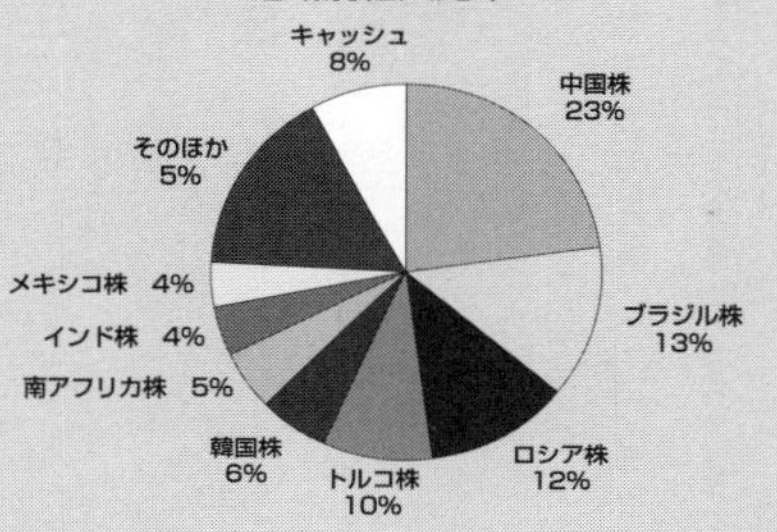

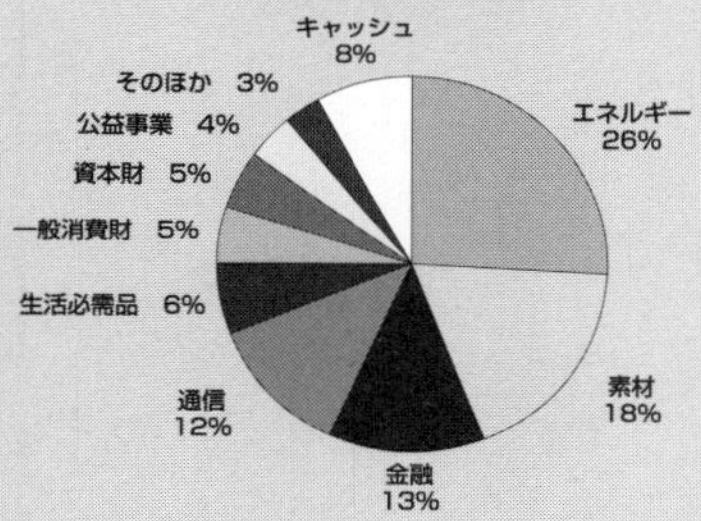

パフォーマンス(91年2月28日＝100)

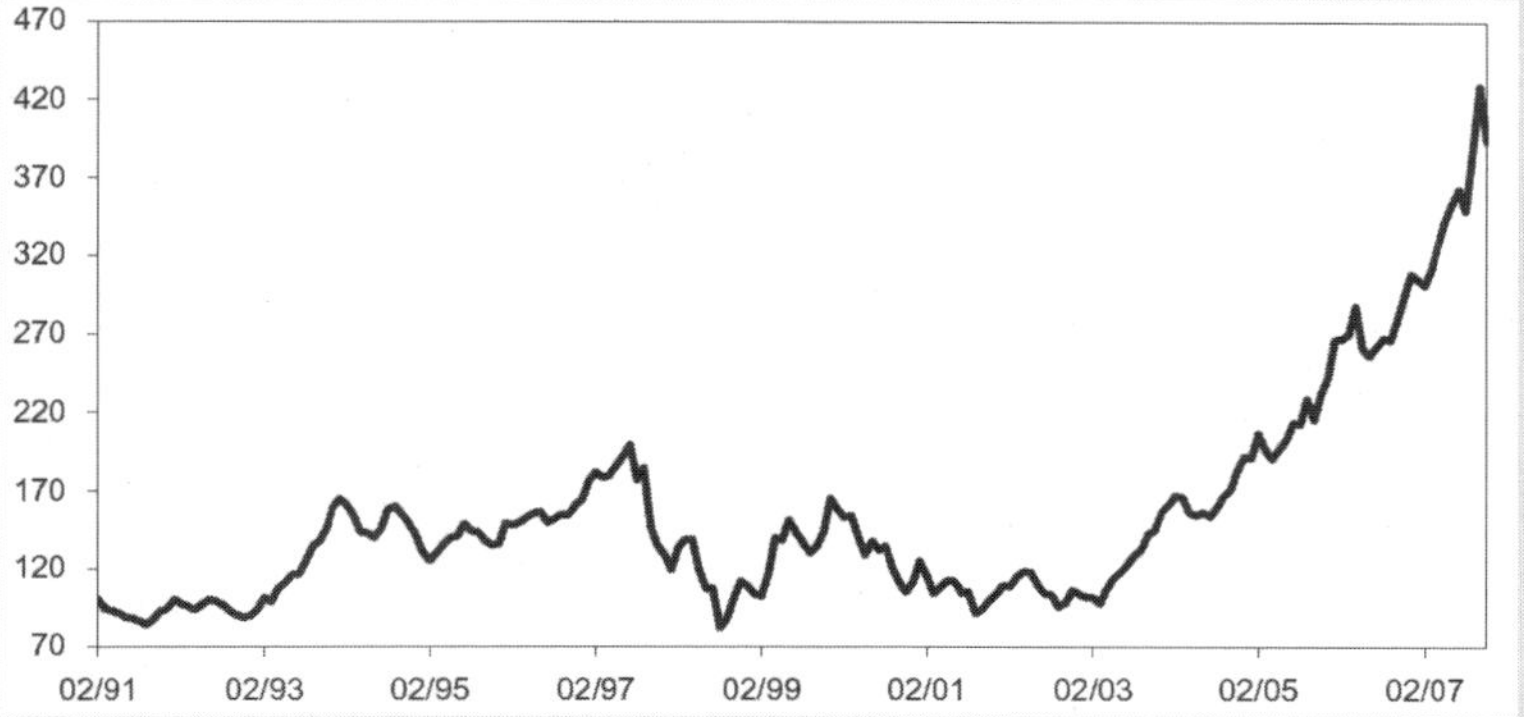

組入上位5銘柄

CIA VALE DO RIO DOCE	リオドセ(ブラジルの総合資源開発企業)
PETROLEO BRASILEIRO SA (PETROBRAS)	ペトロレオ・ブラジレイロ (ブラジルの大手石油会社)
ALUMINUM CORP OF CHINA LTD	チャルコ(中国最大のアルミ会社)
AKBANK	アクバンク(トルコの大手金融機関)
SK ENERGY CO LTD	SKエナジー(韓国の石油化学会社)
MINING AND METALLURGICAL CO NORILSK NICKEL	ノリルスク・ニッケル (ロシア最大の鉱山会社)

国、ブラジル、トルコ、南アフリカの企業の比率が高く、石油に代表されるエネルギーや資源関連のセクターの企業が多いです。

同ファンドは、わたしのエマージング諸国への投資の指南書のようなものです。エマージング諸国でどの国や企業に注目すべきかを決定するうえで参考にしてきた、最も付き合いの古いエマージング・ファンドです。

フランクリンテンプルトンのサイト

https://www.franklintempleton.com/

第6章　資源・環境技術への投資

1. 金への投資

２００７年に起きたサブプライムローン問題が原因で、ヘッジファンドのなかには解約資金を凍結する動きがありました。これはファンドに組み込んでいる金融商品に価格がつけられない事態が生じたからです。このようにヘッジファンドは、あっという間に解約ができなくなる可能性があります。この事件から学んだことの一つは、すぐに現金に換えられる資産を持つことの重要性です。

海外での資産運用を考えると、基軸通貨である米ドルで取引できる金融商品が筆頭にあげられます。世界各国の外貨準備を見ると米ドルの比率が高いことからも、依然としてこの通貨には高い信認（confidence）があるのです。しかし、サブプライムローン問題、あるいはそれまでの金融危機で生じた不良債権に対処するための利下げや通貨供給の増加といった米国の金融政策は、問題の先送りにすぎず、さらに大きな危機を生む可能性があります。事実、２００５年ごろから各国の中央銀行や年金基金には、ドルの代替的投資手段を求める動きが見られます。

米ドルの代替通貨として考えられるのがユーロです。わたしも、後ほど紹介する環境に特化した技術を持つ企業が欧州に多いこともあって、２００５年からユーロでの資産保有比率が増えています。ただし、ユーロがドルに代わる基軸通貨になるとは考えていません。ミラノ、トリノ、ヴェネツィアを抱える豊かなイタリア北部に、独自の通貨リラに回帰する「通貨ナショナリズム」の動きが見られるなど、ユーロも不安要素を抱えています。

米ドルの代替財

米ドルの代替財として世界で最も信頼されているのが金です。２００８年に金価格が９００ドルを超えた一因は「安心できるハードカレンシーがない」という不安だと思われます。金本位制（金の国家保有残高を担保に現金通貨を発行するシステム）の消滅で、金が通貨としてというよりは、コモディティ（商品）の一種として取引されるようになりました。国際コモディティの取引がドル建てであることから、金価格と米ドルの相関性は、１９９７～２００７年で90％となるまでになりました。つまり、米ドルの価値が下落するリスクのヘッジのために金が買われているというわけです。

もちろん、金本位制が復活するとは思えません。なぜなら、各国が金保有量を基に通貨を発行する金本位制では、これほど拡大した世界経済に対して、十分な貨幣を供給できないからです。

しかし、海外では金を預金できる銀行があり、しかも取り扱う金融機関が増加しているのも事実です。香港のＨＳＢＣやシティバンクの金（ゴールド）口座では、口座保有者が金の価値に見合う現金通貨をペーパーゴールドと呼ばれる口座で管理できます。

わたしも、少額ですが、このシステムを利用しています。他にも趣味のようなものですが、ビンテージの金貨を保有しております。ビンテージ金貨は銀座のお客様でも趣味で保有される方が結構いらっしゃいます。わたしは、ペンダントなどにして楽しむ程度ですが、お客様のなかには個展などがあると、保有されているビンテージ金貨を貸しだし、リース料をもらっている方もいらっしゃいます。

金貨で人気なのが、中国の「パンダ金貨」です。日本では金の純度はフォー・ナイン（純度99・99％）なのに対し、中国のパンダ金貨はスリー・ナイン（純度99・9）です。しかし毎年絵柄が変わるので、プレミアがついて人気があります。

金投資の方法

金への投資は、不動産商品に投資するのと似ています。不動産の場合、不動産の現物に投資するか、投資家から資金を集めて不動産を購入し、そこから生じる賃料や売却益を投資家に分配する不動産投資信託（REIT）、あるいは不動産企業株に投資をする不動産セクターファンドがあります。

金の場合、金塊や延べ棒などの金現物に投資するか、金・鉱山を所有する企業の株式に投資するかです。オフショアファンドのいわゆる「ゴールドファンド（Gold Fund）」は、ほとんどが後者のケースです。一方、前者では「金価格に連動したETF」に投資する方法があります（**図表6・1**）。

現状では、金山・鉱山会社へ投資するミューチュアルファンドの成績は悪くありません。しかし、ダイレクトに金価格を反映し、流動性も確保したいのならば、海外の銀行の金（ゴールド）口座でペーパーゴールドを取引するか、金のETFを購入するか、金地金のみを運用対象とするオープンエンドのミューチュアルファンドを取引するかのいずれかです。

図表 6.1 金（ゴールド）関連へ投資されているオフショアファンドと ETF の一例

ファンド名	スターレーティング	1年	3年	5年
Merrill Lynch Intl Gold & Gen ※ 1	★★★★★	45.3%	158.5%	271.1%
Merrill LIIF Wld Gold	★★★★	33.7%	123.3%	221.3%
DWS Gold Plus	★★★	32.3%	71.1%	160.0%
NESTOR Gold Fonds ※ 1	★★★	24.8%	103.0%	153.3%
Investec GSF Global Gold A ※ 1	★★★	30.1%	124.2%	181.3%
LODH Investment World Gold ※ 1・3	★★★	31.6%	110.8%	N/A
OMGB Aliquot Gold Bullion		23.3%	57.5%	N/A
Superfund Gold		19.0%	N/A	N/A
Caslestone Aliquot Gold Bullion ※ 2		18.7%	58.8%	N/A

※1 金・鉱山会社へ投資するファンド
※2 金価格に反映するファンド
※3 LODH：Lombard Odier Darier Hentch & Cie

Data: MORNINGSTAR Offshore (12/Jan/2008) http://www.funds.morningstar.com/

ETF 名	コード	取引所	1年
StreetTRACKS Gold Trust	GLD	NYSE	46.8%
iShares COMEX Gold Trust	IAU	AMEX	42.7%
PS DB GOLD FUND	DGL	AMEX	36.3%
PowerShares DB Precious Metals Fund	DBP	AMEX	34.1%
Central Fund of Canada Ltd	CEF	AMEX	27.1%
Gold Bullion Securities Ltd	GOLD	ASX	25.4%
Gold-Price-Linked Exchange Traded Fund	1328	OSE	N/A

Data: BOOM Securities (12/Jan/2008) http://baby.boom.com.hk/

図表 6.2　金の相関性（2000 年 1 月 7 日～ 2007 年 12 月 28 日）

	金現物	原油先物（WTI）	ロジャーズ国際商品指数	S&P 500	MSCI World Index	TOPIX	米国債（10 年物）
金現物	100%	93.2%	94.2%	47.2%	67.7%	53.2%	45.9%
原油先物（WTI）		100%	93.7%	51.7%	67.6%	59.0%	45.8%
ロジャーズ国際商品指数			100%	42.5%	62.1%	51.2%	-65.1%
S&P 500				100%	96.4%	90.5%	-35.2%
MSCI World Index					100%	92.3%	-17.3%
TOPIX						100%	-20.5%
米国債（10 年物）							100%

Data: 各証券市場のデータより著者作成

ただし、金投資で注意点が一つあります。金は「有事の金」といわれ、資産のヘッジ商品として、日本の証券会社や先物会社は個人投資家に紹介されています。長期でみれば確かにそうかもしれません。しかし、2002年からは、原油との相関性が高く、世界株式の代表指数である「MSCI World Index」とも高い相関性を示しています（**図表6・2**）。

したがって、金融商品のヘッジ商品にはならないと思っています。株式との相関性がもっともないのが、米国債です。この現象は、金ETFの登場が大きいと思います。

金ETF

２００７年8月、大阪証券取引所（大証）に金価格連動型のＥＴＦが上場しました。ただし、この金ＥＴＦの受益証券は、実のところ「金価格に連動する債券（リンク債）」であり、この金価格リンク債には現物の金の裏付けがありません。

一方、海外の金ＥＴＦは金現物に信託権を設定し、その受益証券を上場したものです。したがって、金現物の裏付けが１００％あります。

リンク債が使われているのは、日本では金など現物の商品を組み込んだものが「投信」と認められないからです。大証の金ＥＴＦは、目論見書に「金価格連動目的発行有価証券」と記されています。取引価格は「ロンドン市場のロンドン渡し金価格に円換算為替レートで乗じた額を1グラム当たりの価格に換算したもの」に連動する債券の価格です。

債券である以上、発行体の信用リスクの問題があります。また、海外の金ＥＴＦのように金現物に裏付けされていなければ、年金基金や機関投資家はリスク分散の手段として位置付けられないかもしれません。

そして、日本の金ＥＴＦにはもう一つ問題があります。それは円建てであることです。価格は金現物価格の国際的な指標であるロンドンの現物取引の価格に連動するため、大証の金ＥＴＦは国内で円建て金現物に投資するのと同じ効果があると思います。ただし、金の国際取引は基本的にドル建てです。つまり、円建てでは現物価格よりも為替相場の変動に影響を受けやすくなってしまうのです。

以上の理由から、従来の金融商品の延長である日本の円建て金ＥＴＦでは、分散投資として有効か判断が難しいところです。現物の裏付けがある金ＥＴＦは海外の金融機関で簡単に購入できますので、幾つかご紹介いたします。

【ケーススタディ】streetTRACKS Gold Trust Shares

金ＥＴＦの最大手は米ステート・ストリート・グローバル・アドバイザーズが運営・運用する「streetTRACKS Gold Shares」です。２００４年11月、ニューヨーク証券取引所（ＮＹＳＥ）に上場し、２００７年には残高が１００億ドルを超えました。このＥＴＦの登場が、その年に金価格が上昇した一因になったといわれています。

これは、金現物を購入し、その金の価格変動を基本にＥＴＦ価格が決定される仕組みです。金現物と交換が可能なので、証券発行数は償還可能分に限られます。言い換えれば、ステート・ストリートが保有する金現物が償還要望量を下回ることはありません。海外の金ＥＴＦは現物の金との交換の裏付けがあるので、同社のサイトには、まばゆいばかりの金の延べ棒が掲載されており、目がくらみます。

同ＥＴＦは、１株から取引できますので、金価格が８００米ドルであれば、その10分の１の80ドルから取引が可能です。米国株が取引できる海外の証券会社や銀行で購入できます。

金ＥＴＦのメリットは、なんといっても流動性が確保されており、手軽に取引できる点です。ただし、その裏には「波及リスクが高い」というデメリットがあります。２００７年２月の上海発世界同時株安

「streetTRACKS Gold Shares」のファクトシート（一部）

STATE STREET GLOBAL ADVISORS | SSgA.

streetTRACKS Gold Shares

As of 09/30/2007

GLD

INDEX TICKER
N/A
INTRADAY NAV TICKER
GLDIV

INCEPTION DATE
11/12/2004
OBJECTIVE
The objective of the Trust is for the Shares to reflect the performance of the price of gold bullion, less the Trust's expenses.

Ordinary brokerage commissions may apply.

ABOUT GOLD BULLION
A transcendent store of value, gold is accepted the world over and may be an effective wealth preservation tool. Most importantly, due to its low-to-negative correlations with all traditional asset classes as well as with major economic variables, gold is a proven asset diversifier. When used in the construction of diversified portfolios, gold potentially helps reduce overall risk and may ultimately help protect investor wealth.

PERFORMANCE

TOTAL RETURN	LONDON PM FIX (%)	NAV (%)	MARKET VALUE (%)
QTD	14.22	14.10	14.38
YTD	18.18	15.29	18.03
ANNUALIZED			
1 YEAR	23.99	23.50	23.61
3 YEAR	N/A	N/A	N/A
5 YEAR	N/A	N/A	N/A
SINCE INCEPTION	19.85	19.35	18.86

	(%)
GROSS EXPENSE RATIO[‡]	0.40

The Performance quoted represents past performance and past performance does not guarantee future results. Investment return and principal value of an investment will fluctuate so that an investor's shares, when sold or redeemed, may be worth more or less than the original cost. Current performance may be higher or lower than the performance quoted. Performance data current to the most recent month end may be obtained by calling 866-320-4053 or by visiting spdretfs.com.

ADVANTAGES

EASILY ACCESSIBLE	Listed on the NYSE
SECURE	The Gold Shares represent fractional, undivided interests in the Trust, the primary asset of which is allocated (or secured) gold.
COST EFFECTIVE	For many investors, the transaction costs related to the Gold Shares are expected to be lower than the costs associated with the purchase, storage and insurance of physical gold.
LIQUID	Structure allows for baskets to be created and redeemed according to market demand, creating liquidity.
TRANSPARENT	There exists a 24-hour global over-the-counter market for gold bullion, which provides readily available market data. The price, holdings and net asset value of Gold Shares, as well as market data for the overall gold bullion market, can be tracked daily at: www.streettracksgoldshares.com
FLEXIBLE	Gold Shares (NYSE: GLD) are listed on the New York Stock Exchange and trade the same way ordinary stocks do. It is possible to buy or sell Gold Shares continuously throughout the trading day on the exchange at prices established by the market. Additionally, it is possible to place market, limit and stop-loss orders of Gold Shares.

‡The Sponsor and the Marketing Agent have agreed to reduce the fees payable to them from the assets of the Trust to the extent required so that the estimated ordinary expenses of the Trust do not exceed an amount equal to 0.40% per annum of the daily net asset value during the period ending seven years from the date of the Trust Indenture or upon the earlier termination of the Marketing Agent Agreement.

gold　EXCHANGE TRADED GOLD

streetTRACKS (http://www.ssgafunds.com/)

のときにもみられた現象ですが、株式などの急落時にはヘッジファンドに追証（レバレッジ取引の担保となる証拠金に発生した含み損の補填）が発生し、現金を手当てするために安定資産を売却するという動きがあるのです。

その意味で流動性に優れている金のＥＴＦも売却対象になりやすく、証券取引所に上場している以上、売りと買いで価格が決まるため、必ずしも金価格に直接連動しているとはいえないのです。これは、日本の金ＥＴＦも売りと買いで価格が決まるので同じですが、為替リスクや現物の裏付けがあるだけ、海外の金ＥＴＦのほうが金融商品として魅力的に思えます。

streetTRACKS のサイト
http://streettracksgoldshares.com/

【ケーススタディ】Castlestone Aliquot Gold Bullion

金関連のファンド（ゴールドファンド）の大半は、金鉱山の企業に投資されています。ただし、金鉱株を購入するときは金価格の動きだけでなく、投資先企業の経営リスクも考慮しなければなりません。

金価格の変動をダイレクトに反映するミューチュアルファンドでは、キャッスルストーン社の「Gold Bullion」があります。金地金のみを運用対象とするオープンエンド型のファンドです。

「Aliquot Gold Bullion」のファクトシート（一部）

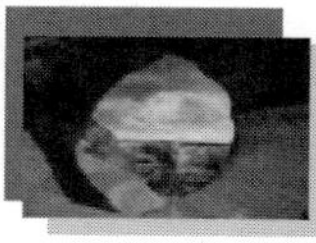

CASTLESTONE MANAGEMENT

PHYSICAL COMMODITY | HYBRID ALTERNATIVE | FUNDS OF FUNDS | LONG ONLY | PROPERTY

ALIQUOT GOLD BULLION

DIRECT EXPOSURE TO GOLD BULLION

BRITISH VIRGIN ISLANDS OPEN-ENDED MUTUAL FUND COMPANY

KEY FACTS

- Direct exposure to gold bullion. The gold bullion is held in custody by HSBC Bank USA in London.
- Hedge against inflation and insurance against political risk, religious conflicts and unstable markets.
- Income potential to offset fees.
- Weekly liquidity.
- Portfolio diversification and enhancement by the use of an uncorrelated asset class.
- Annualized returns of 12.97% since inception.
- Independent administration, custody and fund valuation.

FUND INFORMATION

Aliquot Gold Bullion provides investors with an efficient, safe and cost effective investment vehicle via an open-ended mutual fund that allows direct exposure and entitled ownership of gold bullion. Gold bullion is a distinct asset class. It acts as a hedge against inflation and simultaneously as a defense against a wide range of economic and political uncertainties - when the value of other assets have been all but wiped out - gold has proven to be a safe haven. Gold bullion's negative correlation with traditional asset classes enables the fund to perform an invaluable hedging role in any multi-asset portfolio. The Fund's gold bullion is held in custody by HSBC Bank USA in London

Direct exposure to Gold Bullion

Aliquot Gold Bullion gives investors direct exposure and entitled ownership of gold bullion. No futures, options, warrants, equities or use of leverage. Custody of the gold bullion is provided by HSBC Bank USA and held in London.

Hedge against Inflation

Over the long run gold bullion has maintained its value in terms of the rate of exchange with other commodities and intermediate products. Gold bullion has proven to be an effective preserver of wealth.

Insurance against Political Risks, Religious Conflicts and Unstable Markets

Gold bullion has proven to be a safe haven in times of political or religious uncertainty and the resulting instability in financial markets.

Portfolio Diversification and Enhancement using an Uncorrelated Asset Class

The real return from holding gold bullion is negatively correlated with the real return from traditional stock and bond investments: gold bullion, therefore, has the potential to provide diversification benefits and enhance the risk-return profile of a portfolio.

Income potential to Offset Costs

The Gold Forward Offered Rate is the rate at which the fund can lend gold bullion on a swap against $USD. The income generated is retained by the Fund and used to offset expenses.

Weekly Liquidity and No Lock-Ups

Aliquot Gold Bullion provides investors with weekly subscriptions and redemptions, with no exit penalties

RELATIVE PERFORMANCE

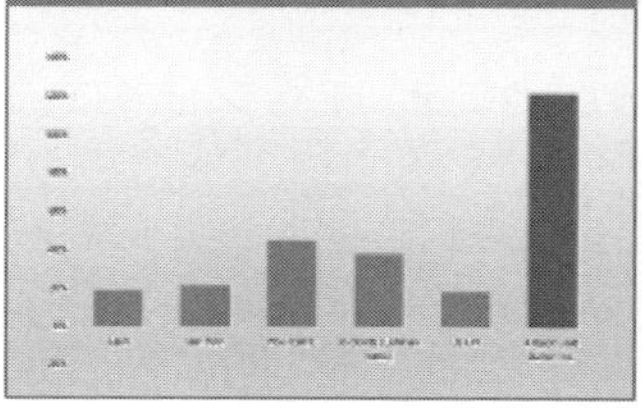

INDICATIVE COMMODITY EXPOSURE

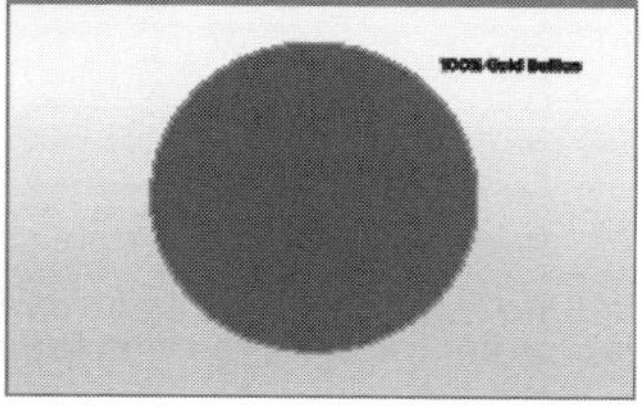

Castlestone Management (http://www.castlestonemanagement.com/)

同社は1996年に米国で設立されたオルタナティブ資産運用を得意とする独立系ブティックタイプのファンド会社で、ユニークなファンドを設定しています。ニューヨーク、ロンドン、欧州、南アフリカに拠点があります。その特徴は多様な運用戦略です。提供している商品には、ヘッジファンド、コモディティファンド、さらにはヘッジファンドの一手法であるマネージドフューチャーズとコモディティ・ミューチュアルファンドを合体させた「ハイブリッド・オルタナティブ・ファンド」があります。

「Gold Bullion」は、受益証券の購入と換金を週次で受け付けており、買い戻し手数料の設定がありません。また通常、ヘッジファンドで商品へ投資するタイプには、株式、先物、オプション、ワラントなどに投資するタイプが多く、レバレッジがかかっています。つまり、ハイリスク・ハイリターンなのです。ところが、同ファンドは純粋に金地金価格の変動を反映するように設計されています。

ファンドが保有する金地金は米HSBC（HSBC Bank USA）に寄託され、ロンドンで保管されます。金地金はリースが可能なので、同ファンドも金先物出し手レート（Gold Forward Offered Rate）で金地金をリースする「対米ドル・スワップ取引」が可能です。この収益はファンドに内部留保され、諸経費に充当されます。設定来（2000年設定）からの年平均リターンはプラス14・42％です（2007年12月末現在）。中長期で保有するには安定したリターンかもしれません。

キャッスルストーン社のサイト
http://www.castlestonemanagement.com/

2. アグリビジネスファンド

「資源」というと、石油や鉄鉱石を思い浮べる方が多いかもしれません。しかし、食料もまた重要な資源です。投資先として、農業関連産業の「アグリビジネス」に注目しています。

エマージング諸国の経済成長は、そこに住む30億人の食生活に大きな変化をもたらしています。肉や乳製品の消費量は増え、家畜の飼料となる穀物の消費量もまた増えているのです。しかし、水と土地(農地)と穀物には限りがあります。需要が増加しているのに供給が追いついていないのでは、食料価格が上昇するのは必然といえるでしょう。

2006年末、シカゴ市場のトウモロコシ先物価格は11年ぶりに1ブッシェル当たり4ドルを超えました。ただ、1996年の暴騰相場と異なるのは、翌2007年になっても「高値圏」で推移していることです。このことから、前者は一過性の干ばつによる供給の問題だったのに対し、後者は旺盛な需要によるものだと指摘し、供給が追いつくには時間がかかると主張する方もいます。

この旺盛な需要をさらに押し上げているのが、トウモロコシから製造されるエタノール燃料への消費です。ブッシュ米大統領は、2007年1月の一般教書演説で「ガソリンの代替燃料として2017年までにトウモロコシを中心とするエタノール燃料の生産を現在の50億ガロンから350億ガロンに拡

図表 6.3　アグリビジネスへ投資されているオフショアファンドと ETF の一例

ファンド名	スターレーティング	1年	3年	5年
DWS Gbl Agribusiness		34.2%	N/A	N/A
Robeco Food & Agri Equities	★★★	19.9%	62.2%	104.7%

Data MORNINGSTAR Offshore (12/Jan/2008) http://www.funds.morningstar.com/

ETF 名	コード	取引所	1年
PowerShares DB Agriculture Fund	DBA	AMEX	40.2%
Market Vectors Agribusiness ETF	MOO	AMEX	20.2%
AB Svensk Ekportkredit	RJN	AMEX	12.5%
H&Q Life Sciences Investors	HQL	NYSE	-2.4%

Data: BOOM Securities (12/Jan/2008) http://baby.boom.com.hk/

大する」と宣言しました。原油高によるガソリン価格高騰の対処策とはいえ、この数字はその年と翌年の米国でとれるすべてのトウモロコシをエタノールにしても賄いきれない数字です。

米国はトウモロコシの世界輸出の7割を占めています。そして日本のトウモロコシ自給率は0％で、94％を米国から輸入しています。コーンスターチのトップメーカーである日本食品加工は、原料であるトウモロコシ高騰で減益となりました。マヨネーズで有名なキユーピーも食用油の高騰で17年ぶりの値上げを実施しました。

長期投資で大事なのは、現実に起こっていることを直視して、受け入れ、その先を推測することだと思います。わたしは、こうした需要増による穀物価格そのものの上昇に投資するよりも、需要増に対応する食糧供給で成長が見込めるものに投資したいと考えました。つまり「アグリビジネス」への投資です。このセクターは、2006年末から2007年に高騰し、2008年の初めは下がっていますが、需要がなくなることはないので、引き続き注目しています。

アグリビジネス

食料市場のグローバル化は1990年代に急速に進展し、そのなかで国際的な競争力を持つ「穀物メジャー」が川上の生産から川下の流通まで、食料にかかわるすべてを統括するようになりました。「アグリビジネス」は、そもそもこの体系化を意味する言葉です。ただし、今では企業的経営を志向する農業関連産業を意味する言葉として使われています。

21世紀に入っても世界最大のアグリビジネスを展開している企業は、依然としてカーギルです。ただし、カーギルは非上場企業で、秘密のベールに包まれたままです。そのほか大手アグリビジネス企業として挙げられるのは、ADM（アーチャー・ダニエルズ・ミッドランド）とブンゲ（バンギ）です。両社はニューヨーク証券取引所（NYSE）に上場しています。

ブンゲは1818年にオランダのアムステルダムで創業し、1999年に本社機能を米ニューヨーク州に移した世界的アグリビジネス企業です。農産物の生産から飼料の製造、世界最大といわれる製油、国際流通、マヨネーズやマーガリンなどの食品の製造まで、多岐にわたって展開しています。象徴的なのは2003年に米デュポンとバイオテクノロジーに関する合弁で設立したソレイ社です。同社は大豆タンパクなどの高付加価値食品素材を開発しています。

またブンゲで特筆すべきは、南米でのプレゼンスです。1884年にアルゼンチン、1905年よりブラジルで事業を展開しており、南米最大の穀物・大豆加工業者、肥料業者としての地位を確立しています。

遺伝子組み換え作物

わたしが投資先として注目しているアグリビジネスは、遺伝子組み換え（Genetically Modified＝GM）技術を持つ企業も含まれます。

遺伝子組み換え技術の進歩は目覚ましく、この技術で品種改良された作物（GMO）で、生産者が育成にかける時間とコストは大幅に削減されるようになりました。典型的なのは「除草剤耐久」GMOです。GMOに特定の除草剤への耐性を持たせ、栽培を促進するというわけです。

エタノール生産の拡大に伴い、GMトウモロコシの栽培比率は拡大するでしょう。2007年の時点で、すでに米国産トウモロコシの7割はGM品種になっており、大豆にいたってはほぼ100%を占めるとのことです（2007年12月6日付米「Business Week Online」より）。

また国際アグリバイオ事業団（ISAAA　http://www.isaaa.org）の統計によれば、2006年のGM作物は全世界の穀物作付面積の約15%に相当します。生産者はすでに1000万人を超えました。米国に次ぐ農業大国ブラジルでもGM作物の比率は急上昇しています。

一方、世界最大の農産物輸入国である日本では、GM技術にかなりの抵抗がみられます。農産物先物を上場している東京穀物商品取引所でも、多く取引されているのは、米国産一般大豆よりも非ＧＭ大豆（Ｎｏｎ—ＧＭＯ大豆）のほうです。

しかし、すでに日本国内の家畜飼料の原料は大半がＧＭ作物であり、直接的・間接的にわたしたちの食卓に並んでいるものも多いと思われます。好むと好まざるにかかわらず、この流れはとどまることはないでしょう。

除草剤耐久大豆で世界をリードしているのが、米ミズーリ州セントルイスに本社のあるモンサント社です。同社は１９０１年に設立され、もともとは甘味料のサッカリンなどを生産していました。しかし、90年代後半から農業や製薬の再編を経て、医薬品メーカーのファルマーシア社から独立し、世界４００カ所に事業拠点を持つ国際企業へと成長しています（ニューヨーク証券取引所に上場）。

この除草剤耐久大豆は「ラウンドアップ・レディー（ＲＲ）大豆」と呼ばれ、同社が開発した除草剤でも枯れずに生き残る耐性を持っています。これによって、雑草が生えない畑を簡単に作れるようになったのです。

この技術は知的所有権として現在も保護されており、生産者と技術提携を結び、ロイヤルティービジネスを展開しています。モンサントは従来のアグリビジネスのビジネスモデルを変えた企業と言えるでしょう。ただし、このロイヤルティービジネスは、これまで幾度となく環境団体を相手に議論や訴訟を巻き起しているのも事実です。２００７年末、投機資金がトウモロコシ市場から大豆市場へと移ったのを受けてか、同社の株価は右肩上がりとなりました。

【ケーススタディ】DWS Global Agribusiness

２００７年は「農地バブル」といわれるほど、関連する企業は値上がりしました。懸念すべき点は、エタノールの使用などが政府の補助金なしで経済的に成立しないことです。投資先としての魅力はあせることがないものの、購入のタイミングが難しいことも事実です。

エマージング諸国など、購入タイミングの難しい投資先は、積立投資にしています。アグリビジネスも同じで、積立投資しているファンドの一つが「DWS Global Agribusiness Fund」です。

ＤＷＳインベストメント（以降ＤＷＳ）は、フランクフルトを拠点に１９５６年に設立されたミューチュアルファンド会社です。同社は、ドイチェバンク・アセット・マネージメントの傘下にあり、運用規模は２５８０億ドルで、世界トップ10にランクインしています（以降すべて２００７年の数字）。同社のミューチュアルファンドは１６７０億ドルと欧州最大規模で、ドイツ国内のシェアは21％と断トツです。取扱ファンド数は６８３本と多く、そのうちＳ＆Ｐのオフショアファンドのデータには１５５本が登録されているように幅広い品揃えが魅力です。

ＤＷＳは欧州外でも活躍しており、米国では米子会社のＤＷＳスカッダーを通じて８６０億ユーロを販売しました。２００６年にはシンガポールとインドでＤＷＳブランドファンドを導入し、アジア太平洋地域でのプレゼンスも高めています。

同社が２００６年９月に立ち上げた「DWS Invest Global Agribusiness」ファンドは、先ほど述べたモンサントを筆頭に、ＡＤＭ、ブンゲを組み入れています。印象的なのは、国別配分で見ると、２位に

「DWS Global Agribusiness」のファクトシート（一部）

DWS INVESTMENTS
Deutsche Bank Group

December 2007

Investment policy

The sub-fund invests worldwide in equities of issuers operating in or profiting from the agricultural industry.

Portfolio management's comment

For detailed comments on the fund and its corresponding markets please see the annual resp. the semi annual report.

Management company	DWS S. A.
DWS-Risk-Class	4
Assets	1,072.6 Mio. USD
Launch date	15/09/2006
Fiscal year end	31/12/2008
Fund currency	USD

As at 28/12/2007

DWS Global Agribusiness

Performance (in USD) - Share class A2(USD)

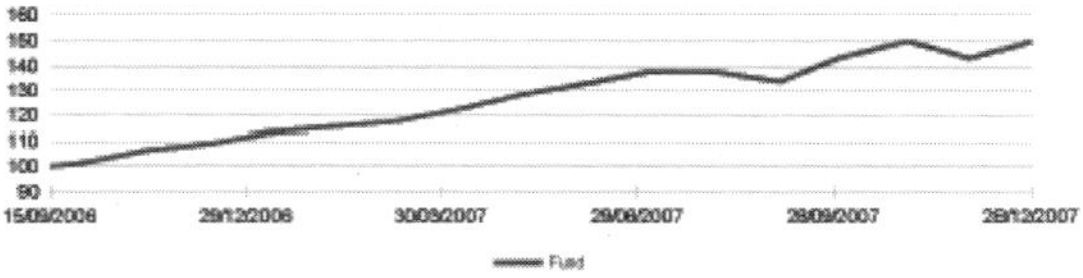

Cumulative performance (in %)

	LC(EUR)	FC(EUR)	A2(USD)	E2(USD)
1 m	5.2	6.0	4.7	4.7
3 m	1.2	2.1	4.8	4.9
1 y	18.8	21.0	32.2	33.2
3 y	–	–	–	–
5 y	–	–	–	–
s.launch	29.3	32.1	49.6	51.2

Performance by BVI method, i.e., not including issuing premium. Past performance is no guarantee of future results.

Portfolio Analysis

Breakdown by sector (in % of fundvolume)

Portfolio breakdown according to MSCI

Consumer Staples	48.3
Materials	22.4
Industrials	15.4
Energy	2.4
Health Care	1.7
Financials	1.3
Consumer Discretionary	1.3
Utilities	0.5
Not classified to MSCI-Scheme	2.5

Principal holdings (in % of fundvolume)

ARCHER-DANIELS-MIDLAND CO (Consumer St	5.0
SYNGENTA AG (Materials)	2.8
MONSANTO CO (Materials)	2.1
FRESH DEL MONTE PRODUCE INC (Consumer	2.0
K+S AG (Materials)	2.0
BUNGE LTD (Consumer Staples)	1.8
SASKATCHEWAN WHEAT POOL INC (Consume	1.8
A P MOLLER - MAERSK A/S (Industrials)	1.8
CORN PRODUCTS INTERNATIONAL INC (Cons	1.7
MAKHTESHIM-AGAN INDUSTRIES LTD (Materia	1.7
TOTAL	22.7

Breakdown by country (in % of fundvolume)

USA	20.8
Germany	7.1
Brazil	6.8
Switzerland	6.2
Bermuda	5.1
Denmark	4.1
Norway	3.9
Australia	3.9
Russia	3.8
Other countries	34.1

Investment ratio (in % of fundvolume)

Equities	90.0
GDRs/ADRs	5.8
Cash and other assets	4.2

* Based on the gross investment.

Previous month's rankings and ratings.

Figures subject to audit. The current sales prospectus which is legally binding for the purchase of fund units is available from your financial consultant or DWS. The sales prospectus contains detailed information about risk. Evaluations made in this report may change at any time whithout prior announcement. These statements are based on our assessment of the current legal and tax information.

Fund price publication: www.dws.de, ARD-Text S.774ff.

Fund price publication: www.dws.de

-1-

DWS Investment GmbH
Mainzer Landstraße 178-190
60327 Frankfurt am Main

Tel.: +49 (0)1803 - 10 11 10 11*
Fax: +49 (0)1803 - 10 11 10 50*

Internet: www.dws.de
*(0.09 EUR/min)

DWS Investments (http://www.dws.com/)

農業大国として台頭しているブラジルの企業が入っているところです。

DWSインベストメント社
http://www.dws.de/

3. 環境ファンド

地球温暖化による異常気象や海面上昇、中国などエマージング諸国での大気汚染、水質汚濁、酸性雨の被害——。ご存知のように、こうした深刻な環境問題が毎日のように報道されています。すでに環境問題は地球規模に拡大しており、国際的な取り組みが求められる人類にとって深刻な課題なのです。

グローバル時代の経済活動や経済発展をとどめることなく環境問題に対してどのような対策をとればよいのか。その一つとして考えられるのが「循環型社会」の構築です。具体的には、天然資源の消費を抑制し、環境への負荷ができるかぎり低減される社会を構築しようというわけです。

また先進諸国では、原油高を受け、産油国に振り回されることがないように、可能なかぎり国内でのエネルギー生産を目指しています。エタノールなどのバイオディーゼル燃料、太陽光発電エネルギー、風力エネルギーなどの代替エネルギーの開発です。

こうした時代の流れを反映して、環境セクターに注目が集まっています。すでに資金が集まりすぎて、募集を停止している環境ファンドもあるほどです。例えば「Activest Eco Tec（現在、パイオニア社に買収され、『Pioneer Ecology』に改名）」というファンドは、２００７年10月に新規募集を停止しています。

日本にも優秀な環境技術を持つ企業はたくさんあります。しかし、資本力である企業の時価総額が欧米の企業に比べて低く、国際競争力において不利であるという判断からか、欧米の成績が良いファンドには、ほとんど組み込まれておりません。

本書の一貫したテーマは「グローバルな市場において国際競争力がある企業を選ぶ」ということです。日本企業の技術は優秀です。しかし、大半はブランド力、資本力（時価総額）で欧米企業に太刀打ちできません。金融だけでなく、企業もそうなのです。多くの企業の役員は任期の２年が無事に終わればよいことを願い、リスクを取って事業展開や積極的なＭ＆Ａをしようとはしません。そのため資本力がなく、技術は宝の持ち腐れになる可能性があるわけです。

ちなみに、わたしが強く関心を持っているのは電力市場と水です。電力市場は株式市場、債券市場と相関性がほぼゼロといわれ、商品市場ともほとんど相関性がありません。つまり伝統的な投資ポートフォリオに電力市場の投資を加えた場合、分散投資としての効果だけでなく、リスクの軽減が期待できるのです。

また環境という大きな枠組みのなかで注目を集めているのが「排出権ビジネス」です。例えば、二酸化炭素など温室効果ガス削減の数値目標の達成が難しい国や企業は、目標値以上の削減を達成した国や企業から、その余った排出許容枠を購入できます。事実、日本やドイツは中東欧の排出枠に余剰がある国から排出権を購入しようとビジネスを展開しています。一方、中東欧諸国はその売却資金を老朽した発電所の設備投資などにまわし、二酸化炭素の排出を大幅に減らすことができます。

こうした排出権の取引でリードしているのが欧州連合（ＥＵ）です。２００５年に独自の排出権取引制度（ＥＴＳ）を発足させ、域内１万超の工場などで温暖化ガスの排出上限を定め、削減努力で余力が生じれば、排出権として他企業に売買できるようになりました。オランダの欧州気候取引所（ＥＣＸ＝European Climate Exchange）には排出権の先物とオプションが上場されており、２００７年10月の月間出来高は過去最高の約1億７００万トンを記録し、年々取引を拡大させています。

先ほど電力に注目していることをお伝えいたしましたが、北欧電力市場は潤沢な流動性と透明性を特徴とする世界でも効率的な商品市場の一つです。北欧諸国の「ノードプール（Nord Pool）」は電力を取引する最初の国際商品取引所となり、現在も電力取引では最大の市場です。電力セクターの規制緩和において国際的な電力取引の組成で世界を誘導しています。

欧州では、温室効果ガス排出権はロンドンを拠点とするＩＣＥフューチャーズ・ヨーロッパ（旧ロンドン国際石油取引所）の電子取引プラットフォームを通じて、ＥＣＸ排出権金融商品（ＥＣＸ－ＣＦＩ）先物として取引されています。ＩＣＥフューチャーズは欧州全体を対象とする、最も流動性が高い温室効果ガス排出権取引のプラットフォームで、市場の80％以上をカバーしております。

ちなみにＩＣＥフューチャーズの親会社であるＩＣＥ（インターコンチネンタル取引所）は、アトランタを拠点とする電子取引所で、ニューヨーク証券取引所に上場しています。当初、同社のビジネスの中心はエネルギー商品の相対取引（ＯＴＣ＝店頭取引）ネットワークでした。しかし、２００１年にロンドン国際石油取引所、２００７年にニューヨーク・ボード・オブ・トレード（砂糖、ココア、綿花の先物を主力商品とする）を買収するなど、積極的なＭ＆Ａで取引所ビジネスに参入し、ニューヨーク原油先物を上場するニューヨーク・マーカンタイル取引所（ＮＹＭＥＸ）と世界的エネルギー市場の覇権を争っています。

２００５年に設立されたエレクトリス・アセット・マネジメント社（Electris Asset Management）の「Centum CO2 Fund」は、主にＥＣＸ―ＣＦＩ先物市場でシステム運用をする排出権ファンドです。また「Electris Energy Fund」はノードプール市場での運用に集中しています。同社は設立されて日が浅く、ファンドの運用規模も小さいのですが、注目しているファンドの一つです。

こうした、排出権ビジネスに絡んだ金融商品が海外では多く販売されておりますが、実際に燃料用トウモロコシの大規模な生産には大量の農薬が必要であり、その農薬を生産するのに大量の化石燃料を必要とします。エタノール自体は環境に優しいかもしれませんが、現在の肥料や農薬は石油製品を使用する生産方式なので、石油依存から脱却できるわけでもないわけです。また、耕作機器にも燃料需要も大きく、ディーゼル油や液化ガスも大量に必要になります。また、エタノールの精製は技術革新も進んでいくとは思われますが、膨大な水や電力も必要となります。

投資需要があるところにＭ＆Ａ有りで、日本でも電力卸最大手Ｊパワー（電源開発）に対して、ドイツ取引所グループの筆頭株主でもある英ヘッジファンド会社ザ・チルドレンズ・インベストメント・ファンズ（ＴＣＩ）が増配要求をしたニュースは記憶に新しいところです。

米国でも２００７年２月末にテキサス州を地盤とする電力大手ＴＸＵを４５０億ドル（約５兆４０００億円）で買収したのはＫＫＲ（コールバーグ・クラビス・ロバーツ）とＴＰＧ（テキサス・パシフィック・グループ）の２大ファンドのほかにゴールドマン・サックス、リーマンブラザーズなど米金融界のそうそうたる顔ぶれが18年ぶりに食品大手ＲＪＲナビスコの買収額の記録を塗り替えたばか

図表 6.4　資源・エネルギーに投資されているオフショアファンドと ETF の一例

ファンド名	スターレーティング	1年	3年	5年
ABN AMRO Energy	★★★★	54.5%	140.2%	421.8%
Fortis L Eq Resources World	★★★★	59.9%	155.5%	310.1%
Merrill LIIF New Energy	★★★★★	56.5%	149.5%	381.7%
Schroder ISF Glbl Energy		45.6%	126.4%	270.7%
INVESCO Energy	★★★	44.8%	138.1%	296.2%
Baring Global Resources	★★★	44.5%	173.7%	328.2%
DWS Invest New Resources		44.3%	N/A	N/A
CS EF (Lux) Future Energy		41.4%	N/A	N/A
Merrill LIIF Wld Energy	★★★★	40.2%	126.6%	300.8%
Investec GSF Global Energy	★★★★★	37.6%	145.8%	359.2%
Martin Currie GF Glbl Resources	★★★★	36.6%	139.8%	N/A
SGAM Fund Eq Glob Resources		36.6%	N/A	N/A

Data: MORNINGSTAR Offshore (12/Jan/2008) http://www.funds.morningstar.com/

ETF名	コード	取引所	1年
iShares Dow Jones US Oil Equipment & Services	IEZ	NYSE	47.4%
PowerShares Dynamic Oil Services Portfolio	PXJ	AMEX	46.5%
SPDR S&P Oil & Gas Equipment & Services	XES	AMEX	43.5%
WisdomTree International Energy Sector	DKA	NYSE	40.8%
Energy Select Sector SPDR Fund	XLE	AMEX	37.8%
Vanguard Energy	VDE	AMEX	37.4%
PowerShares Dynamic Energy Sector Fund	PXI	AMEX	33.0%
iShares S&P Global Energy Sector	IXC	AMEX	31.1%
BlackRock Global Energy & Resources Trust	BGR	NYSE	17.9%

Data: BOOM Securities (12/Jan/2008) http://baby.boom.com.hk/

りです。

前述のエタノールも環境保護に完璧な救世主でなく、巨大買収ファンドが電力に注目するのは、環境への負担を軽減するために風力や太陽エネルギーを組み合せることが検討されつつあるからです。

【ケーススタディ】Allianz RCM Global Eco Trends

1890年、ドイツで設立されたアリアンツグループは、債券運用最大手のピムコを傘下に持つ金融コングロマリットです。世界中に約17万3000人の従業員と約70カ国に7000万人以上の顧客を有し(2007年6月30日現在)、国連貿易開発会議(UNCTAD)が2007年10月に発表した同年版「世界投資報告」では、最も多国籍化している金融機関ランキングで世界第3位の評価でした（1位は米シティグループ、2位は米GEキャピタル）。

同社株はドイツ取引所をはじめとする欧州の主要取引所、ニューヨーク証券取引所に上場しています。欧州を代表する企業50社で構成される株価指数「Dow Jones EURO STOXX 50」に含まれています。アリアンツは伝統的に保険業で有名ですが、資産運用部門でも世界最大級です。2006年末には、7640億ユーロ（125兆円）もの資金を運用しています。

この資産運用部門であるアリアンツ・グローバル・インベスターズが2007年1月に設定した「Allianz RCM Global EcoTrends Fund」は、環境エネルギー、環境技術、水の三つのカテゴリーに投資するエコロジーファンドです（ちなみにRCMはアリアンツグループのアドバイザリー部門の一つ

図表6.5 代替・環境エネルギーに投資されているオフショアファンドとETFの一例

ファンド名	スターレーティング	1年	3年	5年
SAM Smart Energy	★★★★★	72.5%	138.6%	N/A
Vontobel Gloal Trend	★★★★★	57.3%	151.7%	290.8%
Sarasin New Energy	★★★★★	56.0%	150.2%	384.0%
Impax Env Markets		18.1%	73.6%	N.A
Allianz-dit Global EcoTrends		69.7%	N/A	N.A
Integral MultiFd Green Planet	★★	3.1%	33.2%	95.5%
Pioneer Global Ecology	★★★★	23.1%	101.3%	242.4%

Data: MORNINGSTAR Offshore (12/Jan/2008) http://www.funds.morningstar.com/

ETF名	コード	取引所	1年
PowerShares Global Clean Energy Portfolio	PBD	AMEX	28.8%
Claymore/LGA Green ETF	GRN	AMEX	-4.1%
BlackRock EcoSolutions Investment Trust	BQR	NYSE	N/A

Data: BOOM Securities (12/Jan/2008) http://baby.boom.com.hk/

で、世界の主要都市、サンフランシスコ、ロンドン、香港、シドニー、東京にポートフォリオ・マネジャーとアナリストがおり、ファンダメンタルズをリサーチしています）。

同ファンドは長期において成長が持続すると考えられている三つの「環境セクター」に投資をしています。

一つ目は「環境エネルギー（EcoEnergy）」です。世界的に旺盛な需要に対して供給できる化石燃料は限られています。そこで、代替エネルギーとして太陽光・風力・地熱発電の技術を持つ企業、断熱材などエネルギー効率化の技術を持つ企業、省エネ技術を持つ企業、ハイブリッドカーの技術を持つ企業が対象となるわけです。

二つ目は「公害防止（Pollution Control）」です。例えば、中国大陸の3分の1が酸性雨の被害を受けていますし、廃棄物の増加速度は人口のそれを上回っています。したがって、二酸化炭素の排出など大気汚染を緩和する空気浄化の技術やリサイクルの技術を持つ企業は有望です。

三つ目は「清浄水（Clean Water）」です。上下水道のパイプやポンプ、海水を淡水化するプラント、水の浄化や濾過の技術を持つ企業などに投資します（水への投資については次の節で紹介します）。

アリアンツ・グローバル・インベスターズのサイト
http://www.allianzglobalinvestors.co.uk

水への投資

水不足は深刻な環境問題の一つです。奇跡的な発展を遂げている中国を筆頭に、エマージング諸国の水は安全ではありません。

中国には世界の全人口の約2割が住んでいます。ところが、利用可能な淡水は全世界の0・17％しかないのです。しかも、その多くは経済成長にともなう公害で汚染されてしまっています。

水が不足すると洗浄コストが高まるので感染症が流行しやすくなります。現に中国では2007年に約2000頭の豚が感染症で死亡して豚肉が高騰し、ダンボール豚饅頭事件が起きました。2003年のＳＡＲＳ（重症急性呼吸器症候群）のような感染症がさらに大規模に流行すれば「世界の工場」の操業が止まり、世界経済は大きく減速することになる可能性が潜んでいます。

急速な経済成長だけでなく、膨大な水の無駄遣いも水不足の大きな要因です。特に中国の水の消費量の7割近くは農業セクターによるもので、その大半が浪費されています。中国の水源である長江と黄河での汚染もひどく、国家評価告書によれば、21世紀後半には7大水系のうち、准河、遼河、海河の3河川で降水量が30％減少し、麦、米、トウモロコシの収穫量が37％減少するとの予測を示しております。

こうした流れから、世界では水資源を確保するための水ビジネスが急拡大しており、オイルメジャーではなく「水道メジャー」が世界を支配しそうな勢いです。インフラ整備は公的資金でまかなえないので、民間企業が請負っているからです。

世界規模で上下水道事業の民営化が展開され、海水の淡水化や下水の再利用に関わるビジネスが脚光を浴びています。本来、上下水道事業は公的セクターがインフラとして整備すべき事業です。しかし、先進国は財政難から老朽化に対応できず、途上国は公的資金そのものが不足しています。こうした背景から、欧州を中心に上下水道の民営化が進んでいるわけです。国別では、２００７年に英国で１００％、フランスで80％、ドイツで20％、米国で35％が民営化されました。アジアでも中国や韓国で急速に民営化が進んでいます。

なかでも注目される水道会社は、フランスのスエズとヴェオリア・ウォーターです。両社とも水道事業だけで売上高は1兆円を超え、世界の民営化した水道で75％のシェアを握ります。

スエズ運河を建設したことで有名なスエズは、電力、ガス、水道、廃棄物処理などの複合企業です。

図表 6.6　水に投資されているオフショアファンドとETFの一例

ファンド名	スターレーティング	1年	3年	5年
Praetor Water Equity		20.3%	N/A	N.A
SAM Sustainable Water	★★★★	16.5%	67.1%	191.0%
Dexia Sustainable		16.1%	N/A	N/A
Pictet F (LUX) Water-PC	★★★	14.4%	72.6%	178.5%
Credit Agricole Aqua Global		11.8%	N/A	N.A
Jupiter Climate Chng Solutions	★★★	11.3%	67.5%	169.5%

Data: MORNINGSTAR Offshore (12/Jan/2008) http://www.funds.morningstar.com/

ETF名	コード	取引所	1年
PowerShares Water Resource Portfolio	PHO	AMEX	9.3%
Claymore S&P Global Water	CGW	AMEZ	N/A
PowerShares Global Water Portfolio	PIO	AMEX	N/A

Data: BOOM Securities (12/Jan/2008) http://baby.boom.com.hk/

２００７年９月に国営企業のフランス・ガス社（ＧＤＦ）と合併し、ＧＤＦスエズとして、欧州第３位のエネルギー企業となりました。同社の株もユーロネクストやニューヨーク証券取引所に上場しており、ユーロ株の代表的な株価指数「Dow Jones EURO STOXX 50」の構成銘柄です。

ヴェオリア・ウォーターは、水道・廃棄業務・エネルギー・交通部門からなる複合企業ヴェオリア・エンヴァイロメントの一部門です。ヴェオリア・エンヴァイロメントもユーロネクストとニューヨーク証券取引所に上場しています。ちなみにヴェオリア・エンヴァイロメントには、２０００年にフランスのメディア複合企業ヴィヴェンディが業績不振のため、水道・廃棄業務が分離独立して誕生したという経緯があります。

ヴェオリア・ウォーターは日本にも進出しており、広島市と埼玉県の上下水道処理を受託しています。日本企業にも技術はあるのですが、水道の民営化には至っておりません。民間企業が浄水場などの施設や管路などを所有した場合、その企業は固定資産税を支払うことになりますし、公債の借金のマイナスも引き継がなければならないでしょう。よほど資本力のある企業でなければ難しいのが現状です。

水への投資を考える場合、ここで紹介したような関連企業に投資するミューチュアルファンド、いわゆる「ウォーターファンド」があります。また、2006年にパワーシェアーズ・キャピタル・マネジメントが設定した「PowerShares Global Water Portfolio」など、いくつかの水ETFが登場しています（**図表6・6**）。

> **パワーシェアーズのサイト**
> **http://www.powershares.com/**

【ケーススタディ】Pictet Funds (LUX) - Water

ピクテといえば、歴史、運用規模とも超一流のスイスのプライベートバンクです。運用資産額は2950億スイスフラン（約29兆円）規模です。この額は日本の新規国債の年間発行額や世界最大の小売業、ウォルマートの年間売り上げに匹敵します。「スイスの老舗プライベートバンク」といえば、ピクテかロンバー・オーディエ・ダリエヘンチです。

ピクテグループが組成する「Pictet Funds」は、1994年に設立され、同社のファンドで水に特化したファンドが2000年1月に設定された「PF (LUX) - Water」です。業界ではウォーターファンドの先駆的役割を果たしたことで知られています。

同ファンドは、モーニングスター・オフショア（元S&Pオフショア）のなかでも四つ星の格付がつけられているファンドです。ディフェンシブ性が高い上下水事業やネスレに代表されるように飲料を提供する企業水への投資とボラティリティの高い水テクロノジーと環境サービスの分野に投資しています。

先ほど紹介した、ヴェオリア・エンヴァイロメント社とスエズ社が組み入れ比率のトップ2です（2007年11月末現在）。ほかに日本ではコーヒーで有名なネスレやヨーグルトで有名なダノン・グループがミネラル・ウォーターを提供することから、ポートフォリオに組み込まれています。

ピクテ社のファンドは、機関投資家向けに販売されておりますので、通常の購入は個人投資家には難しいといえますが、海外のラップ口座（後ほど紹介します）を利用すれば、5000ポンド相当のユーロや米ドル単位で取引可能です。また同社のファンドは、1万米ドル相当から購入できる環境系ファンドやファンド・オブ・ファンズに組み入れられることも多いので、個人投資家にも投資機会はあります。

「PF(LUX)-Water」のファクトシート（一部）

PICTET 1805 FUNDS

AS AT END OF DECEMBER 2007

PF(LUX)-Water-P Cap

Pictet Funds (LUX)

INDEXED PERFORMANCE

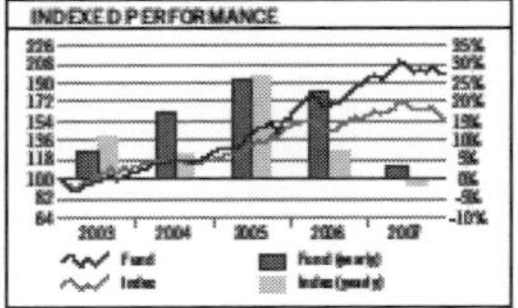

SECTOR BREAKDOWN

Water Supply & Treatment	38.8%
Water Technology	35.4%
Environmental Services	13.3%
Mineral Water	9.2%
Others	2.2%
Cash	1.1%

GEOGRAPHICAL BREAKDOWN

United States	32.6%
France	17.6%
United Kingdom	13.4%
Switzerland	8.4%
Japan	5.5%
Canada	3.7%
Italy	3.6%
Finland	3.1%
Others	11.0%
Cash	1.1%

10 LARGEST HOLDINGS

Veolia Environnement	7.0%
Suez	5.1%
ITT	4.8%
Nestlé	4.7%
Groupe Danone	4.6%
Fortum	2.6%
Nalco Group	2.4%
Severn Trent	2.4%
Pentair	2.3%
Waste Management	2.2%

INVESTMENT OBJECTIVE

The fund's objective is to invest worldwide in shares of companies focused on the water related sector. Based on the in-depth knowledge of the investment team and industry expertise from a dedicated external advisory board, the fund seeks to identify companies with strong commercial potential.

PERFORMANCE vs. MSCI World

	Fund	Index	Fund	Index
	Cumulative		Annualised	
YTD	3.14%	-1.85%	-	-
1 Month	0.50%	-1.09%	-	-
3 Months	0.07%	-5.27%	-	-
1 Year	3.14%	-1.85%	3.14%	-1.85%
3 Years	59.7%	33.0%	16.9%	9.97%
5 Years	99.9%	56.8%	14.9%	9.41%
Since inception	56.2%	-10.6%	5.79%	-1.40%
	Yearly		December to December	
2007	3.14%	-1.85%	3.14%	-1.85%
2006	22.8%	7.40%	22.8%	7.40%
2005	26.0%	26.2%	26.0%	26.2%
2004	16.9%	6.46%	16.9%	6.46%
2003	7.08%	10.7%	7.08%	10.7%

TECHNICAL INFORMATION

NAV	EUR 156.16	Dividend	Reinvested
Size in mio.	EUR 4'066	Number of positions	83
Max draw up	70.45%	Max draw down	-11.97%
Volatility	10.73%	Tracking error	4.62%
Sharpe ratio	1.16	Information ratio	1.32
Jensen's alpha	6.10%	Beta	1.00
Correlation	0.90	R squared	0.82

GENERAL INFORMATION

Risk level	Moderate / high risk
Fund manager	Hans Peter Portner, Philippe Rohner, Louis-Mathieu Perrin
Custodian bank	Pictet & Cie (Europe) S.A.
Legal status	Luxemburg Sicav - Part I
Country of registration	AT, BE, CH, CL, DE, ES, FI, FR, GB, IT, LI, LU, NL, PE, PT, SE, SG, TW
Inception date	20 January 2000
Close of fiscal year	31 December
Multiclass	Yes
NAV Valuation	Daily, "forward pricing"
Management fee	1.60% p.a.
TER	1.90% p.a.
Max. subscription fee	5.00% Paid to distributor
Max. redemption fee	1.00% Paid to distributor
ISIN	LU0104884860
Telekurs	001021903
Bloomberg	PICWAPA LX
Reuters	PICTET26

NEWSPAPERS

AGEFI, Corriere del Ticino, Finanz und Wirtschaft, Le Temps, NZZ

Pictet Funds Monthly report Page 1/2

Pictet Funds S.A.
TEL. +41 (0)58 323 3000
www.pictetfunds.com

PICTET Funds (http://www.pictetfunds.com/)

【ケーススタディ】Protected Water Fund

ウォーターファンドは、バークレイズ・キャピタルが提供しているバークレイズ・ワールド・ウォーター・ストラテジーというインデックスが世界の主要な水関連の上場株式のパフォーマンスを示すものとして有名です。この指数は７００銘柄を超える投資可能な水関連企業の株式のうち、40銘柄の大型株に投資先を絞っており、比較的ボラティリティが抑えられております。

「Protected Water Fund」は、英国の名門バークレイズ・バンクＰＬＣが１００％元本を保証したファンドで、バークレイズ・ワールド・ウォーター・ストラテジーに投資するために、バークレイズ・キャピタルが特別に作成したファンドです。投資期間は10年で、２００７年10月から1年の販売です。

投資先は、お伝えした世界的な環境サービス会社のヴェオリア社、配電、水、上下水などの事業を手がけるユナイテッド・ユーティリティーズ社、西欧、北米で上下水サービスを提供するセバーン・トレント社などに投資されております。

水に注目し、元本を確保することを望む投資家のニーズに応えたファンドだと思います。

第7章　ヘッジファンドへの投資

1. ロングショートとマーケットニュートラル

ロングショートは、米国の社会学者であり、作家で金融ジャーナリストでもあった、アルフレッド・ウィンスロー・ジョーンズ博士が１９４９年に考案した「ヘッジファンドの原点」ともいうべき手法です。その名のとおり、株式の買い（ロング）だけでなく、空売り（ショート）もするところに特徴があります。

ＥＴＦの節で述べたとおり「空売り」とは、簡単に言えば、証券会社や他の投資家から株を一時的に借りて市場で売る方法です。通常、空売りは株を「一時的に借りて」いるのですから、レンタル料（貸株料）や現物株が不足しているときの品貸料がかかります。しかし、その株の総代金を支払う必要はありません。総代金の一部に相当する「証拠金（マージン）」を担保にして借りることができるのです。つまり、比較的小さな額で大きな額の取引ができるわけです。この効果のことを「レバレッジ（てこ）」と呼びます。

マーケットニュートラル

ロングショートのなかでも、できるだけ市場全体の風向きに左右されないことに主眼をおき、株価固有の動きで収益を出そうとする手法を「マーケットニュートラル（市場中立）」といいます。ロングショートとは主眼が異なるため区別して扱われるのが一般的です。

個別株の価格は市場全体の相場の流れに影響されやすく、いかに割安株でも、市場全体が下げているときには足を引っ張られてしまうことが多々あります。逆に、いかに割高株でも市場全体が上げているときにはさらに値上がりする可能性があり、空売りは危険です。「この市場全体の変動リスクをいかに回避（ヘッジ）するか」がマーケットニュートラルの腕の見せどころとなります。

一般的なのは、市場平均やセクター平均に対して割安な株を買い、割高な株を空売りする方法です。この場合、市場全体が上げていれば、割安株は割高株よりも勢いよく上昇する可能性があります。逆に市場全体が下げていれば、割高株は割安株よりも勢いよく下落する可能性があります。目論見どおりであれば、市場がどちらに動いても差し引きで利益が残るというわけです。

ニュートラルのとり方には大きく2種類あります。一つは「ドル・ニュートラル」です。例えばGMの株価が50ドル、トヨタの株価が100ドルであった場合、それぞれ2対1という割合で、ロング銘柄全体とショート銘柄全体を同じ金額で維持します。

もう一つは「βニュートラル」です。市場全体（株価指数）に対してロング銘柄とショート銘柄がそれぞれどのような動きをするか、その感応度を示す値「β」（ベータ）で建玉（ポジション）のバランスを整えます。

バイアス

ただ、一般的に「ロングショート」というと、マーケットニュートラルのようにポートフォリオのリスクを低減させつつ絶対利益を狙うというよりも、マーケットの上昇局面でも下落局面でもポートフォリオのリターン向上を狙うところに主眼を置くヘッジファンドの投資手法を指します。ロングショートでは、ファンドマネジャーの裁量の幅が大きく、ニュートラル（中立）どころか柔軟にバイアス（偏重）をかけられるのです。

バイアスには、買いの割合が多い順に、ロングバイアス（Long-bias＝買い偏重）、ノーバイアス（No-bias＝偏重なし）、ショートバイアス（Short-bias＝売り偏重）があります。またファンドマネジャーの判断によってバイアスを柔軟に変えられることをバリアブルバイアス（Variable-bias）と呼びます。

では、ロングオンリー（買いだけ）のミューチュアルファンドとロングショートとには、どれだけの違いがあるのでしょうか。

一般的なミューチュアルファンドでは、30～60銘柄でポジションをとります。一方、ロングショートでは50～２００の比較的多い銘柄でポジションをとってリスクを分散します。

これはロングオンリーでは、１００万円の運用資金があれば、そのまま１００万円分を買うのに対して、ロングショートでは、証拠金の活用によって、30～70％のレバレッジ（テコ効果）を利用できるところにあります。例えば、100万円に1・5倍のレバレッジを適用すると150万円分の運用が可能です。そして90万円をロング、60万円をショートに投資すれば、結果的に正味30％のロングバイアスができます。このようにレバレッジを活用し、リスクを管理しながらマーケットに柔軟な対応をすることができれば、安定性を確保しながら収益性の高い運用を狙えるわけです。

【ケーススタディ】Castlestone Hedged Equity Index Plus

通常、ファンド・オブ・ヘッジファンド（ＦＯＨＦ）には、そのファンドにかかる手数料だけでなく、投資先のファンドにも手数料がかかるという「二重コスト」の問題があります。しかし、前の章で紹介したキャッスルストーン社のファンドは、投資先のファンドに成功報酬だけを支払う仕組みです。したがって、手数料が比較的低水準に設定されています。

同社の組成したヘッジファンド「Hedged Equity Index Plus」は、株価指数にロングショート戦略を組み合わせたＦＯＨＦです。このファンドは、まず主要国の株価指数に投資をしています。株式相場の上昇局面では、株価指数への投資で利益を出そうというわけです。

一方、下落局面では、ロングショートのショートの部分でリターンを狙えます。「下落局面のヘッジであれば、ショートバイアスのみやショートセリング（売り専門）のヘッジファンドだけでもいいのではないか？」と思う方もいらっしゃるかもしれません。ただロングショートのメリットは、その柔軟性です。市場変動のタイミングによってバイアスをかけたり、抜いたりできます。

株式相場の上昇局面では、ロングショートのロング部分の銘柄選択によってα（指数に対する個別株の変動割合）からの利益も期待できます。文字どおりの「プラスα」です（もちろん、ファンドマネジャーの銘柄選択が裏目に出れば、逆の結果となりますが……）。

このファンドは、長期的には日米欧の株価上昇を期待しているが、目先の下落局面では損失を抑えて、上昇局面でさらなるリターンを狙いたい、という方に一考の余地がある仕組みの商品ではないかと思います。

2. アービトラージ

「アービトラージ（裁定取引）」は、関連のある商品間で「ミスプライス＝misprice」（割高感ないし割安感）があるものを見つけ、その価格差から収益を得る手法です。実は日常生活にも似たような行為が頻繁にみられます。

例えば、銀座のホステスが海外でエルメスのバーキンを買い、行きつけの日本のブランドショップにプレミアをつけて売って、その利ざやをお小遣いにするのも、一種のアービトラージです。〝パパ〟におねだりすれば元手はかかりませんから、まさにスーパーアービトラージとなります。

アービトラージの対象は、収益機会のあるものすべてです。例えば、もし大阪証券取引所（大証）に上場するトヨタ株が東京証券取引所（東証）に上場する同株よりも10円安かったとすると、大証でトヨタ株を買い、同時に東証で同量の同株を売るアービトラージに収益性があります。

通貨にもアービトラージの機会があります。例えば、1・0米ドルで0・9ユーロを交換（購入）でき、1・0ユーロで0・7英ポンド、さらに1・0英ポンドで1・8米ドルを一気に交換できたとしましょう。すると、1・0米ドル×0・9ユーロ×0・7英ポンド×1・8米ドル＝1・134米ドル、となります。つまり、いくつかの通貨を経由させるだけで13・4％の利益を出したことになるわけです。

もちろん、これは分かりやすく説明するための極端な例です。しかし、実際の為替市場では、このようなことが小数点以下で常に起こっています。

アービトラージが可能なのは、さまざまな要因により、個々の市場に「ゆがみ」（anomaly）が生じるからです。すべての市場のすべての参加者が同じ情報を同じタイミングで得て、効率的な判断を下すことができれば、このゆがみはなくなってしまうでしょう。確かに、ここ十数年のインフォーメーション・テクノロジーの劇的な発展で、機関投資家の情報伝達は電話からコンピュータベースへと格段に進歩しました。個人投資家でもインターネットでかなりの情報を収集できるようになっています。

しかし、それでも市場参加者が機械ではなく、欲や思惑を持つ人間である以上、だれもが同時に同じ質と量の情報を得たうえに最も効率的な判断を下すことは、現実的にあり得ません。したがって、通貨、株式、債券、先物といったマーケットには、常に自然発生的にゆがみが生じるのです。

「市場には常にゆがみが生じ、収益機会が消えることはない」。これがアービトラージ最大の強みです。そのため多くのヘッジファンド会社がこの手法を好み、安定運用を求める多くの機関投資家向けに商品を販売しています。

アービトラージの弱点

逆にアービトラージの弱点は何かといえば、同じ手法で収益機会を捉える市場参加者が増えると収益機会が減少してしまう点です。

例えば、10人の銀座のホステスが「海外でエルメスのバーキンを定価で仕入れ、日本でプレミアをつけて売ろう」とお店に行っても、三つしか販売していなければ、ほしくても購入できない人がいます。手に入れた人はプレミアをつけてブランドショップで売れますが、手に入れられなかった人は何もできません。つまり、収益機会が限られ、必然的に早い者勝ち、一瞬の勝負となってしまうのです。

かつて17億ドルの運用額を誇った大手ヘッジファンド、マリン・キャピタル・パートナーズ（Marin Capital Partners）の自主解散はその一例でした。同社は２００５年6月「今後の見通しがあまり良くない」という理由から運用を停止しました。

同社が得意としたのは、転換社債（ＣＢ）市場でアービトラージをする「ＣＢアービトラージ」でした。しかし、巨大自動車メーカーであり、最大級の社債発行企業であったＧＭ（ゼネラルモーターズ）の社債が大幅格下げとなったのをきっかけに、ＣＢ市場に動揺が広がり、新規発行数が低下したのです（いわゆる「ＧＭショック」です）。そして金利の不透明感が続くなか、ＣＢアービトラージの運用に不安を感じた投資家の解約が増加し、不利な条件でファンドが資産を売却しなければならない状況が連鎖しました。このため破たんする前に自主清算の道をとるしかなくなったのです。

アービトラージの分類

アービトラージは次のように分類できます。

①ＣＢアービトラージ

転換社債（ＣＢ）をロング（買い）し、同じ会社の株式をショート（空売り）します。株式に動きのある状態であれば、債券価格とゆがみが生じやすいため、収益機会が増します。つまりＣＢアービトラージにとって好ましいのは、「株式相場に適度な変動性（ボラティリティ）がある」という環境です。

②債券アービトラージ

債券の金利差を利用した手法です。短期債と長期債のイールド・カーブは固定されているわけではありません。この価格変動率に目をつけ、債券の相対価値「レラティブ・バリュー」から収益を狙います。

メンバーに金融工学の研究業績でノーベル経済学賞を受賞した経済学者が２人いたことで、また世界の金融秩序を揺るがすほどの巨額損失を出したことでも知られるヘッジファンド、ＬＴＣＭ（Long Term Capital Management）は、この債券アービトラージを主力の手法としていました。結局のところ同社の破綻は、アービトラージで取れる利幅がそれほどないのでかなり大きなレバレッジをかけたのに、アジア通貨危機の余波で市場から流動性が干上がってしまってにっちもさっちもいかなくなり、大きなレバレッジをかけていたがゆえに、みるみると損失が膨らんだことにありました。

③リスク・アービトラージ

合併や買収などの企業イベントを材料に買収企業の株式をショートし、被買収企業をロングするタイプです。「マージャー・アービトラージ」とも言われ、よく「イベント・ドリブン（投資対象に生じた事件や出来事から収益を狙う)」のヘッジファンド戦略にも分類されます。

【ケーススタディ】Man Arbitrage Strategies Ltd.

アービトラージは、数あるヘッジファンドのなかでも比較的安定しています。しかし、手法の性格上、大きな変動から利益を取るのではなく、ミスプライスによる微小なサヤを取ることに主眼が置かれているため、大きな額を投資できて取引コストの低い機関投資家に有利な運用手法です。しかも、優れたアービトラージ・ファンドの多くは、すでに流動性の理由から新規募集を停止しています。

個人投資家がアービトラージを利用する方法として考えられるのは、マルチストラテジーやファンド・オブ・ファンズでアービトラージの比率が多いファンドに投資するやり方です。その一例としてマン・インベストメンツ(Man Investments)社が管理する「Man Arbitrage Strategies Ltd.」(マン・アービトラージ・ストラテジーズ)が挙げられます。

マン・インベストメンツ社は、ロンドン証券取引所に上場しているマン・グループの資産運用部門です。もともとマンは、200年の歴史を持つロンドンの商品ブローカー会社であり、もう一つの主軸部門として世界最大級のブローカー、マン・フィナンシャル社を擁しておりました。ところがマン・フィナンシャル社はグループを離脱して「MFグローバル」という名称でニューヨーク証券取引所に上場してしまったのです。そのため現在では、運用部門がマン・グループの主軸となっています。

「Man Arbitrage Strategies Ltd.」は一つの手法に特化せず、後ほど紹介するマルチストラテジーや

「Man Arbitrage Strategies」のファクトシート（一部）

Man Investments | Man Arbitrage Strategies Ltd　　08/01/22 16:24

Man Arbitrage Strategies Ltd

December 2007

NAV per unit	Total NAV	No. units
USD 1.8829	364,170,635	193,406,211

Performance chart since inception

01 December 2000 to 31 December 2007

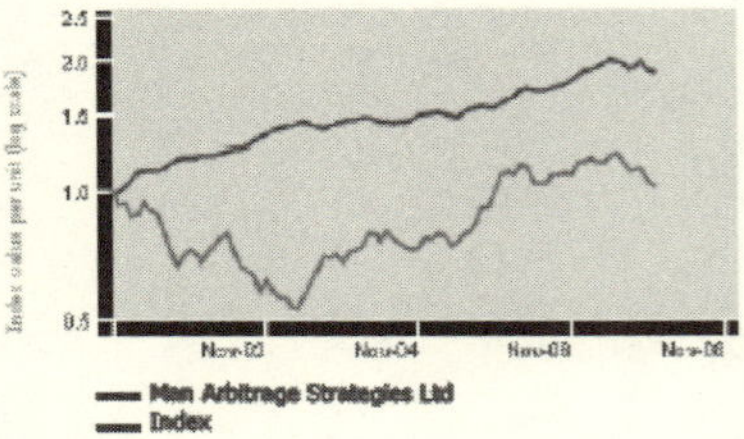

Style allocations

31 December 2007

1 Multi-Strategy 32.5%
2 Event Driven 30.1%
3 Capital structure / credit arbitrage 15.8%
4 Fund of Funds 12.2%
5 Fixed Income Arbitrage 9.7%

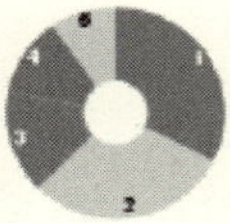

Style attribution

December 2007

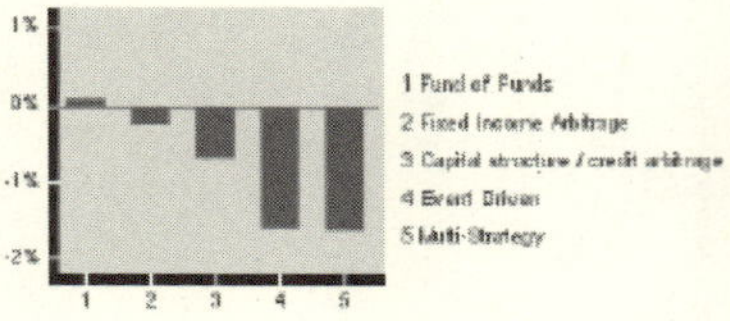

Performance statistics since inception

01 December 2000 to 31 December 2007

	Product	Index
Last month	-1.2%	-2.4%
Last quarter	-3.0%	-8.8%
Year to date	2.5%	-11.1%
Last 12 months	2.5%	-11.1%
Total return	88.3%	4.5%
Compound annual rate of return	9.3%	0.6%
Annualised volatility	4.9%	16.6%
Sharpe ratio	1.21	0.11
Worst drawdown	-6.5%	-46.5%
Correlation	-	0.11

Product performance review

Volatile conditions in equity markets and a weak credit environment resulted in a difficult December for arbitrage managers. Concern over the US economy continued to weigh on global markets, with many investors reducing their levels of risk as year-end approached.

The continuation of risk aversion impacted merger arbitrage positions particularly, as traders sold off positions in several LBO targets to negatively impact long holdings. Deal breaks affected some event driven managers as an increasing number of deals secured during healthier times in the credit markets have collapsed. Low liquidity and risk aversion across credit markets impacted managers, where despite the reporting of sound results, high yield debt witnessed no further price appreciation. However, solid profits were realised due to positive carry and roll from bond and loan positions following upward revaluations. Our fixed-income manager profited from Canadian swap spread positions after LIBOR spreads contracted over the month, while a multi-strategy manager with long-standing short positions in mortgage insurers and financials generated gains. Despite the cancellation of LBO deals over the past few months, December proved to be a relatively strong month for new mergers and acquisitions of a strategic nature and are expected to provide further opportunities in the future.

Economic Highlights

- Global equity markets suffered a high degree of intra-month volatility during December, finishing the month close to flat, as concerns resurfaced over the extent of the fallout from the credit market squeeze, dashing hopes of a classic year-end rally
- Gold prices surged to a record high above US$840 as

https://www.maninvestments.com/products/funds/mas1fund/performanc...riod=sinceinception&chartselectedmonth=&selectedcommentarytitle=　　ページ 1/2

Man Investments (http://www.maninvestments.com/)

ファンド・オブ・ファンズ、イベント・ドリブン、債券アービトラージに分散投資をしています。運用開始は２０００年11月、総運用額は２００７年10月末現在、約３億６８２５万米ドルです。

マン・インベストメンツ社のサイト
http://www.maninvestments.com/

3．ディストレスド

実業の世界では、破綻した取引先の企業から収益を得るのは困難です。ところが、金融の世界では、潰れた企業からも収益を狙うことができます。

「ディストレスド（distressed = 破綻）」は、このように経営が困難になった企業の株式や債権（ローン）に投資をする手法です。よくイベント・ドリブンの一種として分類されます。

通常、企業が破綻すると、その会社の株券は紙くずになります。ところが債券（ボンド）は必ずしもそうではありません。ディストレスドは、売掛金など回収できそうな債権に投資します。

例えば「ＢＢ格付け以下の債券は保有してはいけない」といった内部規定のある企業あるいは金融機関などは、破綻した企業の債券が１００％の価値でなくても、30％でも投げ売りをしようとします。このように債券価値が急激に下落する局面で投資をして、企業価値が上昇した時点で売却することで利益を上げているのです。

理想的なのは、債権購入時に獲得した資産を売却しても損が出ないことです。例えば、１００億円の負債を抱えている会社でも１０５億円の価値のある資産を有していれば、債権者は裁判、売却費用などを差し引いた後の額を受け取れます。ただし、分配については無担保債務、有担保債務といった複雑な優先順位がありますし、それらの債権者がどのような行動をするか正確に把握する必要があり、個人にはなかなか困難です。資産評価のモデル計算について専門知識のない人が、実際の価値よりも低い価値で債権を売却してしまうことは多々あります。

また、更生プロセスが順調に進んでも、新規に株式を発行するときに、一度倒産したということで、投資銀行がその企業を顧客として重視しないことがあります。そのため市場評価がされにくくなると、割安な価格で株式を取得できるのです。これもディストレスドの利益の一部となります。

つまるところディストレスドの基本的な考え方は「企業再生ファンド」と変わりないのです。考えようによっては「バリュー投資」とも言えます。要は過小評価されているものに投資をするわけです。

ディストレスドには、社債を安く買い叩き、強引な方法で債権を回収し、資産売却などで価値あるものを現金化して目先の利ザヤを狙うファンドがあるのも事実です。こうしたやり方は反感を買うため「ハゲタカファンド」と呼ぶ人もいます（いつも思うのですが「禿げ鷹」という鳥はいないので、「禿げ鷲」「ヴァルチャーファンド」なのではないでしょうか……）。

しかし、多くのファンドはそのように強引ではありません。むしろ債権者である金融機関の不良債権を減らすなど貴重な役割を果たしているのです。しかもハイリスクで銀行が投資できないディストレスド案件に資金とノウハウを提供するなど、企業再生ファンド的な性格が強くあります。ウォーレン・バフェット氏のように破たん会社を再建してその株を長期に保有し続け、「バリュー投資の神様」と崇められることもあるのです。

銀座のホステスにもディストレスドマネジャーに似た感覚があるのかもしれません。お客様を、その個人的な資産だけでなく、その方の人脈も含めて「資産」と考えていますから。むしろ、お客様の一時的な資金不足は、今後の信頼関係を築くうえでのチャンスとなります。ピンチはいつでもチャンスに変わるのです。

通常、米欧系のディストレスドファンドは、18カ月の保有期間で収益を目指そうとします（それでも日本の企業経営者には早いと映るかもしれませんが……）。ただし、企業の更生を経て利益を上げているため、ロングショートのように相場をベースとする手法に比べ、かなり安定した運用がされています。事実、ＣＳＦＢヘッジファンド指数でディストレスドファンドの指数を見ると、１９９４年1月から２００７年12月までの年平均利回りは13・２２％、変動率（ボラティリティ）は６・１４％、さらにシャープレシオ（月次収益の平均を標準偏差で割ったもの。損益曲線の平滑さを評価するのに使える指標で、０・５以上が良いシステムといわれている）は１・５０です。

同じヘッジファンドでも、同時期のマネージドフューチャーズのシャープレシオが０・２１、ロングショートのシャープレシオが０・８４ですから、ディストレスドのリスク対リターンが群を抜いているのは明らかです。

手法の相関性は、米Ｓ＆Ｐ５００、ＭＳＣＩ世界株、米ナスダック、あるいはダウ平均といった代表的な株価指数に対して低く、ポートフォリオでは中立的な動きを果たします。

２００７年のエマージング諸国の政府系ファンド（ソブリン・ウェルス・ファンド＝ＳＷＦ）の台頭から、エマージング諸国の資本輸出が本格化しそうな雰囲気です。そして、米国の投資銀行はサブプライムローン問題の処理がありますので、破綻債権に絡んだディストレスドには注目しております。

なぜマイナーなのか

ディストレスドの最大のリスクは「流動性の欠如」です。投資先を考えれば、その理由が分かるでしょう。ディストレスドの投資先は株式や債券の公開市場ではありません。場合によっては売却が容易ではない債務に投資をしています。また、このような投資先は数が限られています。

したがって、ディストレスド運用のマネジャーが設定しているファンドの運用総額は比較的小規模な50～200億円がほとんどです。また、相場が少し動いただけで解約する可能性のある個人投資家よりも、比較的運用に理解を示し、長期運用ができる機関投資家を対象にしています。それゆえ、ディストレスドは安定したリターンが達成できるのにもかかわらず、個人投資家の認知度が低いわけです。

もっとも、日本ではバフェット氏のように著名な「ディストレスドマネジャー」が出現していないことも影響しているのかもしれません。また、日本の企業は瀬戸際まであがいてから倒産するので、破綻したときの資産残高が小さく、リスクが高いわりに儲けが少ないので、ディストレスドの手法が使い難いという説もあります）。

【ケーススタディ】Thames River Distressed Focus Fund

テムズ・リバー・キャピタルは１９９８年、英国に設立された大手運用会社です。２００７年現在、ヘッジファンド、不動産、株式や債券で１００億ドルの運用をしています。

同社の特徴の一つに、ファンドの運用規模を厳格に管理することが挙げられます。いくつかのファンドは人気のため、新規募集を止めているほどです。

同社の「Distressed Focus Fund」は、ディストレスドに60％、株式ロングショートとイベント・ドリブンにそれぞれ20％程度を配分しています。運用開始は２００３年で、２００７年10月末現在、運用成績は年平均12・２％、変動率は３・５％、シャープレシオは２・４３と非常に優れた成績を収めています。このように安定したリターンが続いているのは、再建途中にしばしば発行される新規株式がマーケットからほとんど注目されないわりに、比較的安定して推移する傾向があるからです。

大半のディストレスドファンドは最低投資額が50万米ドルと巨額です。しかし、このファンドは５万米ドルから投資できます（ラップ口座の場合は１万ドルからできるケースもあります）。ただし、当初１年間は３％の解約手数料があるなど、他のヘッジファンドに比べて縛りがあります。ここから投資家に短期で資金を動かされることを嫌う傾向があると分かります。

ディストレスドは先ほど述べたような理由から、企業再生サイクルの熟知、交渉力、債務整理に伴う法的知識、企業価値評価スキル、さらにリスク管理などについて、ほかのヘッジファンド手法と比較して広く深い経験がマネジャーに求められます。従って、実績（＝経験）のあるファンドを優先的に選ぶことが重要だと、わたしは考えます。

> **テムズ・リバー・キャピタルのサイト**
> http://www.thamesriver.co.uk/

「Thames River Distressed Focus Fund」のファクトシート（一部）

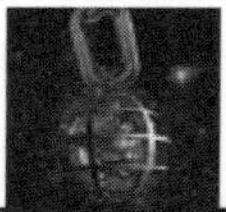

Thames River
DISTRESSED FOCUS Fund

(Thames River Alternative Strategies Limited)
FOCUSED DISTRESSED MULTI-MANAGER

Adviser Commentary – by Ken Kinsey-Quick / Alex Kuiper
Distressed Focus's USD NAV is estimated to be -0.3% for the month of November. The MSCI-World Index was -4.0% and the Lehman Aggregate Bond Index was +1.8%, both in USD terms. Year-to-date Distressed Focus is +17.4%, the MSCI-World +11.0% and the Lehman Aggregate Bond Index +6.7%. Performances among Distressed Focus's managers for November ranged from +5.8% to -18.3% in a turbulent month as concerns over stress in the credit and inter-bank markets re-surfaced. Four managers reported positive performances, the most notable of which being the two Paulson funds at +5.8% and +3.5%. Seven managers reported negative numbers, the most notable of which, at -18.3%, being a manager with exposure to the US municipal bond market. US municipal bonds have sold off in recent months on concerns surrounding the credit ratings of certain of the bond insurers (known as monolines) that guarantee the municipal bonds' payments and hence support their high credit ratings. No changes were made to the portfolio for December, leaving the number of managers unchanged at eleven.

Fund Performance to 30 Nov 2007

	Est. NAV per share	1 Yr	3 Yr
Class A	$1,639.68	+19.09%	+40.42%
Class B	€1,571.76	+17.36%	+33.90%
Class C	£1,694.22	+18.95%	+41.07%
Class D	SEK14,801.50	+16.75%	+32.00%

Above rolling returns are cumulative.

$ Class Statistics Since Inception

Annualised Return	+11.9%
Volatility (Standard Deviation)	+3.5%
Worst Drawdown	-1.6%
Sharpe Ratio(3.14%)	2.34
Sortino Ratio (MAR = 0%)	11.23

Source: Bloomberg, Pertrac, (NB: Sharpe Ratio risk free rate - SSB 3 Month T-Bill).

Top 5 Holdings

	Strategy	Month %	YTD %
Paulson Advantage Plus*	Event Driven	+3.45%	+152.55%
Paulson Credit Opps*	Credit	+5.78%	+588.27%
Cheyne Global Catalyst*	Event Driven	+1.01%	+25.24%
Cerberus	Distressed	-	+16.60%
Davidson Kempner DO*	Distressed	-3.44%	+6.45%

*Estimate. Note: YTD figures relate to current underlying managers that may not have been held in portfolio for the whole of the period.

Return History %

US$	Jan	Feb	Mar	Apr	May	Jun	Jul	Aug	Sep	Oct	Nov	Dec	YTD
07	+1.30	+2.33	+0.93	+1.39	+1.65	+3.82	+2.69	-0.90	+0.89	+2.45	-0.26		+17.39
06	+2.21	+0.00	+1.91	+1.58	+0.62	+2.4	+0.02	+0.85	-0.20	+2.66	+1.62	+1.45	+13.46
05	+0.11	+1.03	+0.14	-0.98	+0.04	+1.14	+1.74	+0.72	+0.77	-1.57	-0.04	+0.64	+3.76
04	+1.72	+0.50	+0.07	+0.38	-0.03	+1.02	+0.00	+0.46	+1.18	+0.89	+2.41	+1.62	+10.68
03							+0.61	+0.93	+1.58	+1.47	+0.95	+1.47	+7.21

The above performance history relates to the Fund's base currency share class only. The full share class history for Class B (€), Class C (£) and Class D (SEK) is available in the monthly Newsletter on Page 34.
NAV per share monthly return calculated net of fees. Source: Northern Trust IFAS (Ireland) Ltd, except last month -TRC estimate.

Asset Allocation by Strategy

Credit (1)	11.9%
Distressed (6)	60.18%
Equity L/S (1)	4.78%
Event Driven (2)	20.79%
Other (1)	3.06%
Total	100.0%

Note: (x) denotes number of managers. Allocations are shown post new month dealing.

Fund Objective
The fund aims to achieve absolute returns by investing in a portfolio of distressed hedge style managers.
Return target over a cycle: 10%+ p.a.
Volatility tolerance: 5-10% standard deviation
Loss target: no losing 12 months
Drawdown target: less than 10%

THAMES RIVER CAPITAL

Fund Size (Mn)	$43.1
Share Classes	$ (base) / €/£/SEK (hedged)
Launch Price	$/€/£ 1,000 on 30 June 2003 SEK10,000 on 31 October 2003
Minimum	$/€/£ 50,000 or SEK 500,000
Dealing	Monthly
Domicile	Cayman Islands
Listing	CISX
Unit type	Roll-up

Charges

Initial Charge	Up to 5%
Management Fee	1.5% p.a.
Performance Fee	10% HWM
Redemption Fee	3% (12 months)

Manager
Thames River Capital Holdings Limited
Investment Adviser
Thames River Capital LLP
Custodian
HSBC Private Bank (Guernsey) Limited
Administrator
Northern Trust International Fund Administration Services (Ireland) Limited
Contact: Maureen Barrett
Tel: +353 (0)1 542 2258
Fax: +353 (0)1 670 1185
Email: maureen_barrett@ntrs.com

Thames River Capital LLP is authorised and regulated by the Financial Services Authority

- 23 -

Thames River Capital (http://www.thamesriver.co.uk/)

4. マネージドフューチャーズ

日本の個人投資家に一番、認知度の高いヘッジファンドが「マネージドフューチャーズ」ではないでしょうか。取引所に上場している先物、先物オプションで運用する先物ファンドです。「先物」には、原油や大豆や金などの商品（コモディティ）先物だけでなく、短期金利、債券、株価指数などの金融先物も含まれます。

先物ファンドを組成し、管理運用する専門家をＣＰＯ（Commodity Pool Operator）と呼びます。また実際にその資金を先物市場で運用する専門家をＣＴＡ（Commodity Trading Advisor）と呼びます。ＣＰＯが監督で、ＣＴＡが選手みたいなものです。ＣＰＯがプレイングマネジャーとしてＣＴＡを兼ねている場合もあれば、ＣＰＯがファンド・オブ・ファンズのように特徴の異なる複数のＣＴＡでポートフォリオを組成する場合もあります。

「先物」や「商品」に悪いイメージをもつ方もいらっしゃるかもしれません。「商品先物に手を出して、一夜にして多額の借金を背負ってしまった」という話を耳にした方もいらっしゃることでしょう。

これは日本の多くの商品先物ブローカー（商品取引員）が取引のリスクについてのきちんとした説明を怠り、いたずらに顧客の射幸心をあおって手数料稼ぎに注力してきた結果ではないかと思います。

事実、2005年の商品取引所法改正による営業規制の強化によって、個人投資家の手数料に依存したビジネスモデルしか持たない商品取引員の倒産や廃業が相次ぎ、日本の商品先物市場は衰退の一途をたどっています。

一方、海外ではどうかというと、商品先物は金融先物と同じ分野として扱われており、金融商品の一つとして当局に管轄されています。また自主規制団体が先物ブローカーなどの会員に対して法的効力を持つ規則を定め、その順守を徹底させています。取引所はルールを国際化して価格変動リスクを回避（ヘッジ）する場を当業者に提供し、優れた電子取引プラットフォームを導入して個人投資家にも取引所会員と格差のない場を提供しているのです。

先物は、証拠金を駆使したレバレッジ取引であるため、ハイリスク・ハイリターンの金融商品です。そのため安定した収益を実現するためには、仕掛けや仕切りの手法よりもリスク管理や資金管理の手法に卓越することが重要であるとされています。個人的には、わたし自身が先物を売買するよりも、長年にわたってリスク管理の専門家として先物市場で運用してきたＣＰＯやＣＴＡに投資するほうが自分にはあっていると考えます。

世界的に見ると、先物市場の出来高の大半を占めるのは短期金利、債券、株価指数といった金融先物です。しかし、2005年ごろから注目を集めるようになってきたのは商品先物です。

そのきっかけの一つとして、2005年4月18日、ニューヨーク・タイムズ紙に掲載されたプリンストン大学、ポール・クルーグマン教授による「A Whiff of Stagflation（スタグフレーションの気配）」というコラムが挙げられます。スタグフレーションとは、インフレと景気停滞が同時に起こることです。

同教授は「現在の米国はオイルショックによってスタグフレーションの起きた１９７０年代と似通っている」と指摘したのです。

そしてこのとき最も成績の良かった金融商品が、商品（コモディティ）で運用したファンドでした。ボストン・レッドソックスのオーナーであるジョン・Ｗ・ヘンリー氏も、このときの商品市場の大相場を成功への足がかりとしています。

商品（コモディティ）はインフレに強く、従来の資産である株式や債券と相関性が低いことから、すでに一部の年金基金や大学基金が投資対象としています。また原油や金、銀などの商品ＥＴＦの誕生が、２００５年以降の商品人気を下支えしているようです。

ただし、マネージドフューチャーズは、ハイリスク・ハイリターンの先物運用であるため、ヘッジファンドの手法のなかでは騰落率が激しいタイプです。また市場規模は金融先物のほうが圧倒的に大きいため、ＣＴＡが「商品」と「金融」、どちらの市場でどれだけの運用をしているか、比率についても注意しなければなりません。

【ケーススタディ】Man Investment AHL Diversified

先ほど紹介したマン・インベストメンツ社が管理するファンドのなかでも最大級の運用規模を誇り、同社の代名詞ともいえるファンドが「Man AHL Diversified plc」です。２００７年10月末現在、通貨、債券、株価指数などの金融先物市場で67・３％が運用され、残りがエネルギー、金属、農産物などの商品先物市場で運用されています。

同ファンドは日本の個人投資家にもよく知られているヘッジファンドの一つです。知名度が高いのは、日本での営業活動が優れていたこともありますが、日本人が好きな元本確保型ファンドが人気ということもあるようです。元本確保型ファンドは、300億ドルの資産を運用しています。このうち日本だけで同社の個人投資家向けの運用資産の4分の1を占めています。

AHLが設立者の頭文字（マイケル・アダム、デビッド・ハーディング、マーティン・ルーク）であることをご存知の方も多いと思います。1987年、ロンドンに設立された同社は（トラックレコードは1983年から）、1994年にマン社に買収されました。2007年現在、700億ドルの資金を運用する大手CTAです。なお、設立者の3人は現在、誰も残っておりません。

マン社は資本力と商品ラインナップで透明性の高いヘッジファンド会社ですので、ヘッジファンド業界の拡大が続くようであれば、すでに巨額になったファンドよりも、ロンドン市場に上場している同社株への投資のほうに興味があります。ヘッジファンドが打撃を受ければ、大型タンカーは簡単には方向転換はできないからです。

5. マルチストラテジー

ヘッジファンドだけでも投資戦略は多岐にわたります。ご紹介した手法は、その一部にすぎません。またヘッジファンドは実績のあるものほど最低投資額の高いものが多く、投資資金もそれなりに必要になります。

ただし、個人投資家がヘッジファンドを利用する場合、積極的に運用するにしてもポートフォリオの10～25％ぐらいが適切ではないかと思います。そこで、一考したいのが多種多様な戦略を一つのファンドに組み込んだ「マルチストラテジー」のヘッジファンドです。お寿司屋さんや天ぷら屋さんでプロの職人さんの目利きにお任せで注文しているようなものといえます。

さまざまなヘッジファンドを一つのファンドにした、ファンド・オブ・ヘッジファンズは、すでに出来上がっているヘッジファンドを集めたものです。多くの場合、ファンド自体のコストが元のヘッジファンドのコスト（購入手数料や成功報酬など）と組成したヘッジファンドのコストの両方にかかります。

一方、マルチストラテジーは、いろいろなヘッジファンドを寄せ集めたものではなく、そのヘッジファンド会社のファンドチームのなかで、担当するファンドマネジャーが異なります、したがって、コストはファンド・オブ・ヘッジファンズよりもかからないという利点があると思われます。

分散投資の観点では、ファンド・オブ・ヘッジファンズのほうが、最終的に関わるファンドマネジャーの数が多くなりますので、安定性はあるかもしれません。しかし、そこまで分散投資しなくてもいいという方は、マルチストラテジーやマルチマネジャー型を検討する方も多いと思います。

つい最近まで、このマルチストラテジーのヘッジファンドは分散運用の効果から低ボラティリティで安定しているといわれてきました。ところが、２００６年９月、同戦略で90億ドルを運用していたアマランス・アドバイザーズが、天然ガス取引の失敗により、わずか１カ月で60億ドルもの巨額損失をだしてしまい、清算に追い込まれたのです。

同社の破綻は「マルチストラテジー」とは名ばかりで、２００４年以降、エネルギー市場での運用にかなり傾倒していたことにありました。マルチストラテジーの投資家は、少なくとも送られてくる報告書からマネジャーのストラテジーポートフォリオを監視する必要があるでしょう。マルチストラテジーだからといって、けっして安全というわけではないのです。

わたしから見ると、ファンド・オブ・ヘッジファンズは、色とりどりのちらし寿司で、マルチストラテジーは、お寿司屋さんのカウンターで大将にお任せのスタイルになります。

【ケーススタディ】Momentum All Weather Fund

「Momentum All Weather Fund」は、パイオニア・オルタナティブ・インベストメンツが運用するマルチマネジャー型のヘッジファンドです。特徴はボラティリティを低めに抑えた運用でドローダウン（運

「Momentum All Weather Strategies II」の
ファクトシート（一部）

Momentum AllWeather Strategies II Master Fund (USD)

December 2007

Inception Date :	01 September 04
Current Price :	$129.78
YTD Return :	9.98 %
Annualised Return :	8.14 %
Annualised Volatility :	2.82 %
AUM :	$1,850m

MOMENTUM FUNDS

STRATEGY ALLOCATION

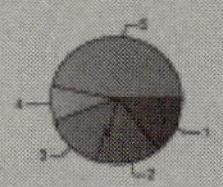

1 Directional Trading	13.90 %
- Macro	1.91 %
- Multi Process	4.90 %
- Tactical Trading	7.31 %
2 Long / Short Equity	15.95 %
- Long Bias	6.02 %
- Market Neutral	3.00 %
- Variable Bias	5.94 %
3 Multi Strategy	14.30 %
- Event Driven	11.20 %
- Multi Process	3.06 %
4 Relative Value	9.11 %
- Convertible Arbitrage	3.02 %
- Merger Arbitrage	2.54 %
- Multi Arbitrage	3.54 %
5 Specialist Credit	48.08 %
- Distressed Securities	34.89 %
- Loan Origination	4.39 %
- Long / Short Credit	4.98 %
- Multi Credit	2.40 %

RISK ANALYSIS

	AW Strat 2 Master USD	Citigroup WGBI $
Annualised Volatility	2.82 %	5.82 %
1 Year Volatility	3.46 %	5.87 %
3 Year Volatility	2.85 %	5.58 %
Sharpe Ratio (5%)	1.11	0.14
Correlation to Index		0.138

RETURN ANALYSIS

	AW Strat 2 Master USD	Citigroup WGBI $
Rolling 1 Month	0.32 %	-0.51 %
Rolling 3 Months	2.20 %	3.82 %
Rolling 6 Months	2.49 %	11.40 %
Rolling 1 Year	9.98 %	10.95 %
Rolling 3 Years	24.18 %	9.64 %
Rolling 5 Years	N/A	N/A
Annualised Return	8.14 %	5.79 %
Return since Inception	29.78 %	20.63 %
Highest Month Return	2.25 %	3.81 %
Lowest Month Return	-1.51 %	-2.03 %
% of Positive Months	85.00 %	57.50 %
Maximum Drawdown	-2.73 %	-7.91 %

	AW Strat 2 Master USD	Citigroup WGBI $
2007	9.98 %	10.95 %
2006	9.93 %	6.12 %
2005	2.72 %	-6.88 %
2004	4.50 %	10.03 %

VALUE ADDED MONTHLY INDEX

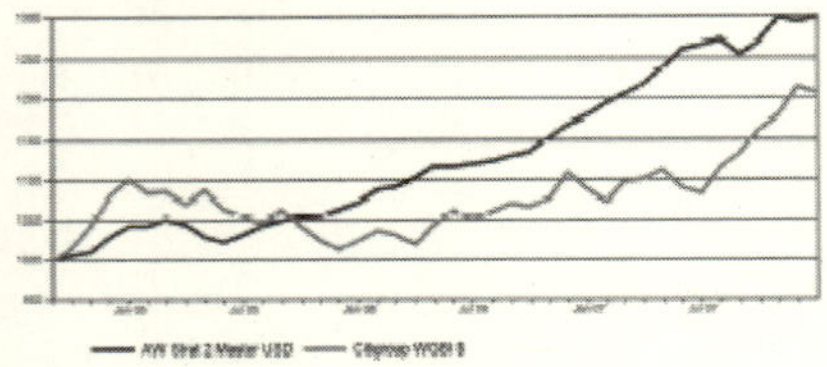

PERCENTAGE MONTHLY RETURNS *

	Jan	Feb	Mar	Apr	May	Jun	Jul	Aug	Sep	Oct	Nov	Dec	YTD
2007	1.19%	0.85%	1.00%	1.77%	1.84%	0.45%	0.47%	-1.38%	1.21%	2.25%	-0.37%	0.32%	9.98%
2006	1.20%	0.34%	1.07%	1.29%	0.02%	0.30%	0.35%	0.51%	0.47%	1.08%	1.32%	1.00%	9.93%
2005	-0.05%	0.79%	-0.82%	-1.51%	-0.62%	0.90%	1.05%	0.66%	0.44%	0.11%	0.83%	0.73%	2.72%
2004									0.52%	0.81%	1.78%	1.55%	4.50%

FUND SUMMARY

The Fund combines several non-traditional investment strategies, primarily event-driven, which include merger arbitrage, senior distressed debt, asset-backed lending, U.S. equity long / short, split-price conversion and global trading. These are selected to complement one another throughout the different phases of a business cycle. The Fund is risk averse and aims to achieve steady capital appreciation with low volatility and minimal market correlation.

ABOUT PIONEER ALTERNATIVE INVESTMENTS

Pioneer Alternative Investments (PAI) is a leading alternative investment management firm with $7.7 billion in assets under management (30th June 2007). Our fund of hedge fund management team draws on over 20 years of experience in hedge fund investing coupled with a thorough and stringent research process and exceptional operational due diligence. PAI's fund of hedge fund product offering covers the risk spectrum from low to high volatility, with each product benefiting from strong infrastructure and process.

* Performance data provided is based on the NAV net of fees
For Broker/Dealer use and not to be distributed to the public.

PIONEER Alternative Investments

PIONEER Alternative Investments (http://www.pioneeraltinvest.com/)

用成績の下落幅）を最低限に保っていること、株式や債券市場との相関性を限られた範囲にとどめようとしていること、あらゆる市況で絶対収益を目指していることです。

マクロ、ロングショート、イベント・ドリブン、ディストレスドなど、多岐にわたった戦略が採用されています。あらゆる投資戦略に投資されることによって、ドローダウン（成績下落期間の損失幅）を最低限に保ち、株式および債券市場との相関を限られた範囲にとどめながら、あらゆる市況において資産の値上がりを目指すことができます。

２００７年末現在、旗艦ファンドの「Momentum AllWeather Fund」は、すでに新規の募集を終了しています（総運用資産10億ドル）。後継ファンドとして「Momentum AllWeather Strategies II Master Fund」が２００４年９月に設定されています。ヘッジファンドに収益性を求める方は、やや物足りないかもしれませんが、安定性を求める方には一考の価値があるかもしれません。

パイオニア・オルタナティブ・インベストメンツのサイト
www.pioneeraltinvest.com

6．元本確保型ヘッジファンド

「ヘッジファンドに投資してみたいけれど、何となく実態が不透明なので……」と不安な方に人気なのが、元本確保型のヘッジファンドです。

ただし元本「確保」であって「保証」ではありません。「常に元本保証」なのは現金ぐらいです。この種のファンドで元本が保証されるのは「満期時」になります。

この仕組みで一般的によく知られているのは、ファンドの100％に対して、70％程度を格付けAAAのゼロクーポン債で運用し、残りの30％程度を投資商品でレバレッジ運用するタイプです。ゼロクーポン債は満期になれば100％になりますから、レバレッジ運用の成績がマイナス、もしくは最悪のシナリオとなってファンドが破綻や清算となっても元本が確保されるスキームとなっています。元本を保証するのは、運用会社であるヘッジファンド会社ではなく、格付けAAクラス以上の金融機関です。

ただ、ゼロクーポン債に投資する方法では、投資配分が固定されてしまうため効率的な運用ができないという問題がありました。そこで最近では「CPPI（Constant Proportion Portfolio Insurance）」という資産配分の計算式を用いたダイナミック・アロケーションが主流となっています。これによって、そのときどきの相場環境に応じて積極運用部分と元本確保部分への投資配分を変えられるようになり、柔軟な運用が可能となりました。この手法はマン・インベストメンツ社やノーブル社といった日本でもおなじみの会社で利用されています。

元本確保型ファンドのデメリットは、コストの高さです。手法に「Insurance（保険）」という言葉が使われているように、いわば〝保険のような安全〟を確保するためにコストがかかります。

しかし、元本を確保するコスト以上に「機会コスト」のデメリットが大きいと思います。運用当初は、ゼロクーポンに投資する比率を考慮し、レバレッジの比率を厳しくして運用します。ある段階まで運用が進み、運用額が増加するまで、レバレッジを上げられません。そのため、パフォーマンスが3年近く全くない場合もあるのです。年平均リターンが15％といっても、投資開始から15％あるわけではなく、満期時においてトータルの運用成績の平均リターンを公表しているわけです。

この期間、ほかの商品に投資していればリターンを得られたかもしれません。時間という重要なファクターを無視しているこのスキームを馬鹿らしく思うプロの方もいらっしゃいます。したがって、投資家の方は安心を求めて時間というコストを支払っていると理解しておく必要があるでしょう。また、元本確保型といっても外貨建てファンドに関しては、運用成績に関わらず、為替変動の影響を受けることも忘れてはなりません。

第8章　グローバル化時代の資産管理

1．オフショアファンドの購入方法

日本国内で販売されている金融商品は、日本の証券会社や銀行に口座を開けば利用できますので、あえて本書に書くまではないと思います。しかし、海外の金融機関で海外の金融商品を取引するにはどうしたらよいのか分からない方はいらっしゃるかもしれません。

オフショアファンドの購入は、大きく分けて次の四つの方法があります。

①オフショアバンクに口座を開設して取引する。
②オフショアにある証券会社に口座を開設して取引する。
③ラップ口座を取り扱う金融機関に口座を開設して取引する。
④コンサルタント会社（代理店）で購入サポートをしてもらう。

オフショアバンクやオフショアにある証券会社で口座を開設して購入できるのは、大手投資信託会社のミューチュアルファンドがほとんどです。取り扱っているオフショアファンドは各国の金融監督機関が許可したファンドになるので、必然的に有名な大手投資信託会社になります。また、銀行や証券会社によって取り扱っているファンド会社や銘柄数も異なります。これは、日本と全く同じです。

例えば、香港の銀行ですと、ＨＳＢＣ香港で取り扱っているオフショアファンドは１００本ぐらいあります。シティバンク香港であれば８００本ぐらいあります。各銀行がどのようなファンドを取り扱っているかは、各銀行のサイトで見ることができます（２５３ページを参照）。

オフショアファンドには、一般の個人投資家向けに販売されている商品と富裕層向けに販売されている商品があります。富裕層向けに販売されている商品は、最低投資額が1万米ドル以上のものが多いので、銀行や証券会社では、ほとんど取り扱っていません。

また、ややこしいことなのですが、同じファンド会社の同じファンド名でも、個人投資家向けに販売されているファンドと機関投資家向けに販売されているファンドがあります。この違いは、最低投資額が高いので、購入手数料が安いことです。

富裕層向けに販売されているオフショアファンドは、各ファンド会社とライセンス契約（代理店契約）を結んでいるアセットマネジメント会社（コンサルタント会社）に購入サポートをしてもらうことが可能です。希望するファンド会社への申込書の手配、記入、ファンド会社へ送金レターの作成などサポートしてくれます。イメージとしては、旅行代理店のようなものです。

ただし、コンサルタント会社がサポートしてくれるのは、あくまでも販売ライセンスを持つファンド会社の商品です。したがってコンサルタント会社によってサポートできるファンド会社や種類が異なってきます。もちろん、コンサルタントの経験や知識によっても、かなりの差があります。

富裕層向けのヘッジファンドや機関投資家向けのオフショアファンドまで含めて購入を検討されるの

であれば、ラップ口座を利用される方が多いようです。

オフショアバンク

「すべての卵を一つのカゴに入れてはいけない」という投資格言があります。そのカゴを落としてしまえば、すべての卵が割れてしまう、したがって卵を入れるカゴ（お金を投じる金融商品）を複数に分散しておくとよい、という意味です。

では、カゴのなかの卵はいくつが適切なのでしょうか。カゴはいくつ持つのがよいのでしょうか。そして、すべてのカゴを同じ国に置いてしまって安心なのでしょうか。

わたしの知るかぎり、多くの資産家の方は「法律は簡単に変わる」と思っています。ですから、資産を管理する国も日本だけでなく、海外にも分散して管理されている方が結構いらっしゃいます。日本国内で銀行や証券会社に口座を開設して投資や運用をするのと同じように、オフショアバンクを利用して資産運用をしています。

オフショアバンクは、オフショア地域にある銀行のことです。海外の銀行は、銀行業務だけでなく、証券業務、保険業務、クレジットカード業務を扱っていますので、一つの口座ですべて管理が可能です。

一言でオフショアバンクといっても、その数はたくさんあります。わざわざ海外の金融機関を利用するのであれば、邦銀よりもランキングや格付けの高い国際的プレイヤーを選びたいものです。最近ではハワイやオーストラリア、香港の地場銀行、エマージング諸国の銀行に口座を開く方もいらっしゃるようです。将来そちらに移住する予定や不動産を所有しているのであれば、日本の信用金庫のような近隣の銀行が便利でしょう。しかし、そうした銀行には国際的な信用力はありません。

やはり金融に重要なのは信用だと思うのです。前の章でもお伝えしましたように、資産運用は資本力があり、国際的なブランド力を持つ企業と取引をするほうが破綻や資金を凍結される心配もないので安心です。また、グローバルな展開をしている格付けの高い銀行は、世界中どこにいても支店やATM機があるので取引に便利です。

オフショアには税の優遇措置があります。相続税や贈与税もありません。ですから共同名義口座は、他人同士でも開設可能です。お子さんが18歳以上の親子や婚姻関係がある夫婦だけでなく、ご事情のある親子や婚姻関係がないカップルでも、共同名義の口座開設は可能です。

日本では敷居が高く、「リテール業務はプライベートバンキング部門のみ」という香港上海銀行（HSBC）、バークレイズ、ロイズTSBなどのグローバル銀行でも、オフショアならば、普通の個人投資家がわずかな金額で口座を開設することができます。現地まで行く必要はなく、郵送で口座開設ができます。

オフショアバンクに口座を開設しないで、海外のファンド会社に直接お金を送ってファンドを購入することも可能です。しかし、ファンド会社の都合で運用停止や清算もあり得ます。資金の受け取りなどを考えてみても、オフショアバンクに口座を用意して取引したほうが投資資金の受け取りは投資した外貨のままですから、日本の金融機関のように円転換されることもないので再投資にも便利です。海外の銀行の資金は、いつでも郵便局のATM機や在日シティバンク、新生銀行のようなPLUS（VISA

の決済ネットワーク）があるATM機で引き出し可能です。

チャンスは準備のできている人に訪れます。海外で資産運用をされるのであれば、投資をするときだけでなく、受け取ることもシミュレーションをして、海外での投資環境を整えたほうが、対応できることが多いと思います。

近年、リタイアメント後にオーストラリアやニュージーランドへ移住する方が増えております。資産運用の管理は、アジアのオフショアである香港やシンガポールでしながら、必要な資金はその都度、現地の銀行で引きだす方が多いそうです。

香港かシンガポールか

日本人に人気のあるオフショアバンクは、香港の銀行です。世界的金融グループの双璧である、シティバンクと香港上海銀行（HSBC）のほか、香港の発券銀行であるスタンダード・チャータード銀行やハンセン銀行で取引される日本人も最近は多いようです。香港の銀行のメリットは、他のオフショアバンクに比べて、取り扱っている金融商品、特にファンドの数が多いこと、そして口座管理維持手数料が無料になるための最低預け入れ額が低めで済むことです（**図表8・1**）。

お伝えしたように、シティバンク香港であれば、取り扱っているファンドは800本以上もありますし、香港株だけでなく米国株の売買も可能です。また米国の証券取引所に上場しているETFも購入できます。シティバンクは、リレーションシップマネージャー（口座担当者）がおりますので、投資信託

図表 8.1　香港の銀行 HSBC vs. CITI（2008 年 1 月現在）

	HSBC 香港 http://www.hsbc.com.hk/	CITIBANK 香港 https://www.citibank.com.hk/
預金口座	香港ドル	香港ドル・米ドル
他通貨預金口座　※ 1	10 通貨	14 通貨
口座管理維持手数料 免除預金額　※ 2	Smart Vantege 1 万香港ドル Power Vantage 20 万香港ドル Premier 100 万香港ドル	普通口座　3 万香港ドル ゴールド口座　100 万香港ドル
投資口座（株式）	香港市場	香港市場・米国市場
投資口座（債券）	100,000 香港ドルから	20,000 米ドルから
投資口座（投資信託一括）	100 銘柄	800 銘柄
投資口座（投資積立）	1000HKD/1 銘柄	1000HKD/1 銘柄
投資口座（金）	あり	あり
投資口座（FX）	あり	あり
投資口座（その他）		プレミアデポジット
小切手	香港ドル	香港ドル・米ドル
クレジットカード発行担保	5 万香港ドル以上の定期	1 万 5000 香港ドル以上の定期
クレジットカード年会費	ゴールドカード 480 香港ドル　※	無料

※ 1　HSBC 香港　口座管理維持手数料
スマートバンテージ　1 万香港ドル以下 60 香港ドル / 月
パワーバンテージ口座　20 万香港ドル以下 120 香港ドル

※ 2　シティバンク香港　口座管理維持手数料
普通口座　3 万香港ドル以下　200 香港ドル、
ゴールド口座 400 香港ドル

※ 3　HSBC 香港　マルチカレンシー口座（オーストラリアドル、カナダドル、ユーロ、円、ニュージーランドドル、ポンド、シンガポールドル、スイスフラン、タイバーツ、米ドル、香港ドル）

※ 4　シティバンク香港　カレンシーマネージャー口座（オーストラリアドル、カナダドル、ユーロ、円、ニュージーランドドル、ポンド、シンガポールドル、スイスフラン、タイバーツ、スェーデン・クローネ、デンマーク・クローネ、米ドル、香港ドル）

注：RMB（人民幣）は、香港以外の非居住者は取引できません。

の購入は、リレーションシップマネージャーへ電話あるいは購入依頼の英文レターを送付すれば可能ですし、株式の取引はオンラインで可能です。

一方、ＨＳＢＣでも１００本ぐらいのファンドを取り扱っていますし、香港株の取引が可能です。ＨＳＢＣの便利なところは、オンラインでファンドの取引ができるところです。

どちらの銀行でも、ＦＸ（外国為替証拠金取引）や債券、金現物の取引ができます。きちんと必要書類を揃えれば、郵送で口座開設が可能です。これまで、香港の銀行は郵送で投資口座の開設も可能でしたが、２００７年8月ごろから、郵送での口座開設は預金口座のみ対応しております。また、投資口座の開設や運用の相談をしたい場合は、非居住者は現地に行く必要があります。

香港は近いので、預金のついでに投資の相談に行く日本人も少なくありません。日本の連休や週末にはＨＳＢＣの本店やシティバンクのＩＰＢ（International Personal Bank＝非居住者のための支店）に口座開設に訪れる日本人の姿が多く見られます。なかには「口座開設ツアー」なるもので来る方も……。守秘義務を尊重する香港の金融機関で働く方は、そのような光景を理解できず不思議に思っています。

香港の次に人気があるのはシンガポールです。ただし、香港よりも遠いことと日本と租税条約がありますので香港ほどの人気はないようです。また２００７年11月より、シンガポールを出入国するとき、合計3万シンガポールドル（または相当額の外貨）以上の有形通貨、または無記名の譲渡可能証券を持っている場合、シンガポール当局に正確な申告をすることが法律で義務づけられています。

この申告は、郵送などで持ち込みあるいは持ち出す場合や、外国から受領する場合も行わなければなりません。この申告を怠った場合、５万シンガポールドルの罰金または３年以下の禁固刑、あるいは両方の刑に処せられます。また、有形通貨または無記名の譲渡可能証券は、没収されることもあります。

「オフショア＝マネーロンダリング（資金洗浄）の場」というイメージを持つ方もいらっしゃるかもしれません。しかし、香港もシンガポールもアジアのオフショアの拠点として、金融センターとしての地位を確立しています。オフショアファンド会社だけでなく、大手金融機関もこの二つの街に多く拠点があるので、不正な取引の資金は受け付けられないのです。

※無記名の譲渡可能証券……トラベラーズ・チェック、無記名式、または無制限に裏書可能な状態になっている、または架空の人物が受取人になっている、あるいは譲渡の時点で所有権が移譲される状態の譲渡可能証券、受取人名が記入されていないが署名済みのものを含む譲渡可能証券（為替小切手、小切手、約束手形等）がこれに含まれます。

不動産の街、香港

香港には知人もいるので、アジアを旅行したとき、よく立ち寄ります。訪れるたびに「香港は不動産の街」だと思います。

香港では非常に狭い地域にビルがひしめきあっています。バルコニーのあるオフィスや家は少ないので、あると必ず案内されるほどです。中環（セントラル）地区のオフィス料金が東京都心よりも高いことに驚きます。

香港に居住している方たち同士が初めての会話では「どちらにお住まいですか？」という質問に対して「ベルエアです」のようにマンション名を答えることがよくあります。小さな街なので、建物名を言うだけで分かってしまうのでしょう。日本では「どちらにお勤めですか？」ですが、香港は居住している場所を尋ねて、相手の年収やビジネスクラスを知ろうとするのかもしれません。

香港に居住する方は資産運用といえば不動産に投資するようです。そのため、香港にいる知人がその友人に、わたしのことを「彼女はヘッジファンドに投資している」と紹介するので、すごい資産家だと勘違いしてしまい何度も恥ずかしい思いをしています。香港に居住する方は、1億円くらいまでなら不動産に投資するので、金融商品に投資するのは「10億円ぐらいの資産を持っている人」となるわけです。

香港は、高額所得者でなくても不動産取引をしている方が多く、大半の夫婦が共働きです。不動産を購入する場合、それぞれの年収分のローンを組めるからだそうです。そして、フィリピンから出稼ぎにきている女性をお手伝いさんに雇っています。

日本人は、不動産を所有する場合、家賃収入などのインカムゲインを期待します。一方、香港に居住する方が狙っているのは、売却益であるキャピタルゲインです。また、世界中から香港に資金が集まるのは、香港という街は株式や不動産のキャピタルゲインにかかる税金がないことと法整備がしっかりしているからだと思います。

日本から飛行機でたった4時間のところに住む人たちで、顔形は日本人に似ていますが、考え方や行動は全く違います。それは金融機関で働く方の意識も同様です。日本のように固定給＋ボーナス（個人よりも会社全体の業績に連動しやすい）で働く方ばかりでなく、大半は固定給＋歩合給（個人の業績にほぼ連動する）で働いています。取引をするときには、海外で働く方の思考を理解する必要があるでしょう。例えば「1000米ドルずつ5本のファンドを購入したい」と告げると、担当者は「では、グローバル・ファンドを5000米ドルでいかがですか？」と勧めてきます。

低い投資額が問題ではなく、働く方の時間あたりの給与に見合っていないサービスを求めると、面倒な顧客だと思われてしまうことがあるのです。香港もシンガポールもアジアのオフショアです。近年の日本を除くアジアは急速な経済成長と証券市場の高騰から、日本人とは桁が異なる富裕層が出現しております。海外で口座を開設する際は、裕福な雰囲気を醸しだして訪れたほうがいいかもしれません。

欧州のオフショアバンク

オフショアバンクは、香港やシンガポール以外にもたくさんあります。欧米の投資銀行やコンサルタント会社に勤める方は、アジアのオフショアバンクよりも欧州のオフショアバンクを好む傾向があります。特に香港は中国に返還され、中国共産党の一党支配なので、今後どのように変わるか分からないというのが理由です。わたしは中国が世界のお金を集めるためにも、毛沢東の肖像のお札をジョージ・ワシントンの肖像のお札に変えるためにも、香港は必要な拠点であるため、上海をアジアの国際金融センターとしての地位にするまで、現在の方針を変えないと思っていますが……。

たしかに、欧州には金融の歴史とノウハウがあります。最近では、香港と欧州で地理的に資産を分散

図表8.2　欧州の銀行 LloydsTSB vs. Abbey（2008年1月現在）

	Lloyds TSB Offshore http://www.lloydstsb-offshore.com/	Abbey International http://www.abbeyinternational.com/
地域	マン島・ジャージー島	ジャージー島
口座開設時の預金額	100米ドル（ユーロ、ポンド）	7,500米ドル
預金口座	ポンド、ユーロ、米ドル	ポンド、ユーロ、米ドル
投資口座	投資信託	None
投資信託（一括）	24銘柄　※1	None
投資信託積立（毎月）	50ポンド / 銘柄	None
小切手	ポンド、ユーロ、米ドル	ポンド
デビッドカード	ポンド、ユーロ、米ドル	米ドル
口座連絡先	カスタマーサポート	カスタマーサポート

※ Lloyds TSBのファンドのみ

して運用される方も増えているようです。香港の銀行は国内からの送金用として利用し、ファンド会社やラップ口座で運用して、欧州のオフショアバンクは最終的な資金管理として利用されている方もいらっしゃいます。

欧州のオフショアバンクで日本人の富裕層に人気なのは、スイスやルクセンブルグのプライベートバンクのようです。プライベートバンクを利用しない場合は、英国領のマン島やジャージー島にある銀行に口座を開設されている方が多いようです。ロイズTSB、バークレイズ、アビー・ナショナル（親会社はスペインのサンタンデール銀行）、HSBCインターナショナルなどがあります。これらの銀行も郵送で口座開設が簡単にできます（**図表8・2**）。

香港の銀行は口座を開設するとATMカードを発行してくれますが、クレジットカードは別に申し込みが必要となります。しかも非居住者は担保として、クレジットカードを利用している間は、与信枠の1・3倍相当を担保として定期にしておかなければなりません。一方、欧州のオフショアバンクでは、担保の定期など必要なく、口座開設と同時にVISA付帯のデビッドカードを発行してくれます。デビッドカードなので、預金残高にある金額がそのまま使用できます。

また、HSBC香港は香港ドルの小切手しか発行しません。シティバンク香港では、香港ドルと米ドルの小切手を発行してくれますが、欧州のオフショア地域にあるロイズTSBやバークレイズなら、各通貨（英ポンド、米ドル、ユーロ）の小切手をすべて発行してくれます。

日本では、個人で小切手を利用する機会があまりないため、小切手に慣れていらっしゃらない方も多いと思います。しかし、慣れると資金を移動するときに便利です。小切手に裏書をしておけば、不正に使用されることはありません。

欧州の銀行と取引をする場合のデメリットは、時差の問題があることと通信費が高くつくことです。ただし、日本時間の夕方5時ごろから金融機関が営業を始めますので、日中忙しい方にはかえって都合が良いかもしれません。

郵送での口座開設必要書類

- ●認証されたパスポートのコピー
- ●銀行の英文残高証明書

※パスポートの認証者は、国家資格者、大使館、グループの銀行員（ただし、シティバンク香港は、預金口座のみであれば、パスポート認証の必要はなし）
※銀行の運用ステイトメント（英語）もしくは英文残高証明書（ただし、シティバンク香港は、在日シティバンクの日本語の運用ステイトメントでも可）

通常のオフショアバンクや海外の証券会社の口座開設は、申込書（アプリケーションフォーム）と右記の認証されたパスポートのコピーと銀行の英文残高証明書があれば可能です。そのときどきの口座開設担当者によって日本語の書類で提出可能な場合もあります。**ただし申込書や必要書類は頻繁に変更されるため、巻末の主催するサイトに補足説明をご案内いたします。その都度、最新情報を確認するようにしてください。**

本来、銀行のステイトメントは住所確認書類で必要ですので、公共料金（ガス、水道、電気）の請求書でも英文認証してもらえれば可能です（ただし、英文認証者はパスポートの認証者と同じ資格者です）。

現地での口座開設必要書類

香港の銀行は、パスポートを見せて、運転免許書をみせれば開設手続をしてくれます。

ロイズＴＳＢオフショア（マン島、ジャージ島）は、香港の支店で開設手続の取り次ぎができます。

ただし紹介状と担当者への予約が事前に必要です。

2. ラップ口座

ラップとは「包む」という意味です。海外のラップ口座（Wrap Account）を利用すれば、世界中のほとんどの金融商品の購入が可能になります。ラップ口座は、それ自体が投資商品で、証券の権利は投資家にありながら、売買名義人は金融機関です。オフショアバンクで取り扱っていないオフショアファンドの購入のたびにファンド会社に申込書や必要書類、資金を送らなくても、ラップ口座に資金を入れておけば、いつでも好きなときに世界中の金融商品を購入できます。

ラップ口座の歴史は長く、その代表が「プライベートバンク」です。プライベートバンクでは、投資家はプライベートバンカーに運用を任せる「一任勘定」が主流です。

一般的に老舗のプライベートバンクを利用するには高額の資金の預け入れが必要となります。しかし、マン島にあるラップ口座を提供する金融機関であれば、プライベートバンクよりも少ない金額で取引（口座開設）が可能です。

マン島は、自治権を持った英国領です。なぜ、マン島にラップ口座を提供する金融機関が多いのかといえば、マン島は１９９１年に施行された保険保護法によって、保険会社が倒産しても、国つまりマン島自治政府が上限なしで最高時価の90％まで保護してくれるからです。マン島では世界の保険取引の

70％近くが行われており、国の投資対象格付けはＡＡＡです。このスキームを利用して、大手金融機関が金融商品を取り扱うラップ口座のプロダクトを提供しているのです。

日本の保険会社には、生命保険や医療保険のイメージが強くあります。しかし、海外の保険会社はもともと、生命保険や医療保険のほかに「ライフプラン」という位置づけで、年金積立など、保険商品以外の金融商品を数多く取り扱っており、金融コングロマリットの性格が強いのです。オフショアファンドにも保険会社が設立、設定したファンドが数多くあります。

一括投資口座と積立口座

オフショア生保のラップ口座には、大きく分けて2種類の投資口座があります。一括投資口座（Lump Sum）と積立口座（Saving）です。どちらも、オフショアバンクと同様、単独名義でも共同名義でも開設は可能で、日本国内から郵送で申し込めます。

一括投資の口座は、決まっている100銘柄ぐらいのファンドから選ぶ口座なら1万5000米ドルくらいから開設できます。また「プライベート・ポートフォリオ・ボンド（Private Portfolio Bond）」や「パーソナル・ポートフォリオ・ボンド（Personal Portfolio Bond）」と呼ばれているＰＰＢ口座は、5万ポンド相当から開設が可能で、世界中の金融商品の購入が可能です（**図表8・3**）。

積立口座は「セイビング・プラン（Saving Plan）」や「ペンション・プラン（Pension Plan＝年金プラン）」と呼ばれています。こちらは世界中のセレクトされたファンドの積立ができます。金融機関によっ

図表8.3 ラップ口座 ポートフォリオ一例

ファンド名	投資先	S&P	比率	1年	3年	5年
Invesco Global Select	国際優良企業	★★★	15%	6.9%	44.0%	104.9%
Investec GS Global Strategic Equity	バリュー企業	★★★★★	10%	12.7%	66.6%	205.7%
Credit Agricole Aqua Global	水		5%	11.8%	N/A	N/A
DWS Global Agribusiness	農作物		10%	32.2%	N/A	N/A
Templeton BRIC	BRICS	★	15%	49.7%	N/A	N/A
JF ASEAN	東南アジア諸国連合	★★★★	10%	48.2%	168.2%	414.6%
Merrill Lynch New Energy	資源・エネルギー	★★★	15%	56.5%	149.5%	381.7%
Glanmore Property（GBP）	英国商業不動産		10%	10.9%	N/A	N/A
Momentum All Weather	マルチストラテジー		10%	16.5%	39.3%	73.9%
運用リターン バックテスト			100%	29.6%	60.3%	146.3%

※ 最低口座開設額：15,000 USD ～

Data: MORNINGSTAR Offshore (12/Jan/2008) http://www.funds.morningstar.com/

て提供するプロダクトや最低取引額が異なりますので、詳細はマン島の政府保険年金庁のサイトをご覧いただければと思います（http://www.gov.im/ipa）。

ラップ口座のメリット

海外のラップ口座を利用するメリットはいくつかあります。香港の銀行や証券会社で取り扱える金融商品が多々あるとはいえ、一般投資家に販売できる金融商品（株式や債券やミューチュアルファンド）しか取り扱っていません。一方、海外のラップ口座は、売買名義人が金融機関になるため、機関投資家向けのファンドやヘッジファンドの購入も可能です。

また個人投資家が普通に購入するよりも低い最低投資額で購入可能になることもあります。例えば、通常の最低購入額が10万米ドルで、追加投資額が1万米ドルのファンドがあるとしましょう。ラップ口座を提供する金融機関が、すでにそのファンドを10万米ドル分の最低購入額を満たしていれば、投資家は追加購入額の1万米ドルで取引できるので、分散投資が容易になるというわけです。

また、購入手数料も機関投資家の手数料率が適用されます。特に、ミューチュアルファンドの購入手数料はオフショアバンクや証券会社よりも低くなるものが多くあります。取引指示はファックスで可能ですし、ファンドの売買も1枚の用紙でできるので、その都度、申込書や住所確認書類を提出する手間がかかりません。

ファンドの積立も、毎月150米ドルから10銘柄まで投資可能です。銘柄の投資比率も1％単位で常に変更可能です。例えば、香港の銀行ですと、1銘柄につき1000香港ドルが最低積立額です。したがって、もし毎月10銘柄を積立しようとすれば、1万香港ドルが必要です。一方、ラップ口座は150米ドルくらいから積み立てられますので、少額で分散投資が可能になります。

また、積立のできる金融商品の大半が大手投資信託のミューチュアルファンドとはいえ、機関投資家向けのミューチュアルファンドやヘッジファンドもあります。ファンドの銘柄をスイッチング（変更）するときは現金に戻す必要がありませんし、積立額の変更も簡単で無料です。また、資金が必要になったときには、積み立てている途中でも、いつでも引き出せます。

海外の金融機関で毎月積立をするのは大変だと思うかもしれません。積立方法は、香港か英国の銀行

図表 8.4　一括投資の場合の銀行 vs. PPB

	HSBC 香港　プレミア口座	ラップ口座 PPB
最低投資額	1,000,000HKD 〜	50,000 GBP 〜 (75,000USD)
購入手数料	5%	0 〜 3%
スイッチング	ファンド毎に売買	1 枚の用紙で複数売買可能
課税の繰り延べ	本人名義での売買は都度申告義務が生じる	金融機関名義での売買なので税の繰り延べが可能
購入できるファンド ※ 1	大手投資信託会社のみ	大手投資信託会社 機関投資家向けファンド
ヘッジファンドの購入	なし	あり
取引指示	テレフォンバンキング 英文レターで指示	ファックスで指示が可能 所定の用紙に記入
有価証券の移管	ほぼ不可能	可能
ATM カード	あり	なし　※ 3
ポートフォリオの設計	リレーションシップマネージャー　※	国内外のコンサルタントに相談可能

※ 1　基本的に銀行で取扱う金融商品のみ。ラップ口座（PPB）は世界中の金融商品の購入が可能。

※ 2　非居住者の保有する有価証券はプライベートバンキング部門であれば可能なケースがあるが、プレミア口座（HSBC）、ゴールド口座（シティバンク香港）では、ほぼ不可能。

※ 3　PPB と呼ばれるラップ口座は銀行ではないので、別途資金を受けとる銀行口座が必要。

※　非居住者は海外からのアドバイスを受けられないケースがある。

口座から引き落しが可能ですが、国内、海外の発行を問わず、ＶＩＳＡまたはＭａｓｔｅｒが付帯しているクレジットカードで支払いが可能です。この仕組みは、居住する国にとらわれず、積立の継続が可能です。海外へ転勤される方や海外で暮らす予定のある方には便利かもしれません。

また、ラップ口座は資産管理の面でも便利です。通常、銀行や証券会社以外でオフショアファンドを購入した場合、各ファンド会社からそれぞれ運用報告書が届きます。数が多くなれば、全体の運用成績が分からなくなってきますので管理に一苦労です。ところがラップ口座で管理した場合、投資している金融商品はすべて1枚の運用ステートメントで届けられます。

ラップ口座には、現金の入金以外に、すでに保有されている有価証券（株券、投資信託、債券などの移管も可能です。ただし、先ほどお伝えしたように、日本国内で購入した外国籍のファンドの有価証券を海外のラップ口座を提供する金融機関へ移管できません。本来、どこの国で購入した有価証券でも、国境にとらわれずに運用に最も適した国の金融機関で管理ができれば、ハッピーリタイアメントも楽しいと思います。将来、日本以外の国でも暮らすかもしれなければ、なおさらです。

通常、オフショアバンクや海外の証券会社で投資商品を選ぶ場合、すべて自分で英文資料を読み、判断しなければなりません。銀行や証券会社で取り扱われている金融商品は、金融当局の審査をクリアしています。ラップ口座で運用する場合は、海外のファンドのサポートをする代理店やコンサルタント会社と呼ばれる業者（ブローカー）に商品説明をしてもらいながらポートフォリオを決めることも可能です。国内でも海外でもこうした業者はありますので、日本人や日本語を話せるスタッフに運用アドバイスをもらいながらサポートしてもらうことが可能です。

図表 8.5　積立の場合の銀行口座 vs. ラップ口座

	HSBC 香港（積立口座）	ラップ口座（積立口座）
最低投資額	1,000HKD / 1 銘柄〜	150USD / 10 銘柄〜
購入手数料	5%	0 〜 3%
スイッチング	常に可能	常に可能
購入できるファンド	大手投資信託会社のみ	大手投資信託会社 機関投資家向けファンド
ヘッジファンド	なし	あり
ボーナスチャージ	なし	あり　※ 1
投資手段 口座引き落し	口座引き落し（HSBC）	香港か英国の銀行
投資手段 クレジットカード	HSBC のクレジットカード	VISA または Master が付帯しているクレジットカード※
積立期間中の資金引きだし	必要資金を解約	積立を継続しながら可能
ポートフォリオの設計	投資家自身	コンサルタントに相談可能

※　HSBC 香港・シティバンク香港はほとんど同じ。
※　ラップ口座を取り扱う金融機関によって異なるが、積立開始 18 カ月間はボーナスチャージがある。
※　クレジットカードは国内発行のものでも可能。

S&P 格付	通貨	最低投資額	1年	3年	5年
	USD	7,500	50.0%	138.6%	N/A
★★★★★	EUR	7,500	69.7%	N/A	N/A
★★★★	USD	7,500	-0.6%	26.4%	94.2%
★★★★★	EUR	7,500	-1.5%	55.4%	164.8%
★★★★	EUR	7,500	17.2%	68.8%	194.5%
	EUR	7,500	44.3%	N/A	N/A
★★★★	USD	7,500	-1.6%	18.8%	73.4%
★★★★	USD	7,500	22.7%	45.0%	132.4%
★★	USD	7,500	11.4%	41.5%	98.5%
★★★★	EUR	7,500	4.0%	15.8%	60.8%
★★★★★	EUR	7,500	14.4%	72.6%	178.5%
	EUR	7,500	2.0%	46.2%	150.6%
★★★★	EUR	7,500	14.3%	15.0%	63.4%
	USD	10,000	10.0%	N/A	N/A
★★★★★	EUR	7,500	57.3%	151.7%	290.8%
★★★	USD	7,500	14.9%	39.7%	88.9%
★★★★	USD	7,500	55.7%	159.2%	311.0%
★★★★★	USD	7,500	35.9%	110.1%	168.3%
★★★★	USD	7,500	28.5%	136.4%	349.7%
★★★★	USD	7,500	46.0%	133.0%	447.6%
★★★★★	USD	10,000	46.9%	169.0%	403.4%
	USD	10,000	9.2%	36.5%	88.7%
	USD	20,000	24.3%	48.8%	93.6%
	USD	10,000	9.3%	27.3%	49.0%
	USD	10,000	19.9%	N/A	N/A
	USD	10,000	17.4%	38.2%	N/A
	GBP	5,000	10.9%	N/A	N/A
	USD	7,500	1.1%	N/A	N/A
	USD	7,500	15.8%	82.6%	239.4%

Data: MORNINGSTAR Offshore (12/Jan/2008) http://www.funds.morningstar.com/

図表8.6 ラップ口座(PPB) アグレッシブ(積極的)の投資例とパフォーマンス

ファンド名	投資先
先進国	
Allianz GIS RIM Global Unconstrained	分散型アブソリュートリターン
Allianz Global Eco Trend	環境技術
Dexia Biotechnology	バイオテクノロジー
Dexia Europe Finance	欧州金融機関
DWS Global Value	バリュー企業
DWS New Resources	資源・エネルギー
Goldman Sachs US Core Equity	米国トップ企業
Henderson HF Global Technology	テクノロジー
ING World P Cap	グローバル企業
M&G Corporate Bond	社債
Pictet Water Fund	水関連企業
Pioneer Top European Player	欧州のトップ企業
Robeco Global Bond	世界債券
Societe Generale Luxury & Life Style	高級ブランド品企業
Vontobel Global Trend NP	代替エネルギー
エマージングファンド	
Ashmore Local Currency Debt	エマージング諸国通貨
CAAM Asian Growth	アジア企業
First State Asia Innovation and Technology	アジア企業テクノロジー
Goldman Sachs Global Emergin Markets	グローバルエマージング株式
JPM Middle East	中東
Pionner Emerging Markets	グローバルエマージング株式
Thames River Hillside Apex	エマージング債のロングショート
ヘッジファンド	
Man Investment AHL Diviersifield	マネージドフューチャーズ
Momentum All Weaher	マルチストラテジー
Thames River Warrior 2	ファンド・オブ・ヘッジファンズ
Thmaes River Distressed Forcus	ディストレスド
不動産ファンド	
Glanmore Tilney	英国商業不動産
JPM Global Property Income	世界分散不動産企業
Morgan Stanlay SICAV Asia Property	アジア不動産

ラップ口座（ＰＰＢ）を提供する金融機関には調審査部門があります。そのため、怪しい私募債などは審査ではねられることがありますので、金融商品の購入の前にチェック機能が働いております。怪しいファンド会社でなくても1年目の解約手数料が異常に高い金融商品の購入や管理もできません。これは、契約者が口座開設と同時に死亡した場合、ご遺族の方が現金で口座資金を全額返還要求された場合、預け入れた投資額と返還額に極端な差がありますとトラブルのもとになるからだと思います。

ラップ口座（ＰＰＢ）と通常の銀行や証券会社の口座との違いは、取引できる金融商品の数や手数料が低くなる以外に、信託（トラスト）の設定が可能なことです。海外のプライベートバンクで代々資産を継承できるのはトラストの設定が可能だからです。信託を設定するのにはコストがかかりますが、ラップ口座（ＰＰＢ）では受取人を最初に決めておく方法もあり、受取人の変更はいつでも可能です。これを設定しておくことによって、口座名義人が死亡しても海外で指定された受取人が口座名義人の運用資金を受け取れるようになっています。

海外のラップ口座は、メリットも多くございますが、デメリットとしては、年間の口座管理維持手数料がかかることです。ミューチュアルファンドであれば、購入手数料は低くなるメリットがあるので、相殺は可能ですが、分散投資の観点から考えても、10万米ドル以下ではあまりメリットがないかもしれません。

ですので、運用だけでなく、管理や受取人の設定などトータル的なメリットで考えられたほうがいいかもしれません。ラップ口座から投資できる金融商品は多岐にわたるので、個人投資家があれこれ調べるのは大変です。わたしの場合、投資アドバイスをしてくれるコンサルタントが国内外におりますので、要望に応じてポートフォリオの提案や商品説明をしてくれます。語学力がなく、金融商品の知識も不足している方には、心強い存在だと思います。

海外のラップ口座は、世界中の金融商品が選べるので投資先によって通貨も分散できます。ＰＰＢですと現金の管理もできますので、預金にはＬＩＢＯＲ（ロンドンの大手銀行間の貸出金利）が適用されます。どこに居住しても運用は継続できますし、世界中のどこにいても、オフショアバンクで資金を受け取れるので、将来、日本と海外で暮らすことを予定されている方には便利かもしれません。

こうして考えてみると、ラップ口座というのは、デパートの外商でお買い物をするようなものかもしれません。買い物には、自分であれこれ迷いながら、好きなものを選ぶ楽しさがあります。しかし、プロのアドバイスをいただきながら、厳選された商品を優雅に選ぶというのも悪くありません。

同様に投資には、自分で迷いながらも好きなときに好きな銘柄を取引する楽しさがあります。しかし、調べている時間がなく、情報に物足りなさを感じるときには、プロのアドバイザーの意見を聞きながら、世界中の金融商品のなかから、リスク・リターンに見合ったポートフォリオを提案してもらえば、時間を有効に使うことができます。

3. プライベートバンク

プライベートバンクといえばスイスが有名ですが、近年はルクセンブルクやリヒテンシュタインなども日本人には人気のようです。ただし、ＵＢＳやクレディスイスのような大手金融機関が提供する「プライベートバンキング部門」と、ピクテやロンバー・オーディ・ダリエ・ヘンチのような老舗プライベートバンクには違いがあります。

前者は株主の存在により責任が有限であるのに対して、後者は「プライベートオン」と呼ばれるパートナーシップ形態で、経営者がパートナーになるので責任は無限です。顧客の資産を全額保護することで、顧客だけでなくプライベートバンカーも利益を追求します。顧客の3分の2は銀行に運用を任せる一任勘定をしているようです。

プライベートバンクは、金融商品購入の取り次ぎなどコーディネートによる手数料収入で経営の健全を保っています。商業銀行の不良債権問題や投資銀行の相場損益とは無縁の世界です。顧客資産は受託資産として位置づけられ、銀行の資産とは別に管理されています。この仕組みによって、顧客の資産は全額保護されるわけです。

スイスの銀行業は世界一厳格な金融当局の監督下に置かれています。厳しい自己資本規制、資産内容、

図表 8.7　プライベート・バンカーズ協会会員リスト

2008 年 1 月 19 日現在。1943 年に設立された。本部はジュネーブ。
http://www.swissprivatebankers.com/

▽ Baumann & Cie
▽ Bordier & Cie
▽ E. Gutzwiller & Cie
▽ Gonet & Cie
▽ Hottinger & Cie
▽ Landolt & Cie
▽ Lombard Odier Darier Hentsch & Cie
▽ Mirabaud & Cie
▽ Mourgue d'Algue & Cie
▽ Pictet & Cie
▽ Rahn & Bodmer
▽ Reichmuth & Co
▽ Wegelin & Co
▽ La Roche & Co Banquiers

業態、人的資源など、多くの項目検査をパスした金融機関しか生き残れません。これは、スイスが「金融立国」を国是とし、問題を未然に防ぐシステムを確立しているからです。

プライベートバンクでは一任勘定のほか、信託（トラスト）や財団（ファンデーション）の設立、そして管理、運用を金融機関の名義で行います。欧州は、信託の権限が強いので、何代にもわたって資産の継承が可能です。

欧州で信託の権限が強いのは、多くの国が法律において信託を最優先させているからです。それだけ所有権というのが絶対的です。日本では、所有権は絶対的ではありません。戦争、内乱、革命、災害といった欧州の歴史による教訓から「国が滅んでもファミリーが滅びない」ための知恵なのでしょう。

本来「プライベートバンカー」というのは、スイスのプライベート・バンカーズ協会（**図表8・7**）に加盟している銀行に勤める方だけが使用できる厳格な「称号」です。スイスの全銀行が加盟しているスイス銀行協会の会長が、UBSやクレディスイスの大手2行をおさえ、プライベート・バンカーズ協会加盟の銀行から輩出されていることからも、その地位の高さは明らかです。

資産運用だけではない

では、いったい「いくらくらいあれば利用可能なのでしょうか（というよりも、プライベートバンクから相手にされるのでしょうか……）」。その疑問を実際に欧州のプライベートバンクを利用されている銀座のお客様に尋ねたことがあります。

そうしましたら次のような回答でした。

「欧州の老舗プライベートバンクは世界中の名家の計り知れない資産を預かっている。だから、数億円程度の資産を預けても大事な顧客としては扱われないと思うよ。中東のちょっとしたファミリーマネーだと500億円くらいあるしね……」

先ほど環境ファンドのところで、スイスのプライベートバンクを代表するピクテの運用資産は、日本の新規国債の年間発行額に匹敵するだけではなく、日本を代表する企業、トヨタ自動車の時価総額にも並ぶと紹介しました。確かに、数億円を預けたくらいでは大事な顧客として扱われないという意見にも頷けます。

しかし、このお客様も含め、銀座のお客様にはプライベートバンクを利用されている方たちがいらっしゃいます。その理由の多くは、資産の運用や保全、あるいは相続のためでもありません。ご子息の教育のためです。

欧州の名門校や寄宿舎には世界中の資産家の子弟が集まります。こうしたところに入るには、現地にきちんとした紹介者や後見人のいる必要があるそうです。そのため、老舗のプライベートバンクに数億円の資金を預け、数%のリターンからご子息の教育費や滞在費をまかない、現地でのアテンドをプライベートバンカーにお願いしているというわけです。確かに、資産家の御曹司のお客様で、欧州に留学経験のある方は、そのまま口座だけは持っているという方がいらっしゃいます。お金持ちは口が堅いので、有益な情報をなかなか簡単には教えてくれません……。

日本人が欧州のプライベートバンクと取引しているといっても、老舗プライベートバンクではなく、欧州の商業系のプライベートバンキング部が多いようです。

守秘義務の徹底には

先ほど紹介したように老舗プライベートバンクや大手銀行のプライベートバンキング部門を利用する一番の利点は守秘義務です。守秘義務はプライベートバンカーと直接、共通の言語でコミュニケーションをとることで一層強くなるものだと思います。なかにはメールやレターでの証拠を残さない銀行の担当者もいます。したがって、会話ができなければ、その利点は生かせません。

将来、家族が引き続き利用することも考えると、言葉の問題は一層大切になるはずです。もちろん、仲介する業者もいます。しかし、最近ではプライベートバンクに関する詐欺的なトラブルも増えています。したがって「委任（Power of Manager）」の内容には気をつけたほうがよいでしょう。

最近、商業銀行系のプライベートバンキング部門では、日本語を話せるスタッフや日本人スタッフを配置するようになりました。多くの日本人が香港やシンガポールを拠点とした大手金融機関のプライベートバンク部門を利用するのは、日本語での対応が可能だからです。

欧州のプライベートバンクでも、時差やアジアでの利便性を考えて香港やシンガポールに支店があります。アジアの拠点なので日本語でも対応が可能です。スイスでもシンガポールでも希望があれば、世界中の拠点に口座を用意してくれます。日本の銀行では、海外で銀行口座が必要だといっても手配してくれませんが、グローバルなビジネス展開をしている金融機関では、そのようなサービスも提供してくれるのです。

購入できる金融商品は厳しいチェック体制のもと、投資対象のファンド会社だけでなくファンドマネジャーも調べてくれます。ほかにも、弁護士、会計士の専門知識を持ったスタッフの紹介も可能なのでトータルなサポートを利用できます。将来、海外へ居住する予定のある方は、永住権取得時の必要書類などの手配も可能です。

香港の大手銀行のプライベートバンキング部門では、保有する資産（不動産を含む）が3億円ほどあれば、あるいは流動性の高い資産が1億円ぐらいあれば、取引が可能のようです。一方、シンガポールでは、100万シンガポールドル（約8000万円）ぐらいからだそうです。欧州との時差や会話に基づく守秘義務を考えると、香港やシンガポールの大手金融機関のプライベートバンキングのほうが日本人に利用しやすいように思えます。

信託（トラスト）

大手銀行のプライベートバンキング部門でも、信託や財団の契約が可能です。ここで、信託について少し触れてみたいと思います（**図表8・8**）。

一般的に信託とは、個人である「委託者」が財産権を他人の「受託者」に移すことで、その財産が受託者の合法的な所有物になることです。「受託者」は「信託証書」または「受託書」に記されている指示と当該の法律に従って、託された財産である「信託資産」を第三者の「受益者」のために、保全、管理、運用、処分します。

「信託証書」は、信託された財産の元本と利子や収入をどのような形で保全、管理、そして分配するかを明記したものです。

「受益者」には、生前の「委託者」も含むことが可能です。これによって「受託者」は、不慮の事故や病気で亡くなる、能力喪失や環境の変化が発生した場合でも、「信託資産」の運用計画が中断することなく、最終分配まで継続することができるのです。

信託では、一定の財産から利益を受け取れる「受益権」と、その財産の法律上の「所有権」が分かれています。信託を設立した個人は、信託に提供した財産の所有者ではありません。その財産は「信託証書」の条件に従って「受託者」の所有物となります。しかし「受託者」には利益を得る権利はありません。

つまり「受託者」は「信託証書」に基づいて「受益者」の利益のために「信託資産」の運営と管理をするわけです。一方、その利益を受け取る「受益者」は「信託資産」を管理することは通常ありません。

図表 8.8　信託設立のプロセス

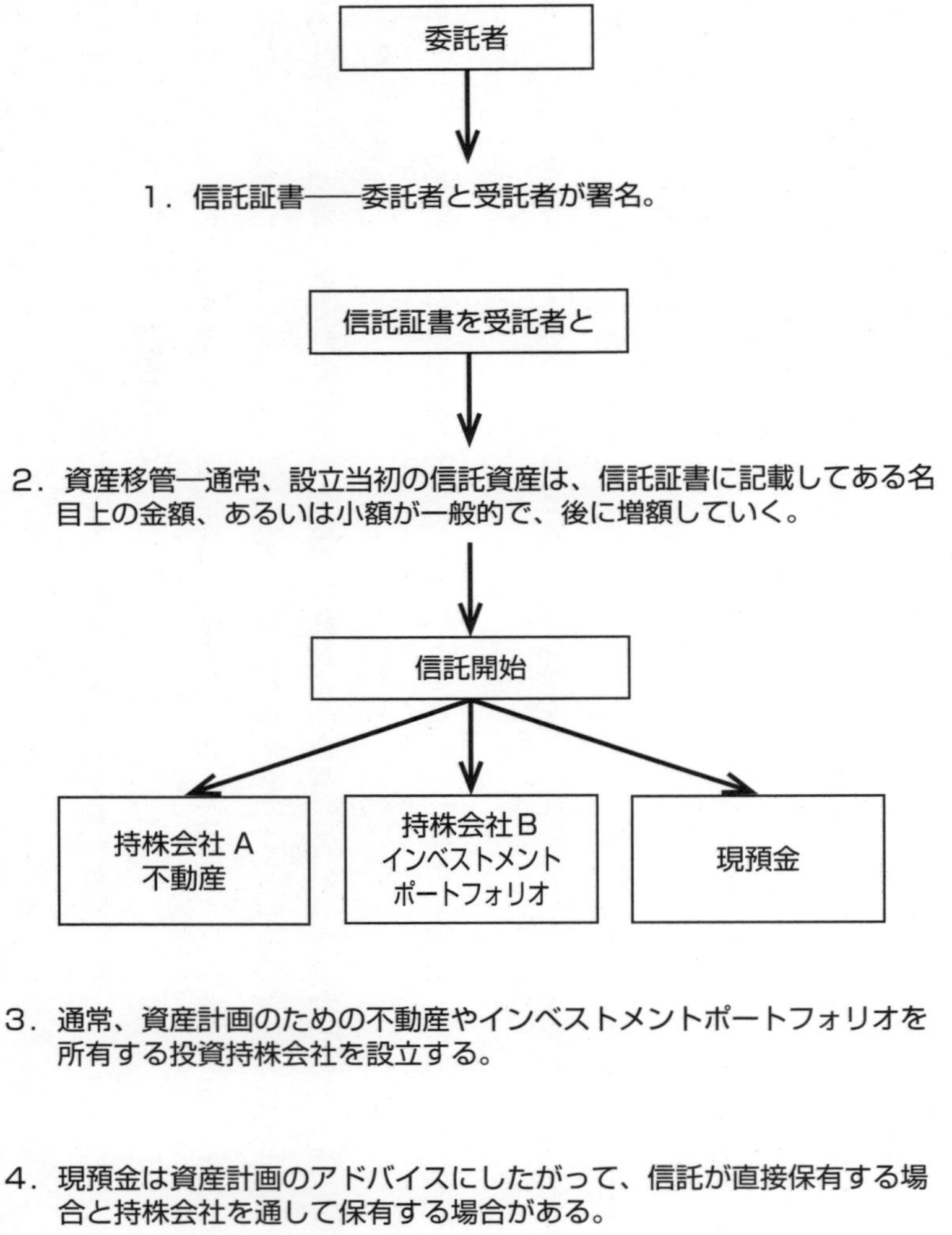
委託者
1．信託証書――委託者と受託者が署名。
信託証書を受託者と
2．資産移管―通常、設立当初の信託資産は、信託証書に記載してある名目上の金額、あるいは小額が一般的で、後に増額していく。
信託開始
持株会社 A
不動産
持株会社 B
インベストメント
ポートフォリオ
現預金
3．通常、資産計画のための不動産やインベストメントポートフォリオを所有する投資持株会社を設立する。
4．現預金は資産計画のアドバイスにしたがって、信託が直接保有する場合と持株会社を通して保有する場合がある。

したがって「委託者」にとっては、誰を「受託者」に選ぶかが重要となります。もちろん「信託証書」を作成するにあたって、税金や法律に詳しい良質なスタッフによる継続的サービスを可能にするだけの優良な財務内容の資産が必要となります。そして忠実な管理保全を可能とする金融機関を選ばなくてはなりません。

信託は寄付などチャリティー目的で設立されたものを除き、ほとんどの国や地域の法律で、永続は不可能とされていますので、期限を事前に設定しなければなりません。「信託証書」に期限が明記されていない場合、その国の法律が指定する最長期間を信託の期限としています。

ドラマの世界だけでなく、現実の世界にも、先妻さんとの間の子供と後妻さんとの間の子供のことで悩む資産家や内縁関係のカップル、同性どうしのカップルの方たちは相続のことで悩まれることが多いようです。ある資産家のお客様に、お子さんはすべて実子なのに「長女だけに財産を残したい」と不思議なことをおっしゃる方もいます。信託は、海外において、このような悩みやいくつかの目的にあわせて組み合わせることも可能です。海外のプライベートバンクは、専門のスタッフチームが編成されており、信託を次世代まで継続させるためのスキームが充実しているといえます。

プライベート・インベスト・カンパニー

プライベートバンクや海外のアセットマネジメント会社（コンサルタント会社）は、タックス・スキームが優れております。

タックス・スキームの一端には、プライベート・インベストメント・カンパニー（以下ＰＩＣ）を設立して運用や管理をするのが一般的なようです。ＰＩＣとは、いわゆるオフショアに設立した法人です。ＰＩＣの設立費用は日本の法人を設立するのとほとんど変わりません。

オフショアに法人を設立するときよく選ばれるのが、バハマ、英領バージン諸島（ＢＶＩ＝British Virgin Islands）、ケイマン諸島、ジャージー、ルクセンブルグ、パナマなどです。これらの地域で設立する法人には、法人税がありません。年間登記料という形をとっています。

英領バージン諸島（ＢＶＩ）の法人では、年間の登記料は９００米ドルぐらいです。ちなみに、香港市場に上場している「レッドチップス」銘柄の中国企業の多くはＢＶＩ法人です。香港の銀行では、香港籍の企業だけでなくＢＶＩ籍の企業でも法人口座を開設できます。中国でビジネスをされている銀座のお客様でも、ＢＶＩ法人の口座を香港の銀行に持っている方がいらっしゃいます。

ＰＩＣは、普通の会社のように商業活動や貿易活動を営まない、個人の投資資産あるいは他の資産の保有を目的としている法人形態といえるかもしれません。法人ですので、所有するのは株主です。そして、業務の執行をする役員を任命することが可能です。

ＰＩＣは、受益株主のために株式を保有する代理人（ノミニー）の名義で登録することも可能です。受益株主はＰＩＣとその資産の最終的な所有者ですので、ノミニーが設定できるといっても安心して運営を任せられる人が必要になるわけです。ＰＩＣに役員と職員を派遣して運営を任せることも可能にしている大手金融機関のプライベートバンキング（ＰＢ）部門もあります（**図表８・９**）。

海外で、個人の名義で資産運用をすることは合法的です。ただし、日本国内に居住している以上、預

図表 8.9　プライベート・インベストメント・カンパニー（PIC）設立のプロセス

委託者
（または受託者）

↓

1．委託者（信託が PIC を所有する場合は受託者）は、金融機関の PB 部門が会社を設立し、運営サービスを提供することに同意する。PIC の名称は当該地域の会社登記所で登記できる名前であれば、委託者の希望通りに選択できる。

↓

PIC の運営同意

↓

2．PIC 設立後は役員が PIC に対する委託者（株主）の希望（例えば、資金移動先の銀行口座開設など）を考慮する。

↓

会社設立
役員と職員を派遣
登記済みの事務所を提供
全般的な運営サービス

← 委託者
受託者
（株主）

→ PB 部門
責任者
管理担当者

↑

資産
インベストメントポートフォリオ
不動産、現金

3．PB 部門は PIC 管理の責任を引き受ける。PB 部門が簿記、会計管理、株主・役員会議の企画、年間収益、投資に関する報告など必要な法定書類の維持管理サービスを提供する。

4．株主はいつでも PIC の解散を発効でき、そのときの純資産は株主の要求にしたがって分配される。

金の利息、株式や債券の配当、売買による収益がある場合、申告義務があります。ラップ口座やＰＩＣは、金融機関や法人名義での売買であることから、課税の繰り延べができるそうです。こうしたタックス・スキームは、課税の繰り延べなどですので、最終的に個人名義で得た収益は申告が必要です。けっして脱税ができるわけではありません。

また、ＰＩＣのメリットとして、金融機関や金融商品によって日本に居住する人は契約ができないものもありますが、ＰＩＣであれば契約可能のものもある点が挙げられます。こうしたことから、海外のプライベートバンキングでは、個人と法人の名義の口座を両方設立し、フレキシブルに管理や運用をされる方が世界中に多いのです。

オフショアで設立した法人は、お伝えしたように株主や役員の名前は公表されませんので、最近は香港の銀行やラップ口座でもＢＶＩ法人名義での日本人の運用が増えてきているそうです。

日本国内には、個人の海外での資産運用を専門とする税理士や会計士がほとんどおりません。運用アドバイスも、国内だけでなく海外にも視野を広げてみるといろいろなことが分かります。オフショアは奥が深いと思うのです。

日本もこれから少子高齢化を支えていくために増税は仕方がないことかもしれません。しかし、課税が厳しければ、海外からの資本は流入しませんし、資本は簡単に国境を越えて流出してしまいます。資本だけでなく、近年は銀座のお客様でも資産家の方や、デイトレードで一財産を築いた方たちが海外に居住されてしまうケースも目立ってきておりますので、こちらのほうが懸念材料です。

運用アドバイザー

銀座のお客様でビジネスを成功させていらっしゃる方に共通することは、何か物事を決定するときには、ご自分の知識や経験からだけで判断されるのではなく、専門家に相談し、意見を聞いて、迅速に判断されていらっしゃることです。自分だけの知識や経験だけで適切に判断するのには限界があります。

特に海外投資の場合、知れば知るほどできることが増えるため、逆に迷うことも増えてきます。そして、世の中は常に変化しているので、海外投資の環境も変更になってしまうことが多いのです。したがって、わたしも投資の決定を行うにあたって運用アドバイスをしてくださるコンサルタントの方の存在は必要不可欠です。

投資のコンサルタントとお付き合いをするというのは、運転手さんを雇うようなものです。自分で運転するよりも、運転技術に優れているので事故に遭う確率が少なく、道もよく知っているので自分で調べて遠回りをしなくて済みます。自分で試行錯誤するよりも時間を効率的に使えます。

海外には、銀行や証券会社で取り扱っていない最低投資額1万米ドル以上の富裕層向けのファンドもあります。このようなファンドを購入する場合、各ファンド会社へ申込書や必要書類を送らなければなりません。そのとき、各ファンド会社とライセンス契約を結んだ代理店（コンサルティング会社、アセットマネジメント会社）で購入サポートをお願いすることができます。

ラップ口座も、個人投資家は直接申し込めないケースがほとんどです。しかし、代理店経由で契約サポートをしてもらうことが可能です。

最近では「××アセットマネジメント会社」と称し、独立した金融アドバイザーの肩書きで、海外の金融商品の購入サポートをする業者（ブローカー）が増えてきました。ここで気をつけていただきたいのはブローカーとコンサルティング会社の違いです。

ブローカーはファンド会社からの仲介手数料が主な収益源です。したがって必然的に代理店の手数料の良い（高い）ファンドを提案する傾向があります。サポートも購入時のみが多いようです。一方、コンサルティング会社は、投資家に中長期的なスキームやポートフォリオを提案することで、顧客の資金を殖やした分から収益を得ようとします。ラップ口座などは、投資額によって異なりますが、０・２５～１％程度を任意でアドバイザリーフィーとしてもらう契約形態もあります。

つまり、コンサルタントの場合、顧客である投資家の資産が殖えなければ、コンサルタントフィー（アドバイザリーフィー）も増えないというわけです。したがって、ポートフォリオの見直しやファンド会社のモニタリングも大事な仕事となります。

ブローカーさんでも、ラップ口座を取り扱える会社はあります。しかし、ラップ口座のメリットは、お伝えしたようにミューチュアルファンドの購入手数料が低いことです。わざわざラップ口座で運用しなくてもいいようなファンドばかりでのポートフォリオであったりします。

理解しておきたいのは「無駄な支出」と「経費」との違いです。金融商品で本当に安定性があるのは現金か国債ぐらいしかありません。コンサルタントと付き合うのは、自分のリスク管理をするためです。人任せにするためではありません。

大事なのは、誰を頼るのがいいのかではなく、自分で理解して判断できるようになることです。経験がともなえば、ご自分で判断や指示できることは多くなりますので、コンサルタントは学校の先生のようなものです。ですので、自分が勉強している間は、アドバイザリーフィーも授業料だと思っています。

コンサルタントに支払う経費がもったいないと思われる方もいらっしゃるでしょう。しかし、費用がかからないということは投資家にとって有り難いのですが、ファンドのデューデリジェンス（調査）や法律相談に費用をかけていないことが多いという認識も必要だと思われます。サポート費がかからないのは良心的だと思い投資したら、ファンドの資金が凍結、あるいは戻ってこないということは、わたしも身をもって経験しています。

しかし、実際にサポートをお願いしようにも、どのような会社がいいのか、と悩まれる方もいらっしゃいます。一番良い方法は、ご自分が信頼できる方で、すでにお取引のある方から紹介してもらうことです。

「周りに詳しい方がいない……」という方もいらっしゃるでしょう。しかし、わたしが知るかぎり、資産家の方でインターネットに書かれている匿名の情報を鵜呑みにする方はおりません。また、お金持ちは口が堅いので、有益な情報を誰もが見る掲示板などに投稿することもないと思います。

わたしは、何社もコンサルタント会社へ話を伺いに行き、勧められる金融商品を購入しました。話を伺いに行くだけでは顧客ではありません。初めて顧客として扱ってもらい、有益な情報や親身なサポートをしてもらえるのは、実際に金融商品を購入してからです。

わたしも、国内外にサポートしてもらっている担当者がおります。ただ、担当者によって得意、不得意があります。これは、調理師の免許をもっているからといって、どの料理人も和洋中すべてを完璧に作れないのと同じです。海外投資の場合は、誰をアドバイザーに選ぶかで結果は異なってきます。

わたしが、海外投資のアドバイザーを選ぶときの基準は四つあります。

①合法的なビジネススキームである
②英語が堪能である
③取り扱う金融商品が多い
④正規代理店である

①合法的なビジネススキームである

ビジネスは合法的でなければなりません。日本国内では、投資顧問業の登録を受けている会社であれば、顧客から海外の金融商品についての説明を求められた場合、説明することは可能です。しかし、金融庁が許可していない金融商品に関して、証券の契約サポートをすることは禁じられています。

その場合、契約業務は海外からサポートしなければなりません。つまり、海外の会社がペーパーカンパニーではなく、外国できちんと金融ライセンスを取得あるいは登録をしているか確認する必要があるわけです。違法性が高い会社は摘発などがあったときに、顧客の守秘義務を徹底できません。

②英語が堪能である

外国籍のファンドを扱っているのですから、英語が堪能であることは、いうまでもありません。ファンド会社の担当者とのミーティングや交渉は、すべて英語です。ビジネス英語ができなければアドバイザーの意味がありません。

③取り扱う金融商品が多い

アドバイザーもビジネスですから、取り扱える金融商品のなかから提案や説明をしてくるでしょう。八百屋さんが野菜しか販売してくれないように、取り扱っている金融商品が少なければ提案される商品は少ないので、選択肢は狭まります。それではポートフォリオが偏ってしまいます。

④正規代理店である

日本では投資顧問業、香港ではＳＦＣ（証券先物委員会）の資格を取得している会社でなければ、ちゃんとしたファンド会社は代理店ライセンス契約をしません。

サポート先は、親切丁寧ではなく、自分の条件を満たしている会社を選ぶことも大事だと思います。実際に契約をしてスタートすることも大変に思うかもしれませんが、その先の運用のほうが長いわけです。

一般的に相談の費用は、わたしの経験でいえば、1時間1万円が最も多かったです。また、ラップ口座などは、アドバイザリーフィーを契約することによって、相談料はかからず、四半期ごとにポートフォリオの見直しや売買指示書や送金レターの作成を行なってくれるところもありました。

収益を得るための支出は「経費」です。投資家も守秘義務を徹底して安心を求めるのであれば、経費やリサーチコストをかけることも必要だと思っております。

あとがき

本書でお伝えした内容は、銀座のクラブに務めているから人脈に恵まれた結果であるわけでもなく、最初から良い運用アドバイザーに恵まれたからでもございません。普通に書店で販売されている本やインターネットの海外のサイトで調べたことです。

日本は、税金は高いけれど、サービスは平等です。そして、職業選択の自由もありますから、新しいものを受け入れて、自分の可能性を試すこともできます。海外も視野にいれた資産運用は、自分の将来の可能性が拡がったので、行動してみてよかったと思っております。

そして、自分の考えを周りにきちんと説明すれば、協力してくれる方にも巡り合えます。良い話も悪い話も人を通じて伝わりますから、人間関係は生きていくうえで、とても大切です。情報も愛情も欲しがる側よりも、与える側のほうが不安は少なく幸せになれると思います。

お金は稼ぎ方よりも使い方のほうが大切だと思います。「金持ち」と「お金持ち」の違いは、お金を使って社会のために何をするのかというビジョンの有無だと思います。自分の見栄や欲望のためにお金を使う人のところには、お金は留まってくれないような気がします。お金を使う目的がはっきりしており、それが世のため、人のためのものである人のところにお金は留まりたいのではないのでしょうか。

銀座のクラブで働いて、稼ぐことができても消えていくホステスやお客様を沢山みてきたことから、お金を手に入れて何がしたいのか、を考えることが重要なことだと思えます。それには、見栄をはらずに身の丈で自分にできることを継続していくということが大事だと思えるのです。

最後に、個人投資家の方に何を一番お伝えしたほうがよいのかを一緒に考えてくださった、パンローリング社の世良敬明氏、ニューヨークのロイター通信社での記者経験を生かし、海外の金融情報をいつも短時間で提供してくださった、ヒル・アンド・ノウルトン社の越田稔氏に、この場をお借りして深くお礼を申し上げます。

限られた紙数に内容を盛り込んだので、説明の足りない箇所が多々あったかと思いますが、読者の皆様のグローバルな資産運用の参考になれば幸いです。この本を手にとり、最後まで読んでいただきまして、ありがとうございます。

読者の皆さまがこれからおすごしになる時間が、さらに素敵なものでありますように。

２００８年１月　寒冷の候

浅川　夏樹

税金

●本庄資『国際的脱税・租税回避防止策』大蔵財務協会

定期購読誌

●『フォーリン・アフェアーズ日本語版』株式会社フォーリン・アフェアーズ・ジャパン

●『英国エコノミスト』イー・アイ・エス

●『バロンズ拾い読み』時事通信社

●『ニューズウィーク』阪急コミュニケーションズ

●『週刊エコノミスト』毎日新聞社

●『フォーブス』ぎょうせい

●『FORTUNE』タイム・インク

●『Futures Japan』エム・ケイ・ニュース社

●『FACTA』ファクタ出版

●『日経金融新聞』日本経済新聞社

●杉本信行『大地の咆哮』PHP 研究所

エマージング全般

●アンナ・ポリトコフスカヤ『プーチニズム 報道されないロシアの現実 』NHK 出版
●三橋貴明『本当はヤバイ！韓国経済』彩図社
●クライド プレストウィッツ『東西逆転　アジア 30 億人の資本主義者たち』日本放送出版協会
● C.K. プラハラード『ネクスト・マーケット』英治出版
●マーク・モビアス『マンガ マーク・モビアス』パンローリング

オフショア

●クリスチアン・シャヴァニュー『タックスヘイブン』作品社
●ウィリアム・ブリテェイン・キャトリン 『秘密の国　オフショア市場』東洋経済新報社

ヘッジファンド

●ジェームス・アルタッチャー『ヘッジファンドの売買技術』パンローリング
●ラース・イエーガー『オルタナティブ投資のリスク管理 』東洋経済新報社
●ジョージ・ソロス『世界秩序の崩壊』ランダムハウス講談社
●渋澤健『これがオルタナティブ投資だ！』実業之日本

商品

●ジム・ロジャーズ『大投資家ジム・ロジャーズが語る商品の時代』日本経済新聞社

付録D　参考文献・投資で読んで役に立った本

思考

●ビル・ゲイツ『思考スピードの経営』日経ビジネス文庫

● DIAMONDO ハーバード・ビジネス・レビュー編集部『いかに「時間」を戦略的に使うか』ダイヤモンド社

投資全般

●チャールズ・エリス『キャピタル』日本経済新聞社

●バートン・マルキール　『ウォール街のランダムウォーク』日本経済新聞社

●トーマス・フリードマン『フラット化する世界』日本経済新聞社

●ジェレミー・シーゲル『株式投資』日経 BP 社

●リズ・カーン『アラビアのバフェット』パンローリング社

●日本証券業協会『証券外務員必携１・２・３・追補』経済法令研究会

日本

●水野和夫『人はなぜグローバル経済の本質を見誤るのか』日本経済新聞社

中国経済

●田代秀敏『中国に人民元はない』文春新書

●大西義久『円と人民元』中央公論新

●田村秀男『円の未来』光文社

送金レターのサンプル

香港 HSBC からファンド会社への送金指示。

Natsuki Asakawa
Address（住所）
Tel +81 3 1234 5678

The HongKong and Shanghai Banking Corporation Limited
Hong Kong Main Office
Hong Kong Main Building
1 Queen's Road Central
Hong Kong

Date: 13 Jan 2008

Dear Sir/Madams,

Please regard this letter as an official request to transfer 20,000 USD（送金金額） from my account to my bank account below

From
Account Name: NATSUKI ASAKAWA（お名前）
Account Number: 502-XXXXXX-833 PowerVantage （口座番号）
Account Type: USD Savings Account（送金をするする口座種類）

To
Name of Account: ファンド会社（ファンド名）
Account Number: ファンド会社の口座番号
Bank Name: 送金する銀行名
SWIFT Code: スイフトコード
Bank Address: 銀行の住所

Yours sincerely

Signature Date

シティバンク香港へのファンドの購入依頼

ファンドの購入依頼は、「Order Form」もありますが、レターやファックスでも可能です。

Dear (1)

I am (2) ________________. I would like to order Mutual Fund.

Order Fund (3)
Amount (4)
Account Number (5)
Payment Account No. (6)
Contact Tel Number (7)

I am wondering if you could have a Japanese speaker available in case you need to contact me over a phone as I do not feel confidence in speaking English on a telephone.(8)

Best Regards

Signature (サイン) Date (日付)

________________________ ________________

(1) リレーションシップマネジャーの名前
(2) ご自分のお名前
(3) 購入したいファンド名
(4) 購入したい金額
(5) カレンシーマネジャーの番号、8で始まる数字の口座番号
(6) 引き落し口座番号
(7) 日中連絡がとれる連絡先
(8) 日本語が話せるアシスタントを同席してもらうよう依頼

●先日の件でご連絡をしたのですが、回答をいただいておりません。早急にご連絡いただきますようお願いします。

I would like you to contact me as soon as possible regarding to my queries, dated on 月日 .

●口座の解約をお願いします。残金は XXX に送金してください。

I would like to close my account, and would like to send me all to XXX account at YYY bank.

●クレジットカードが利用できません。原因を教えてください。

Would you tell me the reason why I cannot use my credit card?

トラブル

● PIN ナンバーを忘れてしまいましたので、再発行をお願いします。

I would like to re-issue my PIN number as I seems not to recall it.

●インターネットのパスワードがロックしてしまいました。解除の方法を教えて下さい。

Please advice me how to unlock my Internet account as it appears to be locked.

● ATM カードを紛失してしまいましたので、再発行をお願いします。

Would you re-issue my ATM card as I appeared to have lost it?

●○月○日に引き落されている手数料に心当りがありません。内訳を教えていただけますでしょうか？

Would you tell me the details of the fee of xxx (金額), which was withdrawn from my account? I do not recall this fee.

クレジットカード

●XXX のクレジットカードの申し込みをお願いいたします。

I would like to apply for the XXX credit card, please.

●クレジットカードの担保金額はいくら必要ですか？

What is your requirement as the collateral to apply for the XXX credit card?

●クレジットカードの担保金額の変更をお願いします（現在の担保金額 XXX から変更金額 YYY に）。

I would like to the amount of collateral under the credit account to YYY from XXX.

●クレジットカードで使用した覚えのない、金額があります。○月○日の×××を調べていただけますでしょうか？

I wonder if you could check my credit card activities as I do not recall using my card. The suspected activities are on 日、月、年 , and that purchase is regarding to 買い物 .

●現在の使用しているクレジットカードを解約してください。

I would like to cancel my XXX credit card.

●XXX ファンドの YYY ファンドへのスイッチングをお願いします。

I would like to switch XXX fund to YYY fund, please.

●XXX ファンドの積立を中止してください。

Please stop (halt: 一時中止の場合) my monthly saving plan of XXX fund.

●積立の引落口座を変更してください（XXX は現在、YYY は変更後）。

Would you switch my billing account for my saving plan to YYY from XXX

●XXX ファンドの解約をお願いいたします。解約金は YYY 口座に入金をお願いいたします。

I would like to close XXX fund, and to transfer the redemption of the fund to my YYY account.

●定期の利息（配当）を XXX 口座に入金していただくことは可能ですか？

Is it possible to transfer the interests on my term deposit to my XXX account?

●英語に自信がありません。日本語を話せる担当者はいますか？

Is there any Japanese speaker available as I am not fully capable of understanding English?

●○月○日にXXX口座にYYY銀行から送金したのですが、入金の確認をお願いいたします。

Will you please confirm my transfer of 日，月 HK dollars to my XXX acccount via YYY bank in Japan,please?

●米ドルの為替手数料はいくらかかりますか？

How much do you charge when Japanese yen is exchanged to the U.S. dollars?

投資

●XXXファンドを購入したいのですが、最低金額はいくらでしょうか？

What is your minimum amount when purchasing XXX fund?

●XXXファンドを毎月YYY（金額）の積立をお願いします。

I would like to start buying XXX fund with YYY (amount) monthly, please.

付録C　英文例

英語が堪能な方からは「表現が違う！」とのご指摘もありそうですが、つたない語学力で、これまで質問じた内容で、返事もきちんときましたので、ご参考に抜粋してご紹介します。

口座開設

●口座開設に必要書類などは何が必要でしょうか。

Please tell me what documentations do you require to open an account.

● XXX 口座を追加で開設したいのですが、手順を教えて下さい。

What do I have to do to open XXX account in addition to my current account?

●英語の聞き取りに自信がないので、電子メールでお返事をいただけますか？

Would you kindly give me an instruction via E-mail as I am not good at comprehending English over a phone?

オフショアバンク（2008年1月末現在）

＜香港の銀行＞

CITIBANK　https://www.citibank.com.hk/　※1

HSBC　http://www.hsbc.com.hk

＜香港の証券会社＞

BOOM　https://www.boom.com.hk/　※2

＜マン島・ジャージ島のオフショアバンク＞

Lloyds TSB offshore　http://www.lloydstsb-offshore.com/　※3

Abbey International　http://www.abbeyinternational.com/

HSBC International　http://www.offshore.hsbc.com/

BARCLAYS　http://www.barclays.com/international/

郵送での口座開設に必要な書類

●各銀行・証券会社のアプリケーションフォーム（申込書）

●国家資格者に認証されたパスポートのコピー

●住所が確認できる英文ステイトメントもしくは英文残高証明

※1　シティバンク香港は預金口座のみであればパスポートの認証は必要ありません。

※2　BOOM証券は香港の銀行の小切手を口座開設時に1万HKD（香港ドル）以上同封すれば、パスポートの英文認証は必要ありません。

※3　ロイズTSBは上記の必要書類のほかに、雇用者は給料明細書3カ月分、あるいは給料が振り込まれている通帳のコピー6カ月分のどちらかが必要。自営業者の方は確定申告書2年分（日本語のものは英文認証の必要あり）。

必要書類、英文認証についてはご不明な方は下記サイトをご覧ください。

http://kaigaitoushi.com

Multi-Dimensional Wealth Fund http://www.wealthfunds.org/
New Star Global Investments Funds http://www.newstarint.com/
Noble Investments http://www.nobleinvest.com/
Odey Asset Management http://www.odey.co.uk/
Old Provincial http://www.oldprov.com/
OM Strategic Investment Ltd http://www.omstrategic.com.au/
OPTIMA http://www.optimafund.com
Pacific Continental http://www.pacconsec.com/
Paradigm Global Advisors http://www.paradigmhedgefunds.com/
PCI Investment Management http://www.pciim.com/
Platinum Capital Management http://www.platinumfunds.net/
Pioneer Alternative Investments http://www.pioneeraltinvest.com/
Policy Plus International plc http://www.policyplus.com/
Porton Capital Limited http://www.portoncapital.com/web/index.php
Premier Funds http://www.premierdiversifiedpropertyfund.com/
Progressive Alternative Investments Ltd http://www.pro-alternative.com/
Protected Asset TEP Fund plc http://www.patf.co.im/
Putnam Investments http://www.putnam.com/
Quadriga Funds http://www.superfund.com/
Remington-York Limited http://www.remington-york.com/
Santa Barbara Alpha Strategies http://www.sbalpha.com/
Sarasin Investment Management http://www.sarasin.co.uk/
Scottish International Fund Managers http://www.sifm.com/
Select High Security Fund plc http://www.selectplc.com/
Thames River Capital http://www.thamesriver.co.uk/
Thesis Asset Management PLC http://www.thesis-plc.com/
Tilney Asset Management http://www.tilney.com/
VAM Funds http://www.vam-funds.com/
VIG Capital Management Ltd. http://www.vighk.com/

Emergent Asset Management http://www.emergentasset.com/

EPIC Life Settlement Fund http://www.epicip.com/

FMG Fund Managers http://www.fmgfunds.com/

Forsyth Partners Funds http://www.forsythpartners.com/

Foundations Capital http://www.foundationscapital.com/

Framlington International Portfolios (FIP) Funds http://www.framlington.co.uk/

Franklin Templeton Global Strategy http://www.templetonoffshore.com/

Fraternity Fund http://www.fraternityfund.com/

GAIM Advisor Funds http://www.gaimadvisors.com/

Gartmore Govett (AIB) Management http://www.gartmore.co.uk/

Glanmore Property Fund http://www.glanmore.com/

Griffin Capital Management http://www.griffincm.com/

Hasenbichler Asset Management http://www.hasenbichler.com/

Infiniti Capital http://www.infiniti-capital.com/

The Inland Western Real Estate Investment Trust http://www.inlandgroup.com/

Insinger de Beaufort Funds http://www.insinger.com/

Integrated Asset Management http://www.integratedam.com/

Invesco GT Asset Management http://www.invescooffshore.com/

Investec Asset Management http://www.investecfunds.com.hk/

Jardin Fleming Funds http://www.jfam.com/

Lloyds TSB Offshore Funds http://www.lloydstsb-offshore.com/

LM Investment Management Ltd http://www.lmim.com.au/

Magnum Investment Management http://www.magnum.com/

Man Investment Products Funds List http://www.maninvestments.com/

Manor Park http://www.manorpark.com/

Mellon Global Investments http://www.mellonglobalinvestments.com/

MFS Offshore Mutual Funds http://www.mfs.com/

Miton Investments http://www.miton.org/

付録B　オフショアファンド会社一覧

Abacus Financial Services　http://www.abacus.com/
Aberdeen Asset Management　http://www.aberdeen-asset.com/
ABN AMRO　http://www.abnamro.com/
Absolute Return Fund　http://www.absolutecapital.com.au/
Access Investment Management　http://www.accessfunds.com/
ACM Funds Offshore　http://www.acmfunds.com/
American Diversified Funds
　http://www.americandiversifiedfunds.com/
Appleton Capital Management　http://www.appleton.ie/
Arc Fund Management Limited　http://www.arcassociates.com
Armstrong Management　http://www.armstronginvestors.com/
Arrow Hedge Partners　http://www.arrowhedge.com/
Ashmore Group　http://www.ashmoregroup.com/
Barclays International Funds　http://www.wealth.barclays.com/
Baring Asset Management　http://www.baring-asset.com/
Bearbull Funds　http://www.bearbull.com/
BluMont Capital　http://www.blumontcapital.com/
Castlestone Management　http://www.castlestonemanagement.com/
Centurion Fund Managers　http://www.centurionbank.cmlinks.com/
CFB Convertibles Fund plc　http://www.class.co.im/
CFP Funds　http://www.cfpfunds.com/
Circus Capital　http://www.circuscapital.com/
Dawnay Day Quantum　http://www.dawnayday.com/
Defined Return Fund　http://www.definedreturnfund.com/
Dynamic Investment Strategies
　http://www.dynamicinvestmentsolutions.com/

モーニングスター（英語） http://www.morningstar.com/
オンビスタ http://www.onvista.co.uk/index.html
プランスポンサー http://www.plansponsor.com
インタラクティブインベスター http://www.iii.co.uk/
マネーコントロールセンター http://news.moneycontrol.com/indexnew.php
ザ・ストリート・ドットコム http://www.thestreet.com/
トラストネット http://www.trustnet.com/
マーケットウォッチ http://www.marketwatch.com/news/default.asp?siteid=mktw
インベスターズガイド http://www.investorguide.com/news.html
インベストメントハウス http://www.investmenthouse.com/
インベストメントオフショア http://www.investorsoffshore.com
スタンダード・アンド・プアーズ http://www.funds-sp.com/

ヘッジファンド一覧

ヘッジファンドグローバル・ファンド・アナ http://www.globalfundanalysis.com/
ヘッジファンドセンター http://www.hedgefundcenter.com/index.cfm
MAR ヘッジ http://www.marhedge.com/
エマージングポートフォリオ http://emergingportfolio.com/
セキュリタイゼーションニューズ http://www.securitizationnews.com/default.asp
アセット・セキュリタイゼーション・レポート http://asreport.com/index.cfm
コンプライアンスレポーター http://www.compliancereporter.com/default.asp
ヘッジファンドラウンジ http://www.hedgefundlounge.com/
ヘッジワールド http://www.hedgeworld.com/
ヘッジファンドディレクトリー http://www.hedgeco.net/hedge-fund-directory-faqs.htm
ヘッジウィーク http://www.hedgemedia.com/
エネルギー・ヘッジファンド http://energyhedgefunds.com/

ウォルストリート・ジャーナル（アジア版） http://online.wsj.com/public/asia
ニューヨーク・タイムズ紙 http://www.nytimes.com/
ワシントン・ポスト紙 http://www.washingtonpost.com/
ワシントン・タイムズ紙 http://www.washtimes.com/
ロサンゼルス・タイムズ紙 http://www.latimes.com/
ボストン・グローブ紙 http://www.boston.com/
ロイター通信（日本語）http://www.reuters.co.jp/
ロイター（英語）http://today.reuters.com/news/default.aspx
ブルームバーグ（日本語） http://www.bloomberg.co.jp
ブルームバーグ（英語）http://today.reuters.com/news/default.aspx
ダウジョーンズ（日本語） http://www.usmarketatlas.com/usma/top.jsp
ダウジョーンズ（英語） http://www.dowjones.com/
AP 通信 http://www.ap.org/
AFP 通信 http://www.afp.com/english/home/
インタファクス通信 http://www.interfax.ru/index.html?lang=e
チャイナデイリー http://www2.chinadaily.com.cn/english/home/index.html
サウス・チャイナ・モーニング・ポスト紙 http://www.scmp.com/
スタンダード紙 http://www.scmp.com/
フィナンシャルタイムズ（アジア版） http://news.ft.com/home/asia
タイムズ紙 http://business.timesonline.co.uk/section/0,,8209,00.html
インターナショナル・ヘラルド・トリビューン紙 http://www.iht.com/
ガーディアン紙 http://www.guardian.co.uk/business/
フォーブス誌 http://www.forbes.com/
タイム誌 http://www.time.com/time/
ニューズウィーク（日本語）http://www.nwj.ne.jp/
ニューズウィーク（英語） http://www.msnbc.msn.com/id/3032542/site/newsweek/

投資ニュースサイト一覧

シティワイヤー http://www.citywire-fmi.com/News/Home.aspx
モーニングスター（日本語） http://www.morningstar.co.jp/index.asp

付録A　ニュースサイト一覧

投資用語

東京証券取引所 証券用語　http://www.tse.or.jp/glossary/

野村証券 証券用語　http://www.nomura.co.jp/terms/

TOCOM 用語集　http://www.tocom.or.jp/jp/nyumon/yougo.html

一般経済ニュースの検索サイト一覧

日経新聞　http://www.nikkei.co.jp/

朝日新聞　http://www.asahi.com/

読売新聞　http://www.yomiuri.co.jp/

毎日新聞　http://www.mainichi.co.jp/

産経新聞　http://www.sankei.co.jp/

産経ビジネスアイ　http://www.business-i.jp/news/pdate/index.nwc

共同通信　http://www.kyodo.co.jp/

CNN（日本語）　http://www.cnn.co.jp/

CNET Japan（日本語）http://japan.cnet.com/

新華社 (日本語)　http://www.xinhua.jp/

新華社（中国語）http://www.xinhuanet.com/

朝鮮日報　http://japanese.chosun.com/

海外メディア

英 BBC　http://news.bbc.co.uk/default.stm

米 CNN　http://edition.cnn.com/

米 ABC テレビ　http://abcnews.go.com/?lid=ABCCOMMenu&lpos=ABCNews

米 CBS テレビ　http://www.cbsnews.com/sections/home/main100.shtml

米 NBC テレビ　http://www.nbc.com/nbc/NBC_News/

米 CNBC テレビ（金融専門）　http://moneycentral.msn.com/investor/home.asp

【著者紹介】

浅川夏樹（あさかわ・なつき）

銀座クラブホステス、会社経営者の顔を持つ個人投資家。多彩な経験を活かし『フジサンケイ　ビジネスアイ　日曜版』『日経 BP オンライン』『Futures Japan』投資コラムを連載中。近著に『夜の銀座の資本論』（中公新書ラクレ）『円が元に呑み込まれる日』（実業之日本社）

※本書の内容に関するご質問は、下記サイトをご利用ください。

http://kaigaitoushi.com/

2008年 3 月 5 日 初版第 1 刷発行

現代の錬金術師シリーズ㊽

グローバル化《か》時《じ》代《だい》の資《し》産《さん》運《うん》用《よう》
——ハッピーリタイアメントを目指して

著　者　浅川夏樹
発行者　後藤康徳
発行所　パンローリング株式会社
〒160-0023　東京都新宿区西新宿7-9-18-6F
TEL 03-5386-7391　FAX 03-5386-7393
http://www.panrolling.com/
E-mail　info@panrolling.com
装　丁　竹内吾郎
印刷·製本　株式会社シナノ

ISBN978-4-7759-9065-0

【免責事項】

本書で紹介している方法や技術、指標が利益を生む、あるいは損失につながることはないと仮定してはなりません。過去の結果は必ずしも将来の結果を示すものではなく、本書の実例は教育的な目的のみで用いられるものです。

心の鍛錬はトレード成功への大きなカギ！

ウィザードブックシリーズ32

ゾーン　相場心理学入門

著者：マーク・ダグラス

定価 本体 2,800円＋税　ISBN:9784939103575

【己を知れば百戦危うからず】
恐怖心ゼロ、悩みゼロで、結果は気にせず、淡々と直感的に行動し、反応し、ただその瞬間に「するだけ」の境地、つまり「ゾーン」に達した者こそが勝つ投資家になる！　さて、その方法とは？　世界中のトレード業界で一大センセーションを巻き起こした相場心理の名作が究極の相場心理を伝授する！

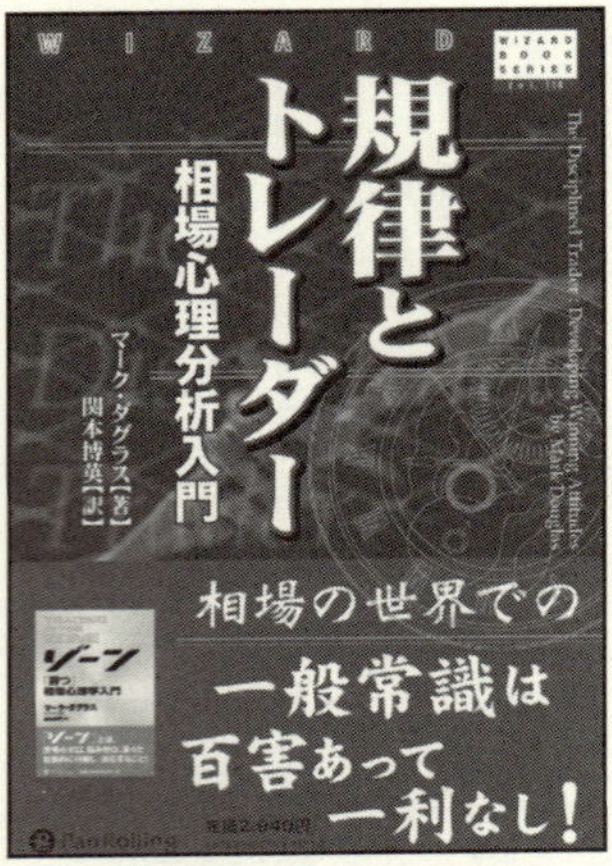

ウィザードブックシリーズ114

規律とトレーダー

著者：マーク・ダグラス

定価 本体 2,800 円＋税　ISBN:9784775970805

【トレーダーとしての成功に不可欠】
「仏作って魂入れず」――どんなに努力して素晴らしい売買戦略をつくり上げても、心のあり方が「なっていなければ」成功は難しいだろう。つまり、心の世界をコントロールできるトレーダーこそ、相場の世界で勝者となれるのだ！　『ゾーン』愛読者の熱心なリクエストにお応えして急遽刊行！

ウィザードブックシリーズ 107

トレーダーの心理学
トレーディングコーチが伝授する達人への道

著者：アリ・キエフ
定価 本体 2,800 円＋税　ISBN:9784775970737

高名な心理学者でもあるアリ・キエフ博士がトップトレーダーの心理的な法則と戦略を検証。トレーダーが自らの潜在能力を引き出し、目標を達成させせるアプローチを紹介する。

ウィザードブックシリーズ 124

NLP トレーディング
投資心理を鍛える究極トレーニング

著者：エイドリアン・ラリス・トグライ
定価 本体 3,200 円＋税　ISBN:9784775970904

NLPは「神経言語プログラミング」の略。この最先端の心理学を利用して勝者の思考術をモデル化し、トレーダーとして成功を極めるために必要な「自己管理能力」を高めようというのが本書の趣旨である。

ウィザードブックシリーズ 126

トレーダーの精神分析
自分を理解し、自分だけのエッジを見つけた者だけが成功できる

著者：ブレット・N・スティーンバーガー
定価 本体 2,800 円＋税　ISBN:9784775970911

トレードとはパフォーマンスを競うスポーツのようなものである。トレーダーは自分の強み(エッジ)を見つけ、生かさなければならない。そのために求められるのが「強靭な精神力」なのだ。

相場で負けたときに読む本
～真理編～

著者：山口祐介
定価 本体 1,500 円＋税　ISBN:9784775990469

なぜ勝者は「負けても」勝っているのか？ なぜ敗者は「勝っても」負けているのか？ 10年以上勝ち続けてきた現役トレーダーが相場の“真理”を詩的に表現。

※投資心理といえば『投資苑』も必見!!

24時間ダイナミックに動くFX市場

ウィザードブックシリーズ118
FXトレーディング
著者：キャシー・リーエン

定価 本体 3,800円＋税　ISBN:9784775970843

【実用FXガイドの決定版】
１日の出来高が1.9兆ドルを超える世界最大の市場「外国為替」。この市場を舞台とするFXトレーダーならば知っておきたい主要通貨の基本や特長、市場の構造について詳細かつ具体的に解説。またその知識を踏まえたうえでの実践的なテクニカル手法、ファンダメンタル手法を多数紹介する。

ウィザードブックシリーズ123
実践FXトレーディング
著者：イゴール・トシュチャコフ

定価 本体 3,800円＋税　ISBN:9784775970898

【FXの勝率を高める手法とは】
「ジョージ・ソロス以来」といわれる驚異的なFXサクセスストーリーを築き上げた売買手法「イグロックメソッド」を詳しく説明。各国中央銀行による介入を察知・利用するための戦略、短期売買やデイトレード用のテンプレートなど、深い洞察と専門的なアドバイスが満載されている。

矢口新の相場力アップドリル[為替編]
著者：矢口新
定価 本体 1,500 円＋税　ISBN:9784775990124

「米連銀議長が利上げを示唆したとします。これをきっかけに相場はどう動くと思いますか？」──基礎を理解しないことには応用は生まれない。本書を読み込んで相場力をUP！

為替サヤ取り入門
FX キャリーヘッジトレードでシステム売買
著者：小澤政太郎
定価 本体 2,800 円＋税　ISBN:9784775990360

「FXキャリーヘッジトレード」とは外国為替レートの相関関係を利用して「スワップ金利差」だけでなく「レートのサヤ」も狙っていく「低リスク」の売買法だ!!

DVD ポイント＆フィギュアによる実戦相場予測
講師：松本鉄郎
定価 本体 3,800 円＋税　ISBN:9784775961452

為替市場のトレーダーに昔から人気の高いポイント・アンド・フィギュア（P&F）分析を伝説のチャーチストが解説。売買タイミング、目標値、目標到達の時期などが自分で計算できる。

DVD テクニカル分析を徹底活用 FXトレード実践セミナー
講師：鈴木隆一
定価 本体 2,800 円＋税　ISBN:9784775962008

テクニカルの組み合わせ方を工夫するだけで、より確度の高いトレードができる！　さらにはスイングトレードとその応用方法まで、プロの実践テクニックを紹介。

検索条件の成績検証機能 [New] [Expert]

指定した検索条件で売買した場合にどれくらいの利益が上がるか、全銘柄に対して成績を検証します。検索条件をそのまま検証できるので、よい売買法を思い付いたらその場でテスト、機能するものはそのまま毎日検索、というように作業にむだがありません。

表計算ソフトや面倒なプログラミングは不要です。マウスと数字キーだけであなただけの売買システムを作れます。利益額や合計だけでなく、最大引かされ幅や損益曲線なども表示するので、アイデアが長い間安定して使えそうかを見積もれます。

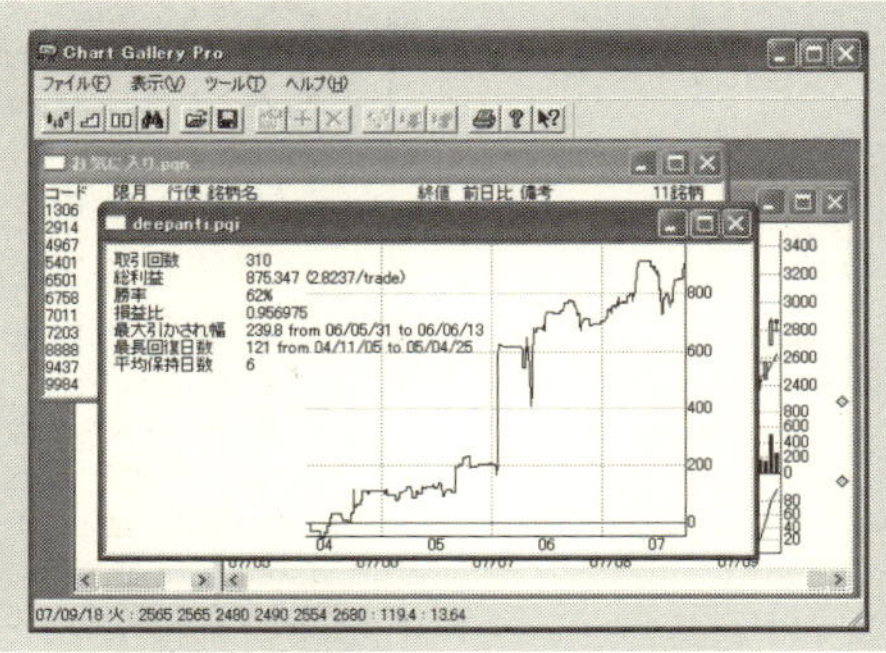

チャートギャラリープロに成績検証機能が加わって、無敵の投資環境がついに誕生!!
投資専門書の出版社として8年、数多くの売買法に触れてきた成果が凝縮されました。
いつ仕掛け、いつ手仕舞うべきかを客観的に評価し、きれいで速いチャート表示があなたのアイデアを形にします。

●価格（税込）

チャートギャラリー 4.0

エキスパート **147,000 円**／ プロ **84,000 円**／ スタンダード **29,400 円**

●アップグレード価格（税込）

以前のチャートギャラリーをお持ちのお客様は、ご優待価格で最新版へ切り替えられます。

お持ちの製品がご不明なお客様はご遠慮なくお問い合わせください。

プロ 2、プロ 3、プロ 4 からエキスパート 4 へ	105,000 円
2、3 からエキスパート 4 へ	126,000 円
プロ 2、プロ 3 からプロ 4 へ	42,000 円
2、3 からプロ 4 へ	63,000 円
2、3 からスタンダード 4 へ	10,500 円